PRÉ-SUASÃO

Robert B. Cialdini, Ph.D.

PRÉ-SUASÃO

A influência começa antes mesmo da primeira palavra

SEXTANTE

Título original: *Pre-Suasion – A Revolutionary Way to Influence and Persuade*

Copyright © 2016 por Robert Cialdini
Copyright da tradução © 2017 por GMT Editores Ltda.

Todos os direitos reservados. Nenhuma parte deste livro pode ser utilizada ou reproduzida sob quaisquer meios existentes sem autorização por escrito dos editores.

tradução: Ivo Korytowski
preparo de originais: Raquel Zampil
revisão: Hermínia Totti e Rebeca Bolite
diagramação: Ilustrarte Design e Produção Editorial
capa: Miriam Lerner
imagem de capa: montego/Shutterstock
impressão e acabamento: Cromosete Gráfica e Editora Ltda.

CIP-BRASIL. CATALOGAÇÃO NA PUBLICAÇÃO
SINDICATO NACIONAL DOS EDITORES DE LIVROS, RJ

C491p Cialdini, Robert
Pré-suasão/Robert Cialdini; tradução de Ivo Korytowski. Rio de Janeiro: Sextante, 2017.
288 p.: il.; 16 x 23 cm.

Tradução de: Pre-suasion
Inclui bibliografia
ISBN: 978-85-431-0509-3

1. Persuasão. 2. Influência. I. Korytowski, Ivo. II. Título.

17-40929   CDD: 616.89
                                                      CDU: 616.89

Todos os direitos reservados, no Brasil, por
GMT Editores Ltda.
Rua Voluntários da Pátria, 45 – Gr. 1.404 – Botafogo
22270-000 – Rio de Janeiro – RJ
Tel.: (21) 2538-4100 – Fax: (21) 2286-9244
E-mail: atendimento@sextante.com.br
www.sextante.com.br

Para Hailey, Dawson e Leia.
Nunca gostei de receber ordens de meus superiores
até ter netos que me mostraram como isso pode
ser positivo para todos os envolvidos.

Sumário

Nota do autor — 9

PARTE 1
PRÉ-SUASÃO: **A antecipação da atenção**

1: PRÉ-SUASÃO: Uma introdução — 15
2: Momentos privilegiados — 30
3: A importância da atenção... é a importância — 40
4: O que é focal é causal — 58
5: Comandantes da atenção 1: Os chamarizes — 73
6: Comandantes da atenção 2: Os magnetizadores — 86

PARTE 2
PROCESSOS: **O papel da associação**

7: A primazia das associações: Associo, logo raciocino — 103
8: Geografias persuasivas: Todos os lugares certos, todos os traços certos — 119
9: A mecânica da pré-suasão: Causas, restrições e corretivos — 134

PARTE 3
MELHORES PRÁTICAS: **A otimização da pré-suasão**

10: Seis caminhos principais para a mudança: Amplas avenidas como atalhos inteligentes — 153
11: União 1: Estar juntos — 172

12: União 2: Agir juntos 189
13: Uso ético: Uma consideração pré-pré-suasiva 204
14: Pós-suasão: Efeitos posteriores 218

Agradecimentos 229
Notas 230

Nota do autor

Em 1946, W. H. Auden publicou um poema com um verso que adverte: "Não te sentarás com estatísticos nem te comprometerás com uma ciência social." Por muito tempo, mesmo os tomadores de decisões do mais alto escalão pareceram concordar com ele, preferindo basear suas escolhas na intuição, na experiência pessoal e em indícios casuais. Embora uma mudança de nome tenha sido necessária em cada caso (estatística é agora análise de dados e ciência social é ciência comportamental), aqueles tempos ficaram para trás. Foram substituídos por uma era de "decisões tomadas com base em indícios" nas grandes instituições da sociedade: empresas, governo, educação, defesa, esportes. É uma era que valoriza informações de analistas de big data e cientistas comportamentais. Não tenho conhecimento de como a transformação ocorreu no domínio da análise estatística, mas pude observar em primeira mão o aumento do status da ciência comportamental por meio de minhas experiências como psicólogo social e autor.

Quando *As armas da persuasão* foi lançado inicialmente, em 1984 (no Brasil, o livro foi publicado pela primeira vez com o título *O poder da persuasão*), seu impacto foi pequeno. As vendas foram tão decepcionantes que meu editor cancelou as verbas publicitárias e promocionais destinadas a ele, explicando que estava "jogando dinheiro fora". Poucos leitores estavam interessados no que um psicólogo social tinha a dizer sobre a influência social. Quatro ou cinco anos depois isso mudou, e as vendas do livro começaram a subir, acabando por atingir o patamar de best-seller, e é assim desde então. Acho que sei o que mudou e acabou causando a virada: a época. Naquele momento, a ideia de decisões tomadas com base em indícios vinha ganhando aceitação generalizada, e *As armas da persuasão* oferecia um tipo de indício valioso – obtido das pesquisas científicas psicossociais sobre a persuasão bem-sucedida – que não estava disponível antes, pelo menos não de maneira tão acessível.

Outros dois fatores desempenharam um papel na atual popularidade dessa análise psicossocial e, por extensão, de *As armas da persuasão*. O primeiro é a ascensão da economia comportamental, uma abordagem para entender as escolhas econômicas humanas que desafiou e, em certos domínios, eliminou o pensamento econômico clássico. Embora reivindique o próprio território, a economia comportamental incorporou aspectos do pensamento (por exemplo, a frequente irracionalidade da conduta humana) e da metodologia (experimentos randomizados e controlados) da psicologia social.

Alguns de meus colegas acreditam que os economistas comportamentais não lhes deram o devido crédito ao reivindicarem para si várias descobertas, sem reconhecerem outras existentes e muito semelhantes da psicologia social. Não compartilho o ressentimento. Embora exista certa sobreposição, ela não é ampla. Além disso, no mínimo, a economia comportamental aumentou o prestígio da psicologia social ao adotar algumas das características centrais e legitimá-las na mente dos tomadores de decisões. Houve uma época, e não faz mais de 10 anos, em que psicólogos sociais não eram convidados para conferências internacionais sobre política governamental ou econômica. Repito, esses tempos ficaram para trás.

O outro fator que contribuiu para a atual aceitação das abordagens da psicologia social é a recente disposição dos psicólogos sociais de mostrar ao público a relevância de seu trabalho. Trata-se de uma reviravolta para a qual gosto de pensar que meu livro anterior colaborou. Antes de sua publicação, meus colegas, em sua maioria, não se sentiam seguros, profissionalmente, em escrever para um público leigo. De fato, se a psicologia social fosse uma empresa, seria conhecida por dispor de excelentes unidades de pesquisa e desenvolvimento mas nenhum departamento de expedição. Nós não fazíamos nosso "produto" circular, exceto entre nós mesmos em artigos de publicações acadêmicas que nenhum leigo tinha chance de ler. Uma observação do jurista James Boyle capta a razão principal para isso: "Você nunca viu o que é a verdadeira arrogância até ouvir um acadêmico pronunciar a palavra popularizador." Isso agora mudou. Os psicólogos sociais, assim como uma série de outros cientistas comportamentais, estão se comunicando com a população como nunca antes em blogs, colunas, vídeos e livros. Nesse aspecto, a ciência comportamental vive uma espécie de Era de Ouro.

Pré-suasão procura trazer para a ciência comportamental informações que todas as pessoas julgam intrinsecamente interessantes e aplicáveis à vida diária. O livro identifica o que comunicadores eficazes fazem antes de transmitir uma mensagem para que ela seja aceita. O timing preciso deles é a novidade aqui. Antigos pensadores reconheceram a sabedoria de realizar uma ação prévia para assegurar o sucesso subsequente. Ao afirmar o valor do planejamento antecipado, o antigo estrategista militar chinês Sun Tzu declarou: "Toda batalha é vencida antes de ser travada." Consultores aprendem a fechar negócio com um cliente alcançando primeiro a posição de "conselheiro confiável". Dale Carnegie garantiu: "Você pode fazer mais amigos em dois meses ao se interessar genuinamente pelas outras pessoas do que em dois anos tentando fazer com que as pessoas se interessem por você." Todos estes são conselhos sábios. Mas apresentam uma desvantagem: a necessidade de dias, semanas ou meses de atividade prévia.

Será possível aumentar a eficácia não apenas nesses longos intervalos de tempo, mas também em um instante – o último instante antes que uma comunicação seja enviada? Não só é possível, como é comprovado. Comunicadores conseguem elevar seu sucesso sabendo o que dizer ou fazer *imediatamente* antes de um pedido. Marco Túlio Cícero, o orador romano do século I a.C., reconheceu o poder de certas influências consagradas na conduta humana, proclamando: "Ó tempos! Ó costumes!" Em *Pré-suasão* lidamos com uma fonte de influência bem mais imediata e controlável: Ó momento!

Uma última observação diz respeito, apropriadamente, às notas finais do livro. Elas apresentam não apenas as citações de obras acadêmicas pertinentes, mas também informações adicionais sobre os diversos tópicos, visando expandir o conhecimento dos leitores em direções interessantes. Desse modo, devem ser vistas, em parte, como um local onde achar "comentários interessantes".[1]

Parte 1

PRÉ-SUASÃO:
A antecipação da atenção

1
PRÉ-SUASÃO:
Uma introdução

Como uma espécie de agente secreto, certa vez me infiltrei nos programas de treinamento de muitas profissões que têm como meta nos levar a dizer "sim". Por quase três anos, registrei as lições dadas a aspirantes a vendedores de automóveis, profissionais de marketing direto, anunciantes de TV, gerentes de linha de frente, arrecadadores de doações, especialistas em relações públicas e recrutadores corporativos. Minha intenção era descobrir quais práticas funcionavam repetidamente. Assim, respondi a anúncios de organizações em busca de trainees ou consegui de algum outro modo estar presente em suas salas de aula, com caderno à mão, pronto para absorver a sabedoria nascida da longa experiência no ramo da persuasão.

Nesses treinamentos, os aprendizes mais avançados eram muitas vezes autorizados a acompanhar e observar um profissional veterano na condução de negócios. Sempre aproveitei essas oportunidades porque queria registrar não apenas o que os profissionais em geral faziam para ter sucesso, mas também como agiam os melhores deles. Uma dessas práticas logo veio à tona, abalando meus pressupostos. Eu esperava que os ases nessas profissões dedicassem mais tempo desenvolvendo os detalhes de seus pedidos: a clareza, a lógica e as características desejáveis dos produtos. Não foi o que descobri.

PRÉ-SUASÃO

Os profissionais de melhor desempenho gastavam mais tempo elaborando o que faziam e diziam *antes* de chegarem a um pedido. Engajavam-se em sua missão como jardineiros habilidosos que sabem que mesmo as melhores sementes não criarão raízes em solo pedregoso ou não gerarão frutos em terreno mal preparado. Gastavam a maior parte do tempo arando os campos da influência, pensando no cultivo e se envolvendo nele – assegurando que as situações que enfrentavam haviam sido previamente tratadas e preparadas para se desenvolver. Claro que aqueles com melhor desempenho também levavam em conta e se importavam com o que estariam oferecendo naquelas situações. Bem mais que seus colegas menos eficientes, porém, não precisavam que uma oferta tivesse méritos reais para fazer com que ela fosse aceita; reconheciam que o quadro psicológico em que um pedido é inicialmente feito pode ter um peso igual ou até maior.

Além disso, com frequência eles não estavam em condições de interferir na qualidade do que tinham a oferecer. Outra pessoa na organização havia criado o produto, programa ou plano que eles estavam recomendando, quase sempre numa oferta inflexível. Sua responsabilidade era apresentá-lo com o máximo de aproveitamento possível. Para conseguir isso, faziam algo que lhes dava uma espécie singular de tração persuasiva: antes de apresentarem a mensagem, tornavam o público favorável a ela.

Existe uma lição fundamental em tudo isso para aqueles de nós que querem aprender a ser mais influentes. Os melhores na arte da persuasão chegam a esse nível lançando mão da *pré-suasão* – o processo de tornar os destinatários receptivos a uma mensagem antes que tomem de fato contato com ela. Para persuadir com eficácia é necessário pré-suadir com eficácia. Mas como?

Em parte, a resposta envolve um princípio essencial, mas pouco reconhecido, da comunicação: o que apresentamos primeiro muda a forma como as pessoas vivenciam o que lhes apresentamos depois. Consideremos como uma pequena diferença de procedimento melhorou o resultado financeiro da consultoria de um colega meu de Toronto. Durante anos, na concorrência para um grande projeto, não era incomum que o cliente criasse resistência ao preço e propusesse uma redução de 10% ou 15%. Aquilo era frustrante, diz ele, porque não se sentia à vontade aumentando o orçamento para cobrir aquele tipo de resistência potencial aos custos. Se ele concordasse com a redução, sua margem de lucro tornava-se tão exígua que praticamente não valia a pena aceitar o negócio. Se não concordasse, perdia o trabalho ou desagradava a outra parte, que o via como alguém que não estava disposto a negociar.

Então, durante uma reunião, ele experimentou uma tática que o livrou para sempre do problema. Não foi uma tentativa de especificar ou justificar cada uma das despesas envolvidas nos serviços; havia muito tempo ele desistira dessa abordagem, que só servia para colocar a conta sob escrutínio. Em vez disso, após a apresentação padrão e antes de declarar o preço (75 mil dólares), ele brincou: "Como você pode ver, não vou poder cobrar 1 milhão de dólares por isso." O cliente ergueu o olhar do documento que vinha examinando e disse: "Bem, eu concordo com isso!" A reunião prosseguiu sem nenhuma referência subsequente à compensação e terminou com um contrato assinado. Meu colega afirma que a tática de mencionar um preço reconhecidamente irreal para o serviço nem sempre garante o negócio – muitos outros fatores estão envolvidos –, mas quase sempre elimina os questionamentos a respeito dos custos.

Embora tenha encontrado a solução por acaso, meu amigo não é o único a sentir os efeitos notáveis de simplesmente falar um número elevado. Pesquisadores descobriram que a quantia que as pessoas diziam estar dispostas a gastar num jantar subia quando o restaurante era chamado de Studio 97, em vez de Studio 17; que o preço que indivíduos pagariam por uma caixa de chocolates belga aumentava depois de solicitados a escrever alguns dígitos altos (em vez de baixos) – no exemplo, números de sua inscrição na previdência social –; que participantes de um estudo do desempenho profissional previam que seu esforço e sua produção seriam melhores quando o estudo era rotulado de experimento 27 (em vez de experimento 9), e que as avaliações dos observadores de uma apresentação esportiva aumentavam se a camiseta do atleta tivesse um número alto (em vez de baixo).

Além disso, o impacto do que vem antes não se limita a números iniciais altos. Outros pesquisadores mostraram que, logo após desenharem um conjunto de linhas longas em uma folha de papel, estudantes universitários fizeram uma estimativa bem maior da extensão do rio Mississippi do que aqueles que desenharam linhas curtas. Na verdade, o impacto do que vem antes não se limita de forma alguma a números: clientes em uma loja de vinhos mostraram-se mais propensos a comprar um vinho alemão se, antes da escolha, ouvissem uma canção alemã tocando na loja; da mesma maneira, eram mais propensos a comprar um vinho francês ao ouvirem uma canção francesa.[2]

Assim, não é uma experiência específica que determina o que é feito depois; pode ser a exposição a um número, o comprimento de uma linha ou uma canção. E, como veremos nos próximos capítulos, pode ser o breve direcionamento da atenção a determinados conceitos psicológicos selecionados. Mas, como este livro trata sobretudo dos elementos que favorecem a persuasão, esses capítulos se dedicam aos conceitos que mais aumentam a probabilidade de consentimento. É importante aqui perceber minha escolha da palavra *probabilidade*, que reflete a realidade inevitável de lidar com o comportamento humano – alegações de certezas nessa área são risíveis. Nenhuma prática de persuasão vai funcionar sempre com precisão. No entanto, existem abordagens capazes de aumentar sistematicamente a probabilidade de acordo. E *isso* é suficiente. Um aumento significativo dessas chances basta para obter uma vantagem decisiva.

Em casa, esse aumento é suficiente para nos proporcionar os meios de obter maior receptividade aos nossos desejos – mesmo do mais resistente de todos os públicos: nossos filhos. Nos negócios, é suficiente para fornecer às organizações os meios de superarem os concorrentes – mesmo que eles defendam causas igualmente boas. Também é suficiente para dar àqueles que sabem como empregar essas abordagens os meios de melhorarem substancialmente seu desempenho dentro de uma empresa.

Vejamos o exemplo de Jim, um funcionário de alto desempenho que pude acompanhar de perto em um programa de treinamento. A companhia para a qual ele trabalhava produzia sofisticados sistemas de alarme contra incêndios para residências, e Jim era o melhor vendedor. Ele não conquistava todas as vendas, é claro, mas a probabilidade de que sairia de uma visita de vendas com um contrato assinado era, mês após mês, mais alta que a de seus colegas. Após um período inicial em sala de aula, eu deveria examinar o trabalho de diversos vendedores, a fim de aprender suas abordagens do processo de venda. Isso sempre envolvia uma visita à casa de uma família que havia solicitado uma apresentação.

Por já conhecer a reputação de astro de Jim, eu observava atentamente sua técnica. Uma prática se revelou essencial para seu sucesso. Antes de dar início ao esforço de venda, ele criava uma atmosfera de confiança com a família. A confiança é uma dessas qualidades que leva à aquiescência, desde que tenha sido forjada antes de feito o pedido. Apesar dos vários relatórios científicos e das dezenas de livros escritos defendendo essa tese e sugerindo meios de obter confiança, Jim conseguia isso de uma forma que não vi em nenhum deles – fingindo ser um pouco atrapalhado.

A sequência de venda ensinada a todos os vendedores da empresa seguia razoavelmente o padrão do setor. Após uma conversa informal para quebrar o gelo, os prováveis compradores (geralmente um casal) recebiam um teste por escrito de conhecimentos de segurança contra incêndios (para ser realizado em 10 minutos) com a intenção de revelar que sabiam muito pouco sobre os perigos reais de um incêndio doméstico. Depois, ao fim do teste, os vendedores começavam a venda ativa propriamente dita, demonstrando o sistema de alarme e conduzindo os possíveis compradores por um livro que explicava a superioridade do sistema em relação aos da concorrência. Todos os outros vendedores carregavam o livro com eles desde o princípio e o mantinham por perto, pronto para ser usado. Mas Jim não. Ele esperava até que o casal começasse o teste, depois batia na testa e dizia: "Ah, esqueci um material bem importante no carro e preciso pegar. Não quero interromper o teste; então, vocês se importam que eu vá lá fora pegar?" A resposta era sempre algo como "Claro, pode ir". Muitas vezes era necessário que lhe confiassem a chave da porta.

Observei Jim fazendo três apresentações. Em todas as vezes, seu "esquecimento" veio à tona do mesmo jeito e no mesmo ponto. Na viagem de volta ao escritório no fim do dia, indaguei-o a respeito. Duas vezes, ele não deu uma resposta direta, aborrecido por eu o estar pressionando para descobrir seu segredo de vendas. Mas quando insisti, ele soltou: "Pense, Bob: quem é que você deixa entrar e sair de sua casa sozinho? Somente alguém em quem você confia, certo? Quero estar associado à confiança na mente dessas famílias."

Era um truque brilhante – não totalmente ético, mas brilhante assim mesmo – porque corporificava uma das afirmações centrais deste livro: as coisas realmente influentes que dizemos e fazemos antes agem para *pré-suadir* nosso público, alterando as associações das pessoas com o que fazemos ou dizemos em seguida. No Capítulo 7, defendo o argumento de que toda atividade mental surge na forma de padrões de associações dentro de uma rede neural vasta e intricada, e que as tentativas de influência só serão bem-sucedidas na medida em que as associações que desencadearem forem favoráveis à mudança de posição (do "não" ao "sim").

A tática de Jim ilustra bem esse princípio. Para se tornar um grande vendedor, ele não precisou modificar as características do sistema de alarme que estava vendendo nem a lógica, o fraseado ou o estilo de como o descrevia. Na verdade, ele não se afastou nem um pouco da apresentação padrão. Em vez disso, ele tinha apenas que fazer primeiro com que o associassem ao conceito de confiança, cujas outras associações (intensamente positivas) se ligariam então a ele e sua recomendação de compra. Mesmo o método pouco ortodoxo de Jim de se vincular ao conceito de confiança era puramente associativo. Ele não alegava ser o tipo do indivíduo – um amigo íntimo ou membro da família, talvez – a quem as pessoas dão livre acesso à sua casa. Ele apenas fazia com que fosse tratado da mesma forma com que esse tipo de indivíduo confiável é tratado na casa. Convém observar que essa tática foi a única diferença real que registrei entre as apresentações de Jim e a de seus colegas bem menos eficazes. Tal é a força da mera associação.

Dito isso, existem vários primeiros passos, além de criar confiança, que o persuasor pode dar para tornar o público mais receptivo ao argumento que pretende apresentar. Esses passos podem assumir diversas formas e ser chamados de molduras, âncoras, preparações, mentalidades ou primeiras impressões. Encontraremos todos ao longo do livro, onde me referirei a eles como *acionadores* – porque abrem caminho para a persuasão de duas formas. Na primeira, simplesmente iniciam o processo; fornecem o ponto de partida, o início dos apelos persuasivos. Mas é na segunda função que de fato removem as barreiras existentes. Nesse papel, promovem a abertura de mentes e, como no caso de Jim, de portas trancadas.[3]

UM POUCO DO MESMO

Já ouvi esta piada de muitos profissionais da influência. É sobre uma conversa entre o representante de vendas de uma empresa de marketing e um cliente potencial que quer lançar uma marca nova de espinafre congelado.

> **Cliente:** *Vocês tem experiência no marketing de produtos alimentícios?*
> **Vendedor:** *Temos uma grande experiência.*
> **Cliente:** *Inclui experiência em vender alimentos congelados?*
> **Vendedor:** *Sim, inclui.*
> **Cliente:** *E verduras congeladas?*
> **Vendedor:** *Lançamos vários tipos no mercado nos últimos anos.*
> **Cliente:** *Espinafre?*
> **Vendedor:** *Na verdade, sim, espinafre também.*
> **Cliente** [*inclinando-se à frente, voz tensa de expectativa*]: *Folhas inteiras... ou picadas?*

Claro que quando uma situação parecida acontece de verdade – quando perdem um contrato ou uma venda porque um possível cliente, obcecado pelo detalhe, não percebe o quadro completo do que têm a oferecer – *eles* não acham graça nenhuma. Para ser sincero, acredito que vários profissionais da persuasão sofrem do mesmo tipo de limitação – não em reuniões com um cliente, mas nas sessões de treinamento concebidas para prepará-los para tais reuniões.

Pouco depois que comecei a participar disfarçado do treinamento de profissionais da influência, notei algo curioso: os integrantes quase sempre eram informados de que a persuasão deveria ter, em cada profissão, uma abordagem diferente daquela das profissões afins. Quando se trata de influenciar as pessoas, a publicidade funciona de modo distinto do marketing; o marketing funciona de modo distinto da arrecadação de fundos; a arrecadação de fundos funciona de modo distinto das relações públicas; as relações públicas funcionam de modo distinto do recrutamento, e assim por diante.

Além disso, distinções eram enfatizadas até mesmo dentro das profissões. Vender um seguro de vida integral difere de vender um seguro de vida de prazo limitado; vender caminhões é diferente de vender carros; vender por e-mail ou on-line é diferente de vender em lojas; vender produtos é diferente de vender serviços; vender para um indivíduo é diferente de vender para uma empresa; vender no atacado é diferente de vender no varejo.

Não que os treinadores estivessem errados ao distinguir os limites de sua expertise, mas essa referência constante à singularidade levava a duas falhas de julgamento. A primeira era que, com frequência, eles se desviavam para distinções irrelevantes. A segunda e pior era que, em sua ênfase ao que é diferente entre os profissionais bem-sucedidos da persuasão, não se concentravam suficientemente em outra pergunta muitíssimo útil: o que é igual?

Essa omissão parecia uma falha grave, porque, se fosse possível ressaltar para os aprendizes o que era convincente em todos os cenários de influência, isso os ajudaria a sair vitoriosos em quaisquer circunstâncias, tanto novas quanto familiares. Se pudessem ser treinados para entender e empregar os princípios *universais* que sustentam a persuasão eficaz, os detalhes da mudança que esperavam gerar não teriam importância. Eles se sairiam bem, quer sua tentativa de influência envolvesse atacado ou varejo, seguro de vida integral ou de prazo limitado, folha inteira ou picada.[4]

Meu objetivo ao analisar programas de treinamento comerciais, então, era descobrir o que todas as abordagens profissionais superiores da influência de fato tinham em comum. O alcance limitado da conclusão que emergiu me surpreendeu. Identifiquei apenas seis princípios psicológicos que pareciam ser aplicados rotineiramente nos negócios de influência bem-sucedidos. Afirmei que os seis – reciprocidade, afeição, aprovação social, autoridade, escassez e coerência – representam certos princípios psicológicos universais da persuasão e abordei-os, um por capítulo, em meu livro anterior *As armas da persuasão*.

A GRANDE DIFERENÇA

Em uma parte de *Pré-suasão*, revejo esses princípios enquanto faço uma mudança importante na direção. O livro anterior foi escrito para informar aos consumidores como resistir às tentativas de influência empregadas de forma indevida ou indesejável. Um fator que me incitou a escrever o livro atual é que, embora *As armas da persuasão* tenha tido várias edições e vendido mais exemplares do que eu poderia ter imaginado, poucos grupos de consumidores me contataram para dar seu depoimento. No entanto, meu telefone não parou de tocar com pedidos de dois outros grupos: representantes de grandes empresas me convidando para falar aos *seus* pares e leitores individuais querendo saber como se tornar mais influentes nas interações do dia a dia com colegas, amigos, vizinhos e parentes. Ficou claro que, mais do que apenas aprender como rechaçá-la ou rejeitá-la, um grande número de pessoas está avidamente interessado em aprender como utilizar a persuasão.

Em contraste com *As armas da persuasão*, um dos objetivos deste livro é ajudar a satisfazer esse desejo diretamente, mas com duas restrições. A primeira diz respeito à ética do sucesso persuasivo. O fato de conseguirmos usar táticas psicológicas para obter o consentimento não significa que tenhamos o direito de usá-las. As táticas estão disponíveis para o bem ou para o mal. Podem ser estruturadas para enganar e, portanto, explorar outras pessoas. Mas também podem ser estruturadas para informar e, assim, tornar as outras pessoas melhores. O Capítulo 13 oferece uma justificativa – além daquela tradicional baseada nas consequências econômicas da reputação prejudicada – de por que as organizações deveriam se afastar totalmente de práticas persuasivas antiéticas: elas atraem e retêm funcionários que consideram trapacear uma atitude aceitável e que, como consequência, acabarão trapaceando também na organização.

Este livro ainda obedece a uma segunda condição. Embora o material seja repleto de exemplos e relatos pessoais, a essência dos indícios precisa ter base científica. Em qualquer tentativa de gerir com sucesso o processo de influência, uma abordagem de base científica oferece uma vantagem real. Tradicionalmente, a persuasão tem sido vista como uma arte ardilosa, o domínio daqueles poucos com uma compreensão intuitiva de como tornar uma frase convincente. Mas algo radical aconteceu ao estudo da persuasão durante o último meio século e permitiu que o restante de nós se beneficiasse tão plenamente quanto os mestres inatos.

Pesquisadores vêm aplicando uma abordagem científica rigorosa à questão de quais mensagens levam as pessoas a ceder, consentir e mudar. Eles documentaram o impacto às vezes desconcertante de fazer um pedido da forma normal *versus* fazer o mesmo pedido de uma maneira diferente, mais bem informada. Além do mero impacto dos efeitos obtidos, existe outro aspecto notável dos resultados: o processo de persuasão é governado por leis psicológicas, o que significa que procedimentos semelhantes podem produzir resultados semelhantes em uma grande variedade de situações.

E, se a persuasão é legítima, ela pode, ao contrário da inspiração artística, ser aprendida. Não importa se você é ou não dotado de um talento inato para a influência, conhecedor dos métodos ou um artífice talentoso da língua: é possível aprender técnicas cientificamente comprovadas que permitem a qualquer um de nós ser mais influente.[5]

———

Os indícios de base científica deste livro tratam não apenas do *que* convém dizer para persuadir, mas também de *quando* é melhor dizê-lo. Com base nesses dados, é possível aprender como reconhecer e monitorar o surgimento natural de momentos oportunos de influência. Também é possível (porém mais perigoso do ponto de vista ético) aprender como criar esses momentos. Quer operando como um monitor do momento ou como um criador do momento, o indivíduo que sabe como programar corretamente um pedido, uma recomendação ou uma proposta se sairá maravilhosamente bem.

UMA QUESTÃO DE TIMING

Já era mesmo hora de escrever este livro que é, em certo sentido, sobre timing – na verdade, ele está vários anos atrasado. Eu pretendia escrevê-lo quando tirei uma licença da universidade em que trabalhava para usar as instalações de uma conhecida faculdade de negócios. Ali, imaginei, além de uma agenda menos sobrecarregada, eu teria acesso a colegas especialistas que poderiam me ajudar a pensar sobre questões relevantes.

Cerca de um mês antes de minha transferência, eu vinha negociando com o vice-reitor certos aspectos da visita que poderiam torná-la mais produtiva – uma sala próxima de colegas respeitados, um assistente, telefone, vaga de estacionamento e privilégios na biblioteca – quando recebi uma ligação fatídica dele. Começou muitíssimo bem: "Bob", disse ele, "tenho boas notícias. Consegui a sala que você queria, um computador excelente, um assistente, acesso à biblioteca, estacionamento e telefone – cuidaremos de tudo isso." Fiquei satisfeito e agradeci por tudo que ele fizera por mim. Ele esperou um momento e replicou: "Bem, há uma coisa que você poderia fazer por *mim*. Acabamos de identificar a necessidade de um professor para lecionar marketing aos nossos alunos de MBA. Estou num aperto, e de fato me ajudaria muito se você pudesse assumir essa posição."

Eu sabia que concordar com o pedido diminuiria minhas chances de completar o livro durante minha estadia lá, porque (1) eu nunca havia lecionado em uma faculdade de negócios, o que significava aprender um conjunto novo de normas didáticas; (2) eu nunca ministrara uma cadeira de marketing, o que significava desenvolver um curso inteiro com aulas, leituras, exercícios e avaliações; e (3) eu nunca dera aulas num MBA, o que significava, pela primeira vez em minha carreira, que estaria alocando grande parte de minhas atividades fora da classe a perguntas, comentários e necessidades dos alunos mais implacáveis que o magistério já conheceu: alunos do primeiro ano do MBA.

Concordei mesmo assim. Não conseguia ver nenhuma outra opção apropriada, não no instante após eu expressar meus sinceros agradecimentos por tudo que aquele "criador de momento" acabara de providenciar para mim. Se ele tivesse perguntado um dia antes ou depois, eu teria sido capaz de dizer não, explicando que precisava escrever um livro durante a minha permanência ali. Mas as circunstâncias eram diferentes no momento privilegiado criado por ele.

Por causa do que ele acabara de fazer por mim, não havia uma alternativa socialmente aceitável ao sim. (Ainda bem que ele não precisava de um rim!) Assim, em razão das exigências do momento, não tive como recusar o convite. E, então, ao fim de minha licença, cujo objetivo havia sido escrever este livro, não havia livro. Decepcionei minha família, alguns editores e também a mim.

No entanto, consigo ver dois pontos positivos nessa sequência de eventos. Primeiro, surgiram novas pesquisas no domínio da ciência da persuasão, e pude incorporá-las ao texto. Segundo, a manobra extraordinariamente eficaz do vice-reitor ilustra com perfeição outra grande afirmação deste livro: práticas pré-suasivas criam janelas de oportunidade que não ficarão abertas para sempre. Acredito que teria conseguido reunir os recursos para recusar o pedido daquele homem se tivesse sido feito em um telefonema separado, em outra ocasião.

É por causa da receptividade temporária que as ações pré-suasivas costumam produzir nos outros que introduzi o conceito de *momentos privilegiados*. O significado da palavra *privilegiado* é claro e se refere a um status especial, elevado. A palavra *momento*, porém, é mais complexa, pois evoca dois significados. Um conota um período limitado no tempo: neste caso, a janela de oportunidade depois de um acionador pré-suasivo, quando o poder de uma proposta está no nível máximo. A outra conotação vem da física e refere-se a uma força de alavancagem singular que pode ocasionar um movimento sem precedentes. Essas dimensões emparelhadas, temporais por um lado e físicas por outro, têm a capacidade de instigar uma mudança extraordinária ainda em uma terceira dimensão: a psicológica. Os demais capítulos, descritos brevemente a seguir, mostram como.[6]

PARTE 1: PRÉ-SUASÃO: A ANTECIPAÇÃO DA ATENÇÃO

Capítulo 2: Momentos privilegiados

Esse capítulo explica o conceito de momentos privilegiados, pontos identificáveis no tempo quando um indivíduo está particularmente receptivo à mensagem de um comunicador. O capítulo também apresenta e defende uma tese fundamental: o fator mais passível de determinar a opção de uma pessoa em uma situação em geral não é aquele que oferece o conselho mais exato ou útil, mas aquele que teve aumentada sua atenção (e, portanto, seu privilégio) no momento da decisão.

Capítulo 3: A importância da atenção... é a importância

O Capítulo 3 explora e documenta o motivo central pelo qual a *atenção canalizada* leva à pré-suasão: a tendência humana de atribuir níveis de importância excessivos a uma ideia assim que a atenção se volta para ela. O capítulo examina os efeitos da atenção canalizada em três áreas: campanhas de marketing on-line eficazes, avaliações positivas de bens de consumo e campanhas de propaganda bem-sucedidas em tempo de guerra.

Capítulo 4: O que é focal é causal
Esse capítulo acrescenta um segundo motivo pelo qual a atenção canalizada leva à pré-suasão. Do mesmo modo que o foco de atenção leva a percepções de importância, também leva a percepções de *causalidade*. Se as pessoas se veem dando atenção especial a certo fator, tornam-se mais propensas a considerá-lo uma causa. Os resultados relacionados à influência do efeito "o que é focal é considerado causal" são examinados em áreas como escolhas de números de loteria e confissões falsas em interrogatórios policiais.

Capítulo 5: Comandantes da atenção 1: Os chamarizes
Se a atenção elevada proporciona alavancagem pré-suasiva, existem aspectos da informação que atraiam automaticamente tal atenção e portanto nem requeiram esforços especiais do comunicador? O Capítulo 5 examina diversos desses comandantes da atenção que ocorrem de forma natural: o sexual, o ameaçador e o diferente.

Capítulo 6: Comandantes da atenção 2: Os magnetizadores
Além das vantagens de chamar a atenção para um estímulo específico, existe um benefício considerável em mantê-la ali. O comunicador capaz de prender o foco de um público nos elementos favoráveis de um argumento aumenta as chances de que o argumento não seja contestado por pontos de vista opostos e portanto excluído do ambiente da atenção. O Capítulo 6 cobre certos tipos de informações que combinam o poder de atração inicial com o poder de permanência: o autorreferente, o inacabado e o misterioso.

PARTE 2: PROCESSOS: O PAPEL DA ASSOCIAÇÃO

Capítulo 7: A primazia das associações: Associo, logo raciocino
Uma vez que a atenção tenha sido canalizada para um conceito selecionado, o que no conceito leva a uma mudança na resposta? Toda atividade mental compõe-se de padrões de associações, e tentativas de influência, inclusive as pré-suasivas, só terão sucesso se as *associações* que elas desencadeiam forem favoráveis à mudança. O Capítulo 7 mostra como linguagem e imagística podem ser usadas para produzir resultados desejáveis, tais como melhor de-

sempenho no trabalho, avaliações pessoais mais positivas e – em um caso especialmente notável – a libertação de prisioneiros sequestrados por talibãs afegãos.

Capítulo 8: Geografias persuasivas: Todos os lugares certos, todos os traços certos

Existe uma geografia da influência. Da mesma forma que palavras e imagens podem desencadear certas associações favoráveis à mudança, os lugares também podem. Assim, torna-se possível *nos* enviarmos em direções desejadas nos colocando em ambientes físicos e psicológicos previamente dotados de sinais associados às nossas metas relevantes. Também é possível para influenciadores alcançarem suas metas transferindo os *outros* para ambientes com sinais apoiadores. Por exemplo, mulheres jovens saem-se melhor em tarefas de ciências, matemática e liderança se colocadas em salas com sinais (fotos, por exemplo) de mulheres que sabidamente dominaram essas tarefas.

Capítulo 9: A mecânica da pré-suasão: Causas, restrições e corretivos

Um comunicador pré-suade concentrando os receptores inicialmente em conceitos que estejam alinhados, por associação, com a informação ainda a ser fornecida. Mas por qual mecanismo? A resposta envolve uma característica pouco reconhecida da atividade mental: seus elementos não disparam apenas quando prontos, eles disparam quando *aprontados*. O Capítulo 9 examina como esse mecanismo opera em fenômenos variados, como o funcionamento da imagística da publicidade, a pré-suasão de crianças a cooperarem, e a pré-suasão de dependentes químicos a realizarem uma atividade terapêutica importante com que normalmente não consentiriam.

PARTE 3: MELHORES PRÁTICAS: A OTIMIZAÇÃO DA PRÉ-SUASÃO

Capítulo 10: Seis caminhos principais para a mudança: amplas avenidas como atalhos inteligentes

Para quais conceitos específicos a atenção de um público deveria ser concentrada a fim de obter o maior efeito pré-suasivo? A atenção deveria ser canalizada para um ou outro dos princípios universais da influência tratados em meu livro anterior, *As armas da persuasão*: reciprocidade, afeição, autoridade, aprovação social, escassez e coerência. Existem bons motivos para sua predominância e sucesso, pois estes são os princípios que em geral conduzem as pessoas na direção certa quando estão decidindo o que fazer.

Capítulo 11: União 1: Estar juntos

O Capítulo 11 revela um princípio universal adicional (sétimo) da influência: unidade. Existe certo tipo de unidade – de identidade – que caracteriza melhor um relacionamento do tipo *Nós* e que, uma vez trazido pré-suasivamente à consciência, leva a mais aceitação, cooperação, afinidade, ajuda, confiança e, portanto, consentimento. O capítulo descreve o primeiro de dois grandes meios de desenvolver relacionamentos *Nós*: apresentando sinais de semelhança genética associados à família e ao lugar.

Capítulo 12: União 2: Agir juntos

Além do efeito unificador de estar na mesma genealogia ou geografia, os relacionamentos *Nós* podem resultar de agir junto sincrônica ou colaborativamente. Quando as pessoas agem de formas unitárias, tornam-se unidas, e quando tal atividade é organizada pré-suasivamente produz afinidade e apoio mútuos. O Capítulo 12 fornece exemplos das formas de maior ajuda entre estranhos, cooperação entre colegas de equipe, abnegação entre crianças de 4 anos, amor entre estudantes universitários e fidelidade entre consumidores e marcas.

Capítulo 13: Uso ético: Uma consideração pré-pré-suasiva

Aqueles que usam uma abordagem pré-suasiva devem decidir o que apresentar imediatamente antes de sua mensagem. Mas eles também precisam tomar uma decisão ainda anterior: se, sob o aspecto ético, devem empregar tal abordagem. Com frequência, comunicadores de organizações comerciais põem o lucro acima da ética em seus pedidos. Assim, existem motivos para nos preocuparmos com a possibilidade de que as práticas pré-suasivas descritas neste livro sejam usadas de forma antiética. Entretanto, o Capítulo 13 combate o uso antiético ao oferecer dados de estudos que indicam que tais táticas solapam os lucros organizacionais de três formas poderosas.

Capítulo 14: Pós-suasão: Efeitos posteriores

Os pré-suasores querem fazer mais do que criar mudanças temporárias via desvios momentâneos na atenção. Eles querem tornar essas mudanças duráveis. Desse modo, o Capítulo 14 fornece indícios da ciência comportamental de dois tipos de procedimentos que aumentam as chances de que as mudanças geradas inicialmente se enraízem e durem bem além dos momentos pré-suasivos.

2
Momentos privilegiados

Não são muitas as pessoas que sabem disso, mas eu sei ler mãos. Ou pelo menos sabia. Quando jovem, aprendi quiromancia para ter assunto nas festas. Acabei abandonando a prática, porque, assim que fazia uma leitura, uma fila de candidatos ansiosos se formava, enterrando minha chance de ter conversas mais interessantes e acesso à mesa do bufê.

No entanto, durante aqueles poucos anos, reconheci algo notável sobre as informações que eu lia nas mãos das pessoas: elas quase sempre eram verdadeiras. Meus parceiros no processo – estranhos, na maior parte – se surpreendiam com a precisão de minhas descrições de seus traços de personalidade. "Acertou!", diziam. "Como você conseguiu ver isso?" Aprendi a simular um sorriso de sabichão para escapar da pergunta porque, francamente, eu me surpreendia também.

Não me surpreendo mais. Existem duas explicações para meu alto índice de acertos. A primeira se baseia em mecanismos paranormais que só podem ser dominados por uns poucos privilegiados; a segunda envolve processos decididamente normais que podem ser evocados por qualquer um. Duvido que minhas façanhas de leitura da palma das mãos possam ser interpretadas em termos paranormais. Sempre que submetidos a um exame rigoroso, esses mecanismos fracassam.[7]

Nos meus tempos de quiromante, obtive sinais claros de que havia algo de errado nos métodos paranormais de adivinhar a personalidade das pessoas. Curioso com meus sucessos na leitura das mãos, submeti elementos do sistema ao teste, às vezes lendo a linha do coração de alguém como se fosse a linha da cabeça – esse tipo de coisa. Nenhuma de minhas alterações nas práticas rigorosamente estipuladas fez qualquer diferença no nível de sucesso. Por exemplo, se eu seguisse ou violasse o procedimento certo para revelar "a presença de uma área secreta de insegurança" em minhas cobaias, elas costumavam reagir com o mesmo gesto de cabeça, assumindo a "culpa".

Numa determinada noite, eu me sentia deslocado numa festa em uma casa onde não conhecia quase ninguém. Como interagir socialmente com estranhos é uma de *minhas* áreas secretas de insegurança, comecei a ler mãos para me enturmar. Cheguei a ler a mão do dono da casa duas vezes, uma no início da noite e a outra quando ele retornou algumas horas e vários drinques depois, querendo saber mais. No meio da primeira leitura, dobrei seu polegar para trás e disse: "Sabe, estou vendo que você é um homem bem obstinado." Na segunda leitura, ao dobrar seu polegar para trás, eu disse: "Sabe, estou vendo que você é um homem bem flexível." Após cada uma das leituras, ele refletiu por um segundo e admitiu que eu estava absolutamente certo sobre quem ele realmente era.

O que estava acontecendo? Como minhas leituras foram vistas como exatas não importava o que eu (dentro dos limites da lógica) alegasse? Os críticos da paranormalidade oferecem uma explicação padrão: os quiromantes ou astrólogos ou frenologistas (leitores de protuberâncias na cabeça) descrevem características tão difundidas – obstinação e flexibilidade, por exemplo – que quase todo mundo consegue se identificar com elas. Esse ponto é certamente verdade, mas não resolve o mistério como um todo. Se é tão fácil para as pessoas reconhecerem as próprias tendências para a obstinação *e* para a flexibilidade, estes opostos não deveriam se excluir após uma rápida reflexão? Quando rotulei o dono da casa naquela festa de um homem obstinado, por que ele não me contestou imediatamente com a consciência natural de sua flexibilidade? Por que ele só viu a verdade no traço que sugeri quando o sugeri?

SAI A MAGIA, ENTRA A CONCENTRAÇÃO

A resposta está ligada a uma tendência operacional comum capaz de alterar substancialmente as decisões de uma pessoa. Suponha que numa festa eu dobrasse seu polegar para trás ligeiramente e, com base na resistência e na curvatura do dedo, proclamasse que você é "um indivíduo bem obstinado, alguém que resiste a ser pressionado em uma direção que não queira tomar". Eu o terei concentrado no traço da obstinação, fazendo você descer por um único *canal psicológico* construído deslealmente para confirmar meu julgamento.

Eis como isso funcionaria: para testar a veracidade do que eu disse, você automaticamente começaria a procurar na memória ocasiões em que agiu obstinadamente – *apenas* essas ocasiões – e quase certamente depararia com um exemplo pronto, pois a obstinação sob pressão é uma fraqueza pessoal frequente. Se você continuasse nessa busca tendenciosa, depararia com outras ocorrências semelhantes. Com um piscar de autorreconhecimento, você provavelmente ergueria o olhar para mim e admitiria que acertei na mosca.

Agora imagine que, em vez disso, eu o rotulasse de "um indivíduo bem flexível, alguém que, após receber informações novas, está disposto a levá-las em conta e ajustar sua posição". Eu o teria lançado por outro canal: um canal manipulado para assegurar que você encontraria ocasiões em seu passado em que abraçou a mudança. Como resultado, você tenderia a erguer o olhar daquela busca na memória igualmente tendenciosa e declararia que eu estava absolutamente certo sobre a sua flexibilidade.

Existe uma razão bem humana para você estar propenso a cair em meu truque. Seu obtuso nome científico é "estratégia do teste positivo". Mas se resume a isto: ao tentar decidir se uma possibilidade é correta, as pessoas em geral procuram acertos em vez de erros, confirmações da ideia em vez de refutações. É mais fácil registrar a presença de algo do que sua ausência. O grande escritor de histórias de mistério Arthur Conan Doyle entendeu essa tendência ao forjar o estilo de pensamento nada comum de Sherlock Holmes. O brilhante Holmes era tão implacável em sua atenção ao que não ocorreu como ao que ocorreu. Lembre que em uma das histórias de mistério mais populares de Doyle, *O Estrela de Prata*, Holmes percebe que um roubo foi cometido por alguém que conhecia a vítima (não podendo ter sido perpetrado pelo estranho que a polícia prendeu) porque, durante o crime, um cão de guarda *não* ladrou. Seus colegas com menos disciplina intelectual, satisfeitos em dependerem sobretudo da presença de provas confirmadoras, e não de sua ausência, nunca igualam seus poderes de dedução.[8]

Infelizmente, você, eu e quase todos se enquadram na categoria sub-holmesiana neste aspecto.

CANALIZANDO O ALVO

Se eu perguntasse se você é infeliz, digamos, na área social, sua tendência natural de buscar confirmações da possibilidade, em vez de refutações, o levaria a achar mais provas de descontentamento do que se eu perguntasse se você é *feliz* nessa área. Esse foi o resultado quando se perguntou a canadenses se eram infelizes ou felizes em sua vida social. Aqueles indagados se eram infelizes tenderam bem mais a achar insatisfações ao pensar na pergunta e, portanto, tiveram uma probabilidade 375% maior de se declararem infelizes.

Várias lições podem ser extraídas dessa descoberta. A primeira: se um pesquisador quiser apenas saber se você está insatisfeito com algo – poderia ser um bem de consumo, um político eleito ou uma política governamental –, abra os olhos. Desconfie também daquele que só pergunta se você está satisfeito. Perguntas assim, com um canal único, podem levá-lo ao erro e a informar erradamente sua posição. Eu recomendaria recusar-se a participar de pesquisas que empregam essa forma tendenciosa de questionamento. Bem melhores são aquelas que usam perguntas bilaterais: "Quão satisfeito *ou* insatisfeito você está com esta marca?", "Você está contente *ou* descontente com o desempenho do prefeito?", "Até que ponto você concorda *ou* discorda das políticas atuais do país em relação ao Oriente Médio?". Esses tipos de perguntas o convidam a consultar seus sentimentos de forma imparcial.[9]

Decididamente, mais preocupante que o pesquisador cujas perguntas principais conduzem você a uma posição pessoal pouco exata é o pesquisador que se vale desse mesmo dispositivo para explorá-lo naquele momento privilegiado. Recrutadores de seitas costumam começar o processo de seduzir novos adeptos perguntando se estão infelizes (em vez de felizes). Eu costumava pensar que essa técnica tinha a intenção de selecionar indivíduos cuja profunda insatisfação pessoal os inclinaria ao tipo de mudança radical que as seitas exigem. Mas agora estou convencido de que a pergunta "Você está *in*feliz?" é mais do que um dispositivo de seleção. É também um dispositivo de recrutamento que manipula as pessoas voltando-as, excessivamente, para suas insatisfações. (A verdade é que as seitas não querem descontentes em suas fileiras. Elas buscam indivíduos mais ou menos bem ajustados cujo estilo positivo, confiante, possa ser direcionado para os propósitos da seita.) Como mostram os resultados do estudo canadense, após serem induzidas pelas perguntas a examinarem suas insatisfações, as pessoas se tornavam mais propensas a se descreverem como insatisfeitas. No instante criado de forma desleal após uma tal admissão, o criador de momento da seita está treinado para atacar: "Bem, se você está descontente, gostaria de mudar, certo?"[10]

Com certeza, as táticas de recrutamento das seitas podem ser polêmicas. Mas membros de seitas, incluindo os recrutadores, são conhecidos pela disposição em se envolverem na autoilusão. Talvez estejam enganando a si mesmos sobre a eficácia dessa prática específica. Qual é a prova objetiva de que um momento fabricado leve a algo mais que uma visão de si temporariamente e inconsequentemente alterada? Um pré-suasor conseguiria empregar esse momento para mudar a disposição de outra pessoa em fazer, conceder ou fornecer algo de real valor?

Revendedores valorizam muito as informações dos consumidores. Proponentes de pesquisas de marketing dizem que servem ao propósito admirável de dar aos vendedores os dados de que precisam para satisfazer prováveis compradores, e eles não estão sozinhos em sua alta estima pelos benefícios de tais dados. Organizações comerciais rentáveis reconhecem as vantagens de terem boas informações sobre os desejos e as necessidades de seus clientes ou potenciais clientes. De fato, grandes empresas gastam somas vultosas para descobrir as particularidades.

O problema predominante para essas organizações é que o restante de nós não se dá ao trabalho de participar de suas pesquisas, grupos de discussão e testes de sabores. Mesmo com estímulos consideráveis em forma de pagamentos em dinheiro, amostras grátis ou vales-brindes, a porcentagem das pessoas que concordam em cooperar pode ser baixa, dando aos pesquisadores do mercado certo mal-estar, porque não conseguem ter certeza de que os dados coletados refletem os sentimentos da maioria de seu grupo-alvo. Será que esses pesquisadores poderiam eliminar seu problema solicitando informações aos consumidores no momento após uma pergunta pré-suasiva de canal único?

Vejamos os resultados de um experimento realizado pelos cientistas da comunicação San Bolkan e Peter Andersen, que abordaram pessoas e pediram auxílio em uma pesquisa. Todos experimentamos a mesma sensação quando um pesquisador, com uma prancheta nas mãos, nos detém em um shopping center ou supermercado e pede alguns minutos de nosso tempo. Assim como ocorre com o solicitador típico de shopping center, o sucesso desses cientistas é baixo: somente 29% dos consultados consentiam em colaborar. Mas Bolkan e Andersen acharam que poderiam aumentar a aquiescência sem recorrer a nenhum dos pagamentos caros que os profissionais do marketing muitas vezes se veem forçados a oferecer. Eles pararam uma segunda amostra de indivíduos e começaram a interação com um acionador pré-suasivo: "Você se considera uma pessoa prestativa?" Após uma breve reflexão, quase todo mundo respondia que sim. Naquele momento privilegiado – depois das cobaias confirmarem privadamente e afirmarem suas naturezas prestativas – os cientistas atacaram, pedindo ajuda em sua pesquisa. Dessa vez 77,3% concordaram em participar.

———

No Capítulo 10, exploraremos o mecanismo psicológico específico (um desejo de coerência) que leva as pessoas a se tornarem duas vezes mais favoráveis a dizer "sim" sob tais circunstâncias. Mas por ora vamos extrair uma noção mais ampla, que é uma tese importante deste livro: com frequência o fator mais provável de definir a escolha de uma pessoa em determinada situação não é aquele mais aconselhável para sua realidade, mas o que teve sua atenção (e, portanto, seu privilégio) aumentada no momento da decisão.

Esse reconhecimento nos permite pensar de forma bem diferente sobre o processo da influência. Pelos mais de 30 anos que venho estudando como as pessoas podem ser persuadidas a escolher e mudar, meu pensamento vem sendo governado pelo modelo científico dominante da influência social. Ele aconselha o seguinte: se você quer mudar o comportamento de outra pessoa, precisa primeiro mudar algum aspecto dela para que combine com aquele comportamento. Se você quer convencer pessoas a comprarem algo não familiar – digamos, um refrigerante novo –, deveria agir para transformar suas crenças, atitudes ou experiências de modo a fazê-las querer comprar o produto. Você poderia tentar mudar suas crenças sobre o refrigerante, informando que é a bebida nova que mais cresce no mercado, ou mudar suas atitudes, associando-o a uma celebridade popular, ou alterar suas experiências com ele, oferecendo amostras grátis no supermercado. Embora muitos indícios mostrem que essa abordagem funciona, está claro agora que existe um modelo alternativo de influência social que fornece uma rota diferente para o sucesso persuasivo.

VOCÊ É AVENTUREIRO O SUFICIENTE PARA CONSIDERAR UM MODELO REVOLUCIONÁRIO DE INFLUÊNCIA?

De acordo com essa abordagem não tradicional – a atenção canalizada –, para obter a ação desejada não é preciso alterar as crenças, atitudes ou experiências da pessoa. Não é preciso alterar nada, exceto o que está em evidência na mente dessa pessoa no momento da decisão. Em nosso exemplo do refrigerante, pode ser o fato de que, no passado, ela esteve disposta a examinar novas possibilidades. Indícios desse processo podem ser encontrados em uma extensão da pesquisa de Bolkan e Andersen, que demonstra que um profissional de marketing poderia aumentar substancialmente as chances de achar participantes para sua pesquisa se começasse com um acionador pré-suasivo particular: a pergunta se a pessoa se considera *prestativa*.

Em um estudo concomitante, os dois cientistas constataram que era igualmente possível aumentar a disposição para testar um produto de consumo desconhecido começando com um acionador pré-suasivo semelhante, mas personalizado de forma diferente: dessa vez perguntando à pessoa se ela se considerava *aventureira*. O produto de consumo era um refrigerante novo, e os indivíduos tinham que concordar em fornecer um endereço de e-mail para que recebessem instruções de como obter uma amostra grátis. Metade das pessoas abordadas foi parada e questionada se queria fornecer seu e-mail para esse propósito. A maioria relutou – somente 33% concordaram em viabilizar o contato. Aos demais perguntou-se inicialmente: "Você se considera uma pessoa aventureira e que gosta de experimentar coisas novas?" Quase todas disseram que sim e, depois disso, 75,7% forneceram seus e-mails.[11]

Dois aspectos dessas descobertas me parecem notáveis. Primeiro, das pessoas abordadas e a quem se perguntou se se consideravam aventureiras, 97% (70 dentre 72) responderam de maneira afirmativa. A ideia de que quase todo mundo se considera aventureiro é ridícula. No entanto, diante da pergunta (de canal único) se se enquadram nessa categoria, as pessoas quase sempre afirmam que sim. Tal é o poder da estratégia do teste positivo e da perspectiva míope que ela cria. Os indícios mostram que esse processo pode aumentar substancialmente a porcentagem de indivíduos que se rotulam aventureiros, prestativos ou até infelizes. Além disso, a perspectiva reduzida, ainda que temporariamente, é tudo, menos inconsequente. Por um momento privilegiado do ponto de vista da persuasão, ela torna esses indivíduos bastante vulneráveis a pedidos alinhados – como atestam os dados de cientistas pesquisadores e as práticas de recrutadores de seitas.

O outro aspecto notável do experimento do refrigerante não é o fato de que uma simples pergunta seja capaz de desviar tantas pessoas para uma escolha particular, mas que seja capaz de desviar tantas delas para uma escolha potencialmente *perigosa*. Nos últimos anos, se existe algo contra o qual somos alertados o tempo todo, é nos abrirmos para algum indivíduo inescrupuloso que possa bombardear nossos computadores com spam, infectá-los com vírus destrutivos ou invadi-los para nos infligir o prolongado martírio do roubo de identidade. (Claro que, para sermos justos, devemos reconhecer que usuários experientes e safos dificilmente serão enganados por ofertas recebidas por e-mail.)[12]

De fato, dada a massa de publicidade negativa em torno das fraudes por computador, faz muito sentido que dois terços do primeiro grupo de participantes de Bolkan e Andersen tenham rejeitado o pedido para que dessem seus endereços de e-mail. Afinal, aquele era um completo estranho que os abordava sem ser apresentado e sem que o solicitassem. As circunstâncias claramente recomendavam prudência.

O relevante é que essas circunstâncias se aplicavam de forma semelhante a todos aqueles indivíduos (75,6% no segundo grupo de Bolkan e Andersen) que, após serem canalizados para seus lados aventureiros por uma pergunta inicial de canal único, ignoraram os sinais de cautela e se precipitaram em uma escolha potencialmente insensata. Seu comportamento, ainda que intrigante de um aspecto superficial, corrobora a afirmação deste livro de que o fator norteador em uma decisão em geral não é o mais aconselhável, mas aquele trazido à mente de imediato. Mas por quê? A resposta tem a ver com a impiedade da atenção canalizada, que, além de promover o aspecto agora focal da situação, também suprime todos os aspectos concorrentes – mesmo os importantíssimos.[13]

O PREÇO DA ATENÇÃO FOCADA

Na língua inglesa, para dizer "prestar atenção" usamos *to pay attention* [literalmente, "pagar atenção"], o que significa que o processo tem um preço. Pesquisas sobre a função cognitiva nos mostram quanto é cobrado: quando se presta atenção em algo, o preço é a atenção que deixamos de prestar em outra coisa. De fato, como a mente humana parece capaz de manter uma só coisa na atenção consciente por vez, o ônus é a perda momentânea da atenção concentrada em *todo* o resto. Você já observou como é difícil fazer – fazer de verdade – duas coisas ao mesmo tempo? Sei, por exemplo, que, se começo a procurar atentamente a saída de uma rodovia enquanto ouço um CD no carro, deixo de ouvir a música. Se estou ouvindo atentamente a música, com frequência perco a saída.[14]

Nesse sentido, o aparelho de CD do meu carro está estruturado para funcionar como meu cérebro, permitindo que eu ouça uma faixa de música de cada vez. E com razão, pois seria loucura tocar mais de uma faixa simultaneamente. Eu só ouviria ruído. O mesmo ocorre com a cognição humana.

Embora haja sempre várias "faixas" de informações disponíveis, conscientemente selecionamos apenas aquela que queremos registrar em dado momento. Qualquer outro esquema nos deixaria sobrecarregados e incapazes de reagir a certos aspectos das diferentes percepções.

O máximo que podemos fazer para lidar com vários canais de informação é alterná-los, abrindo e fechando a porta da atenção para um de cada vez. Essa habilidade permite a multitarefa, a capacidade de se concentrar em várias atividades no mesmo intervalo de tempo – por exemplo, atender o telefone enquanto se lê uma mensagem de e-mail. Embora possa parecer que estamos nos concentrando em mais de uma coisa ao mesmo tempo, trata-se de uma ilusão. Estamos apenas alternando rapidamente o nosso foco.

Entretanto, assim como prestar atenção tem seu preço, existe um custo para alterná-la: por cerca de meio segundo durante uma mudança de foco, experimentamos um ponto morto mental, chamado de *piscada atencional*, quando não conseguimos registrar conscientemente a informação recém-apresentada. Por essa razão fico tão aborrecido quando interajo com um indivíduo que está tentando fazer outra coisa ao mesmo tempo. Você já conversou ao telefone com alguém e percebeu que a pessoa estava envolvida em outra tarefa, talvez porque ouvisse o ruído de páginas de jornal sendo viradas ou de teclas de computador sendo digitadas? Detesto isso. Mostra que meu interlocutor está disposto a perder parte da informação que estou fornecendo para obter alguma outra informação. Sempre dá a impressão de uma forma de menosprezo. Passa a mensagem de que minha informação é considerada relativamente pouco importante.[15]

Mas não sou a única pessoa a quem tal atitude passa uma mensagem. Ela informa o mesmo ao meu interlocutor, porque as pessoas acreditam com razão que aquilo por que optam prestar atenção (ou ignorar) reflete o que valorizam no momento. Eis o fato para o processo de influência: o que pudermos fazer para concentrar as pessoas em algo – uma ideia, um indivíduo, um objeto – torna aquilo mais importante para elas do que antes.

Vejamos, por exemplo, um dispositivo usado pelo renomado psicoterapeuta Milton Erickson ao lidar com pacientes que, no decorrer do tratamento, não estavam dispostos a levar em conta um ponto que Erickson considerava crucial ao seu progresso – talvez a incapacidade de escolher seja uma forma de escolha pessoal. Em vez de aumentar a resistência elevando sua voz ao defender esse ponto, ele reconheceu a sabedoria de fazer o contrário. Fiel à sua reputação de exímio criador do momento, o Dr. Erickson esperou que um caminhão começasse a subir o morro diante da janela de seu consultório. Ao fazer com que a reintrodução daquela informação crucial coincidisse com o auge do ruído, *diminuiu* o tom de voz. Para ouvirem o que Erickson estava dizendo, os pacientes tinham que se inclinar à frente, em direção à informação – um sinal corporificado de atenção focada e interesse intenso. Ao ser indagado sobre a tática, Erickson, que era famoso por orquestrar os elementos não verbais da terapia eficaz, atribuía seu sucesso à postura inclinada que os pacientes adotavam ao tentar ouvir a informação cuja importância ele queria que entendessem.

Por mais instrutivo que possa ser, não precisamos depender deste episódio específico para termos provas de que as pessoas costumam se mover na direção das coisas às quais dão importância, já que muitas pesquisas mostram que reduzir a distância em relação a um objeto faz com que este pareça mais valioso. Nem precisamos procurar muito para ver como essa tendência automática pode afetar o processo da influência. Em um estudo, compradores potenciais que simplesmente se *viam* indo na direção de um recipiente com guloseimas (em vez de se afastarem dele) passaram a gostar mais dos doces e estiveram dispostos a pagar até quatro vezes mais para obtê-los.[16]

Além de fazerem com que os outros se orientem em direção a mensagens e produtos, existem numerosos outros meios de os comunicadores fazerem com que um público atribua atenção especial e, portanto, importância especial a uma ideia ou item. Como veremos a seguir, as implicações para o ato da pré-suasão são consideráveis.

3
A importância da atenção... é a importância

Por um motivo não relacionado ao assunto, tive a sorte de estar em Londres para testemunhar uma série de festividades extraordinárias comemorando o quinquagésimo aniversário da ascensão de Elizabeth II ao trono da Inglaterra. Embora a rainha tenha viajado durante meses pelas nações da Commonwealth que ofereciam eventos do Jubileu de Ouro em seu nome, as celebrações tiveram seu auge em 4 de junho de 2002, com um programa na avenida The Mall, em Londres, que atraiu mais de um milhão de simpatizantes de toda a Grã-Bretanha e do mundo. A adulação surpreendeu a imprensa nacional, que havia previsto que o Jubileu seria um fracasso e demonstraria a irrelevância da monarquia britânica em geral e de Sua Alteza Real em particular nos dias atuais.

Acabou ocorrendo o oposto. Nos dias que antecederam o 4 de junho, multidões afluíram a inaugurações, desfiles, shows e eventos especiais homenageando a rainha, que deu a honra de sua presença. Especialmente cobiçados foram os convites para festas menores nas quais às vezes era possível falar pessoalmente com a monarca em uma fila de cumprimentos.

Claro que a oportunidade de encontrar a rainha Elizabeth II sob quaisquer circunstâncias seria considerada excepcional, mas a chance de encontrá-la em meio à pompa e ao cerimonial do Jubileu de Ouro dava ainda mais importância a tais ocasiões, que foram amplamente cobertas pela mídia. Um relato se destacou de todos os outros para mim. Uma jovem em uma fila de cumprimentos numa das pequenas festas viveu o horror de ouvir seu celular tocar justo quando ia falar com a rainha. Nervosa e imobilizada pelo constrangimento enquanto o telefone continuava a soar insistentemente, fitou impotente os olhos reais que haviam se fixado em sua bolsa. Por fim, Elizabeth se inclinou à frente e aconselhou: "É melhor atender, querida. Pode ser alguém importante."

O QUE É RELEVANTE É IMPORTANTE

Embora a gentileza do conselho de Elizabeth dê uma ideia da razão de a rainha ser tão amada por seus súditos, o conteúdo desse conselho oferece outro tipo de percepção: qualquer coisa que atraia a atenção concentrada para si pode levar os observadores a superestimar sua importância. Quem, do outro lado da linha, poderia concebivelmente ter sido mais importante naquele momento singular do que Sua Majestade, a Rainha, por ocasião do quinquagésimo aniversário de seu reinado? Não consigo pensar em ninguém. No entanto, o autor desconhecido da chamada foi proclamado digno dessa importância – por ninguém menos que a própria rainha.

Ora, um crítico poderia argumentar que Elizabeth não superestimou nem um pouco a importância potencial do autor da chamada e que sua reação resultou de uma tendência pessoal para a gentileza e não de uma tendência humana para a má avaliação nesse tipo de situação. O crítico estaria errado, acredito, porque, embora os nobres costumem ser considerados uma estirpe diferente da nossa, não são de uma espécie diferente. Numerosos pesquisadores documentaram a inclinação humana básica de atribuir um peso exagerado ao que por acaso se destaca no momento.

Um desses pesquisadores é Daniel Kahneman, que, por motivos pessoais e profissionais, é um excelente informante sobre as características e as causas do comportamento humano. Do lado pessoal, ele foi capaz de observar de dentro uma série de culturas e papéis – tendo crescido na França, obteve diplomas em Jerusalém, Israel e Berkeley, na Califórnia, serviu como soldado e assessor pessoal em Israel e lecionou no Canadá e nos Estados Unidos. Mais impressionantes, porém, são as credenciais de Kahneman como renomada autoridade em questões de psicologia humana. Seus cargos docentes sempre foram de prestígio, culminando com uma nomeação na Universidade de Princeton que incluiu cátedras simultâneas em psicologia e relações públicas. Seus numerosos prêmios também foram prestigiosos, mas nenhum tão notável quanto o Prêmio Nobel em Economia em 2002, o único concedido a um indivíduo formado como psicólogo.

Não é de admirar então que, quando Daniel Kahneman fala sobre questões de psicologia humana, todos prestem atenção. Lembro de um antigo comercial de televisão da empresa de serviços financeiros E. F. Hutton que mostra dois homens de negócios em um restaurante cheio tentando conversar em meio ao ruído de talheres retinindo, garçons ruidosos e falatório nas mesas vizinhas. Um dos homens diz ao colega: "Bem, a minha corretora é a E. F. Hutton, e a E. F. Hutton diz que..." O local fica em silêncio – os garçons param de receber pedidos, os ajudantes deixam de limpar as mesas, os clientes cessam a conversa – enquanto todos no salão se viram para ouvir o conselho, e a voz de um locutor entoa: "Quando a E. F. Hutton fala, as pessoas escutam."[17]

Estive em várias conferências científicas em que o professor Kahneman falou, e, quando Daniel Kahneman fala, as pessoas escutam. Estou invariavelmente entre elas. Assim observei com atenção sua resposta a um desafio fascinante feito a ele pouco tempo atrás por um grupo de discussões on-line. Pediram que Kahneman especificasse o conceito científico que, se bem compreendido, concorreria mais para melhorar a compreensão que todos temos do mundo. Embora como resposta ele tenha fornecido um ensaio com 500 palavras descrevendo o que denominou "a ilusão do foco", o título do ensaio sintetiza bem a ideia: "Nada na vida é tão importante quanto o que você acha que é *enquanto* está pensando naquilo."[18]

– — –

As implicações da afirmação de Kahneman aplicam-se a bem mais do que o status momentâneo do autor de uma chamada telefônica. Aplicam-se notadamente bem à prática da pré-suasão, porque um comunicador que consegue fazer o público se concentrar em um elemento-chave de uma mensagem a *pré-carrega* com importância. Essa forma de pré-suasão explica o que muitos veem como o papel primordial (rotulado de *agendamento*) que a mídia noticiosa desempenha em influenciar a opinião pública. O pressuposto central da *teoria do agendamento* é que a mídia raramente produz alterações de modo direto ao apresentar indícios convincentes que levem o público a mudar de posição. Ela costuma persuadir indiretamente, dando a assuntos e fatos selecionados uma cobertura mais ampla do que a outros. É essa cobertura que leva o público – em virtude da maior atenção que dedicam a certos temas – a decidir que esses temas são os mais importantes a levar em conta ao adotarem uma posição. Como escreveu o cientista político Bernard Cohen: "A imprensa pode ter sucesso de vez em quando em informar às pessoas em que devem pensar, mas tem um sucesso incrível em lhes informar sobre o que devem pensar." De acordo com esse ponto de vista, em uma eleição, o partido político visto pelos eleitores como tendo a melhor posição na questão mais importante da agenda da *mídia* no momento tem mais chance de vencer.

Esse resultado não deve parecer preocupante desde que a mídia tenha realçado a questão (ou conjunto de questões) mais crucial para a sociedade na época da eleição. Infelizmente, outros fatores costumam contribuir para as opções de cobertura, como: se um tema é simples ou complexo, empolgante ou tedioso, familiar ou desconhecido ao pessoal da sala de redação, caro ou barato de examinar e até favorável ou não às inclinações políticas do diretor de jornalismo.

No verão de 2000, uma bomba caseira explodiu na estação central de trem em Düsseldorf, Alemanha, ferindo vários imigrantes europeus orientais. As autoridades suspeitaram desde o início que um grupo de extrema direita com uma agenda anti-imigração fosse responsável pelo ato. Um aspecto sensacionalista do caso – uma das vítimas não apenas perdeu uma perna na explosão, mas também o bebê que esperava – estimulou um surto de notícias no mês seguinte sobre o extremismo de direita na Alemanha. Pesquisas de opinião na mesma época mostraram que a porcentagem de alemães que consideravam o extremismo de direita *a* questão mais importante enfrentada pelo país saltou de quase zero para 35% – um índice que retornou para perto de zero quando as notícias relacionadas desapareceram nos meses subsequentes.

Um efeito semelhante apareceu mais recentemente nos Estados Unidos. Com a aproximação do décimo aniversário dos ataques terroristas de 11 de setembro de 2001, matérias da mídia relacionadas ao evento dispararam nos dias em torno da data do aniversário e depois caíram rapidamente nas semanas seguintes. Pesquisas realizadas durante aquela época pediram aos cidadãos que indicassem dois acontecimentos "particularmente importantes" dos últimos 70 anos. Duas semanas antes do aniversário, às vésperas de a cobertura da mídia começar a esquentar, aproximadamente 30% dos indagados mencionaram o 11 de Setembro. Mas com a aproximação do aniversário e a intensificação do tratamento da mídia, os entrevistados nas pesquisas começaram a identificar o 11 de Setembro em números crescentes – até o pico de 65%. Duas semanas após a data, porém, quando as reportagens caíram aos níveis anteriores, de novo apenas cerca de 30% dos participantes incluíram os atentados entre os dois eventos que consideravam mais importantes nos últimos 70 anos. Claramente, a cobertura jornalística pode fazer uma grande diferença na importância *percebida* de uma questão entre observadores ao serem expostos à mídia.[19]

— —— —

Por que costumamos supor que aquilo a que dedicamos nossa atenção no momento é de especial importância? Uma razão é o fato de que, seja qual for o objeto do nosso foco, ele é particularmente importante naquele momento. Faz todo sentido dar mais atenção àqueles fatores que têm maior significado e utilidade para nós em uma situação particular: um ruído estranho no escuro, o cheiro de fumaça num teatro, um CEO levantando-se para falar. Espécies não humanas também desenvolveram prioridades semelhantes. Os macacos Rhesus, por exemplo, sacrificam recompensas em comida só pela oportunidade de ver membros importantes (com alto status) de sua colônia, mas exigem uma recompensa para desviar sua atenção para membros sem importância. Em todas as espécies e por todos os tipos de motivos, faz muito sentido dirigir a atenção para aquelas opções mais importantes na hierarquia.

Mas esse sistema sensato de concentrar nossos limitados recursos de atenção no que é particularmente importante possui uma imperfeição: podemos ser induzidos à crença equivocada de que algo é importante apenas porque fomos levados por algum fator irrelevante a lhe dedicar nossa atenção. Com frequência, as pessoas acreditam que, se prestaram atenção em uma ideia, evento ou grupo, este deve ser importante o suficiente para justificar a consideração. Isso não é verdade, como os exemplos de agendamento alemão e americano revelaram. Nesses casos, a cobertura da mídia motivada por um elemento sensacionalista ou por uma data especial capturou a atenção do público e mudou sua concentração. Por sua vez, esse foco alterado influenciou o julgamento da importância de questões nacionais pelos espectadores.

Após reconhecer o grau de nossa vulnerabilidade à ilusão de foco, enfim passei a entender uma frase comum entre os assessores de imprensa de Hollywood: "Não existe publicidade ruim." Eu achava essa afirmação absurda, pois existem casos memoráveis de má publicidade prejudicando a reputação de uma ou outra figura famosa. A perda estimada de 22 milhões de dólares por ano em contratos de marketing pelo jogador de golfe Tiger Woods logo após o escândalo sexual envolvendo seu nome tornar-se público em 2009 é um exemplo. Mas agora vejo como a ideia, embora falsa em certo aspecto, pode ser verdadeira em outro.

Costuma-se dizer que o destino mais temido pelas celebridades é ser ignorado, esquecido ou removido de algum modo da consciência cultural. A publicidade poderosa de qualquer espécie as poupa desse destino por colocá-las sob os holofotes, e a pura atenção unge-as de uma suposta importância. Sobretudo no meio artístico, em que o valor de alguém é quase totalmente subjetivo, uma presença pública elevada contribui para essa importância. Dessa forma, as pessoas pagarão para ver celebridades consagradas (em suas apresentações, produções e aparições) porque estas, como indivíduos, parecem ter importância. As colônias de macacos não são o único grupo cujos membros pagam para ver figuras aparentemente importantes.[20]

Assim, o persuasor que engenhosamente atrai a atenção externa para o aspecto mais favorável de uma oferta transforma-se em um pré-suasor de sucesso. Ou seja, torna-se eficaz não apenas de uma forma direta baseada na atenção – levando o público a examinar plenamente aquele aspecto –, mas também fazendo com que deem ao aspecto uma importância exagerada ainda antes de o examinarem. Quando os membros do público então o analisam plenamente, experimentam um efeito redobrado. Eles tendem a se convencer de que o atributo é desejável pela unilateralidade dos indícios a que foram direcionados e, além disso, a verem esse atributo como particularmente importante.

ESTRADAS SECUNDÁRIAS PARA A ATENÇÃO

É empolgante e preocupante (dependendo se você está jogando no ataque ou na defesa) reconhecer que esses resultados persuasivos podem vir de técnicas de mudança da atenção tão sutis a ponto de não serem reconhecidas como agentes da mudança. Vejamos três exemplos de como os comunicadores usam tais táticas sutis com grandes efeitos.

Controlar o fundo

Vamos supor que você abriu uma loja de móveis on-line especializada em sofás. Alguns modelos atraem os consumidores por causa do conforto e outros por causa do preço. Você imagina alguma ação que possa levar os visitantes do seu site a se concentrar no aspecto do conforto e, assim, preferir comprar um sofá confortável a um mais barato?

Não precisa se esforçar muito para encontrar uma resposta, porque dois professores de marketing, Naomi Mandel e Eric Johnson, forneceram uma solução numa série de estudos que usou exatamente um site de móveis. Quando entrevistei Mandel sobre a razão de ela ter decidido explorar esse conjunto específico de assuntos, ela disse que sua escolha estava ligada a duas grandes questões não resolvidas no campo do marketing, uma relativamente recente e outra antiga. O tema novo na época era o *e-commerce*. Quando ela começou o projeto de pesquisa no fim da década de 1990, o impacto das lojas virtuais como Amazon e eBay apenas começava a ser percebido. Mas como otimizar o sucesso dessas plataformas não havia sido abordado sistematicamente. Assim, ela e Johnson optaram por um site de loja virtual como contexto de seu estudo.

A outra questão que despertou o interesse de Mandel é uma que sempre preocupou os comerciantes: como evitar perder negócios para um rival cujo produto ou serviço é de pior qualidade mas que conta como única vantagem competitiva o preço baixo. Por isso Mandel escolheu contrapor, em seu estudo, linhas de móveis de alta qualidade a outras inferiores, menos caras: "É um problema tradicional que os estudantes em nossos cursos de marketing levantam o tempo todo", ela disse. "Nós sempre os instruímos a não se deixarem envolver em uma guerra de preços contra um produto inferior, porque perderão. Recomendamos que façam da qualidade o campo de batalha, porque esta é uma luta que provavelmente vencerão.

"Felizmente para mim", ela continuou, "os melhores alunos nunca se satisfizeram com aquele conselho geral. Eles diziam: 'Sim, mas como?' e eu não tinha uma boa resposta, o que me deu uma ótima questão para elucidar em meu projeto de pesquisa."

Felizmente para *nós*, após analisar seus resultados, Mandel e Johnson estiveram em condições de fornecer uma resposta espantosamente simples à pergunta "Sim, mas como?". Em um artigo que passou praticamente despercebido quando de sua publicação em 2002, eles descreveram como conseguiram atrair a atenção dos visitantes do site para o objetivo do conforto por meio da simples estratégia de pôr um papel de parede com *nuvens fofinhas* na página inicial do site. Essa manobra levou os visitantes a atribuírem níveis elevados de importância ao conforto quando indagados sobre o que buscavam em um sofá. Aqueles mesmos visitantes também se tornaram mais propensos a pesquisar no site informações técnicas relativas ao conforto dos sofás disponíveis e, mais notadamente, a escolherem um sofá mais confortável (e mais caro) para a compra.

Para se certificarem de que os resultados se deveram ao papel de parede da página inicial e não a alguma preferência humana geral por conforto, Mandel e Johnson mudaram a abordagem com outros visitantes, que viram um papel de parede que chamava a atenção para o objetivo da economia ao mostrar moedas em vez de nuvens. Aqueles visitantes atribuíram maiores níveis de importância ao preço, buscaram no site basicamente informações de preço e preferiram um sofá mais barato. Claro que, embora suas avaliações de importância, seus comportamentos de busca e suas preferências de compras tivessem sido alteradas pré-suasivamente pelo papel de parede do site, quando questionados depois, a maioria dos participantes se recusou a acreditar que as nuvens ou moedas retratadas os haviam afetado de algum modo.

Pesquisas adicionais encontraram efeitos igualmente sutis em anúncios de banner on-line – do tipo que achamos que podemos ignorar sem impacto enquanto visitamos um site. Estudos bem elaborados mostraram que estamos enganados. A exposição repetida a um anúncio de banner de uma nova marca de câmera, enquanto liam um artigo sobre educação, tornou os leitores bem mais favoráveis ao anúncio quando voltaram a vê-lo mais tarde. De forma significativa, esse efeito emergiu ainda que nem se lembrassem de terem visto o anúncio, que lhes havia sido apresentado em flashes de cinco segundos perto do artigo. Além disso, quanto mais vezes o anúncio havia aparecido enquanto liam o artigo, mais vieram a gostar dele. Esta última descoberta merece aprofundamento porque vai contra indícios abundantes de que a maioria dos anúncios sofrem um efeito de desgaste após terem sido vistos repetidas vezes, com os observadores se cansando deles ou perdendo a confiança em anunciantes, que parecem achar que sua mensagem é tão fraca que precisa ser repetida incansavelmente. Por que aqueles anúncios de banner, apresentados até 20 vezes em algumas telas de texto, não sofreram nenhum desgaste? Os leitores nunca processaram os anúncios conscientemente, não havendo portanto nenhuma informação reconhecida a ser identificada como tediosa ou suspeita.

Esses resultados representam uma possibilidade fascinante para anunciantes na internet: o reconhecimento/lembrança – indicador de sucesso amplamente usado para todas as outras formas de anúncios – talvez subestime bastante a eficácia de anúncios de banner. Nos novos estudos, banners interpostos a pequenos intervalos receberam uma avaliação positiva e foram incomumente resistentes aos efeitos normais do desgaste, mas não foram reconhecidos nem lembrados. Na verdade, parece ser esse terceiro resultado (falta de percepção direta) que torna os anúncios de banner tão eficazes. Após muitas décadas usando o reconhecimento/lembrança como indicador principal do valor de um anúncio, quem no âmbito da publicidade imaginaria que a *ausência* de lembrança de uma mensagem comercial seria uma vantagem?

Nos resultados dos estudos do papel de parede e do anúncio de banner está uma lição maior envolvendo o processo de comunicação: informações aparentemente desprezíveis apresentadas de fundo captam um tipo valioso de atenção que permite instâncias poderosas de influência.

Mas a influência nem sempre é desejável. Quanto a isso, existe um corpo de dados sobre fatores de fundo importantes que os pais, sobretudo, deveriam levar em conta. O ruído ambiental, como aquele vindo do tráfego pesado ou de rotas aéreas, é algo com que achamos que podemos nos acostumar e até bloquear após um tempo. Mas há indícios claros de que o ruído disruptivo continua sendo absorvido, reduzindo a capacidade de aprender e realizar tarefas cognitivas.

Um estudo constatou que as notas de leitura de alunos de uma escola primária de Nova York eram significativamente mais baixas se as turmas se situassem perto dos elevados do metrô de superfície, cujos trens passavam ruidosamente a cada quatro a cinco minutos. Quando os pesquisadores, munidos de suas descobertas, pressionaram as autoridades do sistema de trânsito de Nova York e membros do Conselho de Educação a instalarem materiais isolantes do ruído nos trilhos e nas salas de aula, as notas dos alunos voltaram a subir. Resultados semelhantes foram verificados com crianças perto de rotas de voo de aeronaves. Quando a cidade de Munique, na Alemanha, transferiu seu aeroporto, a memória e as notas de leitura das crianças perto do novo aeroporto despencaram, enquanto as das crianças perto do antigo aumentaram de forma significativa.

Desse modo, pais de crianças cujas escolas ou casas estão expostas a ruídos intermitentes de automóveis, trens ou aviões devem insistir na implementação de soluções que abafem esses ruídos. Empregadores, pelo bem de seus funcionários – e de seus próprios resultados financeiros – deveriam fazer o mesmo. Professores precisam considerar os efeitos potencialmente negativos e distrativos de outro tipo de estímulo de fundo (além do criado por eles) sobre o aprendizado e desempenho dos jovens alunos. Salas de aula com paredes muito decoradas, exibindo montes de cartazes, mapas e trabalhos de arte, reduzem as notas nas provas de ciências de crianças pequenas. Está claro que informações de fundo podem tanto orientar como desviar o foco da atenção. Quem procura influenciar com eficácia deve administrar essas informações com sabedoria.[21]

Convite à avaliação favorável
Embora os comunicadores possam usar técnicas que atraiam a atenção para ampliar a suposta importância de uma característica ou questão, nem sempre convém fazê-lo. Aplicam-se aqui as observações de Bernard Cohen sobre a cobertura da imprensa: ela não informa tanto às pessoas o que pensar, e sim *sobre* o que devem pensar. Qualquer prática que atraia a atenção para uma ideia terá sucesso somente quando a ideia tiver mérito. Se os argumentos e indícios que a respaldam são vistos como destituídos de valor por um público, a atenção dirigida para a má ideia não a tornará mais persuasiva. E o tiro pode acabar saindo pela culatra. Afinal, se as pessoas passaram a ver uma ideia como mais importante para elas do que antes, devem então estar mais propensas a se oporem a ela caso seja ruim. De fato, muitas pesquisas demonstraram que, quanto mais atenção as pessoas dedicam a algo, mais extremas (polarizadas) são suas opiniões sobre aquilo. Assim, as táticas para capturar a atenção não fornecem nenhuma panaceia para os aspirantes a persuasores.[22]

Mesmo assim, se você tem uma boa causa, existem certas áreas em que essas táticas darão aos seus apelos persuasivos um impulso especial. Uma dessas áreas é em um campo de fortes concorrentes. Nos negócios modernos, está cada vez mais difícil sobrepujar seus rivais. Avanços facilmente copiados em tecnologias de desenvolvimento, técnicas de produção e métodos de negócios tornam difícil a uma empresa distinguir entre a essência do que oferece – água engarrafada, gasolina, seguros, viagens aéreas, serviços bancários, maquinário industrial – e aquilo que outros concorrentes conseguem fornecer. Para lidar com o problema, formas alternativas de se destacar precisam ser experimentadas. Varejistas podem estabelecer locais convenientes, atacadistas podem pôr em campo grandes equipes de vendas, fabricantes talvez concedam garantias estendidas, prestadores de serviços disponibilizam amplas unidades de suporte ao cliente, e todos podem se empenhar em campanhas publicitárias e promocionais de grande escala para criar e sustentar a proeminência da marca. Mas essas soluções têm um lado negativo. Esses meios de diferenciação são altamente dispendiosos e o custo pode ser alto demais para muitas organizações.

Será que a resolução do dilema está em encontrar uma forma acessível de desviar a atenção para um produto, serviço ou ideia específica? Bem, sim, desde que o item realçado seja bom – com boas avaliações dos clientes, talvez. Crucial aqui seria fazer com que os observadores concentrassem sua atenção *naquela* coisa boa, não nas opções igualmente boas dos concorrentes. Então seus aspectos favoráveis ganhariam tanto validação quanto importância do escrutínio.

Alguns dados já mostram que esses benefícios análogos podem produzir uma vantagem substancial para uma marca quando os consumidores se concentram nela isoladamente de seus concorrentes. Embora os dados tenham vindo de ambientes diferentes (shopping centers, campi universitários e sites) e tipos diferentes de produtos (câmeras, TVs de tela grande, videocassetes e sabões líquidos para roupas), todos os resultados convergem para a mesma conclusão: se você concordasse em participar de uma pesquisa de consumo sobre certo produto, talvez câmeras de 35mm, o pesquisador poderia melhorar as notas de qualquer marca forte – digamos, Canon – simplesmente pedindo que você avaliasse a qualidade das câmeras Canon, mas sem pedir que avaliasse a qualidade de qualquer de seus grandes concorrentes, como Nikon, Olympus, Pentax ou Minolta.

Mais do que isso, sem perceber o motivo, é provável que sua intenção de comprar uma câmera Canon 35mm também aumentaria, bem como seu desejo de fazer a compra imediatamente, sem necessidade de pesquisar informações sobre marcas semelhantes. No entanto, todas essas vantagens para a Canon desapareceriam se lhe fosse pedido que avaliasse a qualidade de suas câmeras mas, *antes de dar nota a essas qualidades,* pensasse nas opções que Nikon, Olympus, Pentax e Minolta poderiam fornecer.

Assim, para receber os benefícios da atenção focada, a chave é manter o foco unitário. Algumas pesquisas demonstram que o simples fato de se envolver em uma avaliação de um só canal de uma dentre várias redes de hotéis e restaurantes ou bens de consumo e até instituições de caridade pode automaticamente levar as pessoas a valorizarem mais a entidade enfocada e se tornarem mais dispostas a apoiá-la financeiramente.

Uma tática que vem sendo empregada cada vez mais por diversas organizações é pedir uma avaliação de seus produtos e serviços – *somente* seus produtos e serviços. Como consumidor, sou frequentemente solicitado a dar nota ao desempenho de determinada empresa. De vez em quando, sou solicitado por chamada telefônica ou mala direta, mas em geral é via e-mail. Às vezes devo avaliar uma experiência única, como uma recente estadia num hotel, compra on-line ou serviço de atendimento ao cliente. Periodicamente, a pergunta "Como estamos nos saindo?" pede que eu avalie aspectos de uma parceria duradoura com minha agência de viagens, empresa de serviços financeiros ou operadora telefônica. Os pedidos parecem inocentes e razoáveis porque aparentemente (como tenho certeza que de fato acontece) têm a intenção de coletar informações que irão melhorar a qualidade de minhas transações comerciais. Mas eu me surpreenderia se minha aquiescência não desse também aos solicitantes, especialmente àqueles bem avaliados, um bônus oculto: minha atenção concentrada às suas facetas mais favoráveis, sem atenção equivalente às facetas favoráveis de seus rivais mais capazes.

Outras pesquisas estenderam essas descobertas à maneira como líderes e gerentes fazem escolhas estratégicas dentro de suas organizações. Indivíduos encarregados da responsabilidade de reverter uma queda das vendas dentro de uma empresa fabricante de tintas participaram de um estudo. Pediu-se a cada um que avaliasse a conveniência de *somente* uma dentre quatro boas soluções possíveis: (1) aumentar o orçamento publicitário, o que elevaria a percepção da marca entre pintores não profissionais; (2) reduzir preços, o que atrairia mais compradores sensíveis ao preço; (3) contratar vendedores que poderiam pressionar por mais espaço de prateleira nas lojas; ou (4) investir no desenvolvimento de produtos, para melhorar a qualidade, de modo que a marca pudesse ser promovida para pintores profissionais como a melhor do mercado. Não importava qual das quatro ideias os tomadores de decisões avaliassem: o processo de enfocar e avaliar uma única ideia, por si só, fez com que cada avaliador recomendasse, entre as opções, justamente aquela analisada por ele como a melhor solução a ser adotada pela empresa.

Mas com certeza o típico tomador de decisões num alto cargo não decidiria por uma linha de ação importante sem avaliar todas as alternativas viáveis, e certamente não faria aquela escolha após avaliar apenas uma opção forte, certo? Errado e errado, por dois motivos. Primeiro, uma análise completa de todos os caminhos legítimos para o sucesso consome tempo, exigindo adiamentos potencialmente longos para identificar, examinar e depois mapear cada um dos caminhos promissores – e tomadores de decisões em altos cargos não chegaram às suas posições por serem conhecidos como estorvos na organização.

Segundo, para qualquer tomador de decisões, uma avaliação comparativa meticulosa de várias opções é difícil e cansativa, equivalente à tarefa do malabarista de tentar manter vários objetos no ar ao mesmo tempo. A tendência resultante (e compreensível) é evitar ou abreviar um processo tão árduo, selecionando o primeiro candidato viável que se apresente. Essa tendência tem um nome estranho, "*satisficing*" – termo cunhado pelo economista vencedor do Prêmio Nobel Herbert Simon –, uma mistura das palavras em inglês *satisfy* (satisfazer) e *suffice* (ser suficiente). Essa combinação reflete dois objetivos simultâneos de alguém diante de uma decisão: tomar uma boa decisão e tomá-la com agilidade – o que, de acordo com Simon, em geral significa torná-la *suficientemente boa*. Embora num mundo ideal alguém fosse trabalhar e aguardar até que a solução ótima emergisse, no mundo real de sobrecarga mental, recursos limitados e prazos curtos, soluções satisfatórias são a norma.

Mas mesmo em linhas de ação selecionadas dessa maneira não devemos permitir as vantagens injustas de um tipo diferente de avaliação unitária: aquela que enfoca somente os aspectos positivos. Na empolgação de uma oportunidade iminente, os tomadores de decisões cometem o erro de se concentrar no que uma estratégia poderia fazer *para* eles se bem-sucedida, mas não se concentram suficientemente no que poderia fazer *contra* eles se fracassasse. Para combater esse superotimismo potencialmente prejudicial é preciso dedicar tempo, de forma sistemática, a abordar algumas questões que não costumam surgir por si mesmas: "Quais acontecimentos futuros poderiam fazer com que esse plano desse errado?" e "O que aconteceria conosco se desse errado?". Cientistas que estudam o processo de tomada de decisão e analisaram essa tática de avaliar o oposto acharam-na fácil de implementar e extraordinariamente eficaz em libertar de algum viés os julgamentos. Os benefícios para a organização que busca se livrar desta e de outras distorções na tomada de decisões podem ser consideráveis. Um estudo com mais de mil empresas descobriu que aquelas que usavam esses processos sensatos em suas decisões tiveram um retorno do investimento 5% a 7% maior do que empresas que não usavam tais abordagens.[23]

Mudar a tarefa à mão

Em 20 de março de 2003, o presidente George W. Bush ordenou uma invasão do Iraque por forças lideradas pelos Estados Unidos. Após uma série de rápidos ataques militares que esmagaram o governo de Saddam Hussein, a iniciativa resultou em uma jornada longa, angustiante e brutal que custou caro aos Estados Unidos em sangue, dinheiro, prestígio e influência global. A justificativa inicial do governo Bush para a guerra – livrar a região do arsenal de Saddam de "armas de destruição em massa" – foi desmascarada (as armas nunca apareceram) e foi revisada com regularidade para incorporar propósitos novos, como eliminar os abusos humanitários de Saddam, acabar com o apoio do Iraque à Al-Qaeda, salvaguardar o suprimento de petróleo do mundo e criar um baluarte da democracia no Oriente Médio. No entanto, o governo desviou a atenção desses motivos questionáveis e cambiantes por meio de um engenhoso programa de mídia, cujo efeito foi afastar o olhar do público da justificativa mais ampla da guerra e direcioná-lo para o dia a dia do conflito. Esse resultado foi primorosamente obtido mudando a tarefa que os representantes das agências noticiosas mais importantes do mundo haviam fixado para si na cobertura da guerra.

O "programa de correspondentes incorporados" às tropas da guerra no Iraque foi o produto de uma decisão conjunta de autoridades americanas e chefes das grandes agências de mídia de colocarem jornalistas dentro das unidades de combate – para comerem, dormirem e viajarem com elas – no decorrer das operações militares. Embora o número exato varie dependendo da fonte, no auge do programa, entre 600 e 700 representantes da mídia tiveram o tipo de acesso às hostilidades que lhes havia sido negado pelos tomadores de decisões americanos na Guerra do Golfo de 1991 e nas operações militares anteriores no Afeganistão. Em parte como um meio de garantir a segurança de todos os envolvidos e em parte como uma jogada de relações públicas, as forças armadas americanas desenvolveram a ideia para o programa sob a direção de funcionários de assuntos públicos do governo Bush no Departamento de Defesa.

Para os chefes da mídia, as vantagens do programa eram óbvias e empolgantes. Com seu pessoal agindo junto com as tropas em quase todos os sentidos, seriam capazes de transmitir ao público a experiência de combate com níveis de detalhe quase nunca vistos. A perspectiva de vídeos visceralmente envolventes, fotografias vívidas e relatos instigantes em primeira pessoa oferecia a realização de um sonho para organizações de mídia que haviam penado sob as restrições às informações de campanhas militares anteriores.

Além da janela para a realidade da instituição militar, a convivência com as forças armadas permitiria aos correspondentes de guerra acesso especial aos próprios soldados e, assim, às circunstâncias pessoais daqueles homens e mulheres. Matérias de interesse humano também são altamente cobiçadas pela mídia noticiosa pelo poder de atrair o público. Um estudo constatou que repórteres incorporados conseguiam incluir tais elementos de interesse humano em mais de um terço de suas matérias, enquanto repórteres não incorporados só conseguiam fazê-lo em 1% das suas.

Para as autoridades americanas, as vantagens do programa eram outras, mas não menos tentadoras. Primeiro, sob as asas de protetores armados, os riscos para o pessoal de mídia no Iraque podiam se reduzir significativamente. A possibilidade de centenas de repórteres e afins tentarem encontrar na zona de guerra matérias que viessem a ser manchetes e, em vez disso, acabarem como reféns, mortos ou feridos era uma dor de cabeça que as forças armadas queriam evitar. Além disso, as observações pessoais de jornalistas do mundo inteiro (cerca de 40% das vagas incorporadas foram para agências de notícias fora dos Estados Unidos) forneciam aos militares um tipo valioso de proteção contra riscos de possíveis notícias falsas sobre a guerra vindas do governo de Saddam. Como explicou o secretário adjunto da Defesa para Assuntos Públicos Bryan Whitman, repórteres incorporados estariam em posição direta de solapar a credibilidade "do que o Ministério da Defesa iraquiano poderia divulgar".

Houve ainda um terceiro benefício, bem maior, para as forças armadas. Graças à grande atração dos chefes da mídia pela ideia de um programa de correspondentes incorporados, eles fizeram concessões que inclinaram a cobertura mais favoravelmente às forças armadas, que foram autorizadas a desempenhar um papel no treinamento, na seleção e na demissão de repórteres, bem como a examinar seus textos antes da publicação. Em uma conferência acadêmica um ano após a invasão, perguntaram ao coronel Rick Long, chefe de relações com a mídia do Corpo de Fuzileiros americano, por que as forças armadas defendiam o programa. Sua resposta não poderia ter sido mais direta: "Francamente, nosso papel é vencer a guerra. Parte dela é a guerra de informações. Portanto vamos tentar dominar o ambiente da informação. [...] No geral, ficamos bem satisfeitos com o resultado." O coronel Long e seus colegas tinham toda a razão de estarem satisfeitos. Pesquisas analisando as matérias vindas do Iraque na época detectaram uma inclinação mais positiva para as forças armadas naquelas escritas por correspondentes incorporados.

Mas essa disparidade no tom foi modesta se comparada com outra diferença entre relatos de jornalistas incorporados ou não. Foi uma diferença que serviu aos propósitos do governo Bush mais do que aos dos militares na linha de frente. Relatos de correspondentes incorporados concentravam-se quase inteiramente nas tropas: suas atividades diárias, comida, roupas e suprimentos, os preparativos para as batalhas, as táticas empregadas e a bravura exibida em combate. De fato, 93% das matérias submetidas por jornalistas incorporados vinham da perspectiva dos soldados, em comparação com menos de metade daquelas de seus colegas não incorporados. E porque as forças armadas, quase sempre, fizeram um bom serviço ao alimentar, vestir, suprir e treinar os soldados, que agiram, quase sempre, com eficiência e coragem, elas tinham argumentos convincentes para exibir àqueles que podiam relatá-los em primeira mão.

No entanto, algo crucial se perdeu naquela cobertura aprofundada porém limitada: os jornalistas incorporados – cujas reportagens receberam espantosos 71% do espaço de cobertura de guerra nas primeiras páginas durante o conflito – não abordavam de modo relevante as questões políticas mais amplas envolvidas, como as justificativas para a guerra (por exemplo, a ausência de armas de destruição em massa foi mencionada em apenas 2% das matérias) ou o impacto da operação sobre o prestígio e o poder dos Estados Unidos no exterior. Como poderíamos esperar algo diferente? Seus entusiastas superiores os escalaram para cobrir o que uma análise denominou "as minúcias do conflito", e isso tomava todo o seu tempo, energia e consideração.

De volta aos Estados Unidos após deixarem suas unidades de combate, muitos dos "incorporados" tiveram a chance de refletir sobre o ponto de vista restrito que sua missão havia criado. Mas enquanto estavam em campo, seu foco incessante nos soldados e na vida militar definiu a agenda da mídia para o conflito. Após uma ampla análise de artigos publicados na época, o analista de notícias e sociólogo Andrew Lindner descreveu o resultado de forma incisiva: "Não apenas a reportagem incorporada representou a maioria da imprensa disponível total, como dominou a atenção pública." Desse modo, com a maior parte das matérias de guerra de primeira página nunca abordando as causas da luta, mas os protagonistas e suas ações, a mensagem da mídia predominante para o público era evidente: você *deve* prestar atenção na condução da guerra, não na sua racionalidade.

Uma conclusão das pesquisas abordadas neste capítulo é que questões que ganham atenção também ganham suposta importância. Algumas dessas mesmas pesquisas demonstram que, se as pessoas não dirigem sua atenção a um tema, elas presumem que ele deve ser de relativamente pouca importância. Com essas tendências humanas básicas em mente, pense nas implicações do programa de correspondentes incorporados para a opinião pública americana em relação à invasão do Iraque. Os despachos dos jornalistas no programa continham os tipos de conteúdos – relatos vívidos em primeira mão de batalhas e histórias de interesse humano, emocionalmente carregadas, de combatentes – que a mídia adora divulgar e o público não se cansa de consumir. Aquele conteúdo dominou a atenção pública e, assim, definiu quais fatores deviam ser considerados mais e menos importantes sobre a invasão, como aqueles ligados a ações individuais e resultados nos campos de batalha *versus* aqueles ligados às justificações iniciais e finalidades geopolíticas. Uma vez que fatores de combate na linha de frente representaram uma força fundamental da guerra, enquanto fatores estratégicos maiores representaram uma fraqueza primária, o efeito do programa dos repórteres incorporados foi conceder a importância central ao maior sucesso, não ao maior fracasso, da campanha iraquiana do governo Bush. A ilusão de foco garantiu isso.

Não há nada que indique que essa cobertura tendenciosa fizesse parte do grande projeto para o programa por parte do governo e das autoridades militares, que parecem ter se interessado por ele sobretudo para fins da guerra de informações tradicional, como adquirir mais controle sobre a seleção, o treinamento e a inspeção de jornalistas, bem como colocá-los em posição de testemunhas oculares para se oporem à propaganda do inimigo. Da mesma forma, não há sinais de que os chefes da mídia que ajudaram a forjar o programa previram a amplitude de seus benefícios de relações públicas para o governo Bush. Somente em retrospecto, depois que os resultados de análises de notícias vieram à tona em publicações acadêmicas, essa percepção começou a se formar. Ironicamente, então, o maior efeito de relações públicas do programa de correspondentes incorporados parece ter sido um efeito colateral – e oculto. Foi um subproduto inesperado de uma decisão de tornar molecular, em vez de macro, a *tarefa* dos jornalistas mais visíveis que cobriam a guerra.[24]

———

O impacto furtivo de dirigir a atenção seletiva para um tipo favorável de informação não se limita à moldagem benéfica de uma tarefa. Como vimos, as consequências persuasivas de controlar informações de fundo e requisitar avaliações unitárias tampouco foram reconhecidas por indivíduos sujeitos a tais procedimentos. Através dessa influência disfarçada, técnicas projetadas apenas para canalizar a atenção temporária podem ser particularmente eficazes como dispositivos pré-suasivos. Mas existe outra razão propulsora.

4
O que é focal é causal

Não é nenhuma surpresa o fato de atribuirmos importância demasiada a fatores que atraem nossa atenção. Também lhes atribuímos causalidade. Portanto, qualquer que seja o motivo, dirigir a atenção a determinado elemento dá a ele um tipo específico de peso inicial. A atenção dá status de causa, o que por sua vez dá status de resposta à mais essencial das perguntas humanas: por quê?

Como em geral dedicamos atenção especial às verdadeiras causas à nossa volta, se damos esse tipo de atenção a um fator, tendemos a pensar nele como uma causa. Tomemos os pagamentos como exemplo. Como a soma de dinheiro tem grande relevância nas trocas – "Eu pagarei x quando você fizer y" –, costumamos inferir que o pagamento estimulou o ato, quando, na verdade, muitas vezes foi outro fator menos visível. Os economistas, em particular, tendem a esse viés porque os aspectos monetários de uma situação dominam sua atenção e suas análises.

Assim, quando o economista Felix Oberholzer-Gee, da Harvard Business School, abordou pessoas que aguardavam em diferentes tipos de filas e ofereceu-lhes dinheiro para que o deixassem "furar" a fila, ele reconhecia que um modelo de base puramente econômica preveria que, quanto mais dinheiro oferecesse, mais pessoas concordariam com a transação. E foi o que constatou: metade daqueles a quem ofereceu 1 dólar deixou que ele passasse a sua frente; 65% deixaram quando lhes foram oferecidos 3 dólares, e os índices de aceitação saltaram para 75% e 76% quando ele propôs as somas maiores de 5 e 10 dólares.

De acordo com a teoria econômica clássica, que consagra o interesse financeiro como a causa principal do comportamento humano, esses incentivos maiores convenceram as pessoas a aceitar o negócio em benefício próprio. Como qualquer observador da transação poderia duvidar disso? Os incentivos altamente visíveis *causaram* os efeitos obtidos em razão de seus vínculos diretos com o ganho monetário pessoal, certo? Nada de surpreendente ocorreu aqui, correto? Sim, exceto por uma descoberta adicional que desafia todo esse pensamento: quase ninguém aceitou o dinheiro.

Oberholzer-Gee deve ter ficado intrigado. De fato, uma série de estranhezas apareceram em seus dados, ao menos para os defensores da ideia de que a causa suprema da ação humana é o interesse financeiro. Por exemplo, embora incentivos pecuniários maiores aumentassem a receptividade ao desejo do furador de fila, eles não aumentaram a aceitação do pagamento. Ofertas maiores fizeram com que um número cada vez maior de pessoas sacrificasse seus lugares na fila, sem no entanto aceitar o pagamento maior. Para explicar essa constatação, Oberholzer-Gee afastou-se de uma análise dos fatores econômicos evidentes e se aproximou de um fator oculto: a obrigação que as pessoas sentem de ajudar aqueles em necessidade.

Essa obrigação vem de um padrão de assistência, que os cientistas comportamentais às vezes denominam *norma da responsabilidade social*. Ela estabelece que devemos ajudar aqueles que precisam de auxílio na proporção de sua necessidade. Várias décadas de pesquisas mostram que, em geral, quanto mais alguém precisa da nossa ajuda, mais obrigados nos sentimos de fornecê-la, mais culpados nos sentimos se não a fornecemos e maior é a nossa tendência de oferecê-la. Quando vistas sob essas lentes, as descobertas intrigantes fazem todo sentido. O pagamento estimulou a receptividade porque alertou as pessoas na fila sobre a premência daquela situação. Essa explicação mostra por que estímulos financeiros maiores aumentaram o consentimento, ainda que a maioria das pessoas não os tenha aceitado: mais dinheiro sinalizava uma necessidade maior por parte de quem solicitava. ("Se este sujeito está disposto a pagar um dinheirão para ficar na minha frente na fila, ele realmente *precisa* chegar lá no início rápido.")[25]

Seria ingênuo afirmar que fatores financeiros são determinantes pouco potentes da ação humana. Ainda assim, eu argumentaria que, mesmo sendo tão visíveis (e, portanto, atraindo a atenção), costumam ser menos determinantes do que parecem. Por outro lado, existem muitos outros fatores – obrigações sociais, valores pessoais, padrões morais – que, embora não sejam prontamente observáveis, costumam ser *mais* determinantes do que se pensa. Elementos como dinheiro, que chamam a atenção nos intercâmbios humanos, não apenas parecem mais importantes, como também parecem mais causais. E a causalidade presumida, sobretudo quando adquirida pela atenção canalizada, é poderosa em criar influência – poderosa o suficiente para explicar padrões da conduta humana que variam de desconcertantes a alarmantes.

Apostas

Na primeira dessas categorias, vejamos o mais famoso caso de adulteração de produto de todos os tempos. No outono de 1982, alguém entrou em supermercados e drogarias em Chicago, injetou cianeto em cápsulas embaladas de Tylenol e recolocou os frascos nas prateleiras das lojas, onde foram mais tarde comprados. Vários são os motivos para a notoriedade do incidente até hoje. Primeiro, sete moradores da cidade morreram ao ingerir o veneno – entre eles, quatro membros de uma só família. Segundo, o assassino nunca foi descoberto, dando ao crime uma inconclusividade perturbadoramente memorável.

Mas, em geral, o caso é lembrado até hoje menos por esses motivos lastimáveis do que por alguns motivos favoráveis: o crime levou à aprovação de importantes leis de segurança de produtos e à adoção pela indústria farmacêutica de embalagens invioláveis que reduziram os riscos para os consumidores. Além disso – graças às medidas rápidas centradas nos clientes tomadas pelo fabricante do Tylenol, a Johnson & Johnson, que recolheu 31 milhões de cápsulas de todas as lojas –, o incidente produziu o que até hoje se considera o padrão ouro em gestão de crise corporativa: uma abordagem em que a empresa age sem hesitação, informando plenamente e protegendo os consumidores, mesmo que algumas medidas contrariem substancialmente seus interesses econômicos imediatos.

Além desses aspectos mais evidentes, outro elemento do caso, que passou quase despercebido, é notável para mim. Inicialmente, após ter sido constatado que as mortes estavam ligadas aos frascos de Tylenol, mas antes que se tivesse conhecimento da extensão da adulteração, a Johnson & Johnson emitiu alertas nacionais para impedir novos danos. Um tipo de alerta amplamente divulgado informava aos consumidores os números dos lotes de produção dos frascos afetados. Por serem os primeiros a serem identificados, dois dos números receberam mais publicidade: os lotes 2.880 e 1.910.

Imediata e espantosamente, americanos de estados em que jogos lotéricos eram permitidos começaram a apostar naqueles números em níveis sem precedentes. Em três estados, Rhode Island, New Hampshire e Pensilvânia, as autoridades anunciaram que teriam de interromper as apostas naqueles números por ultrapassarem os "níveis máximos".

Para entender melhor a razão desses eventos, examinemos as características dos números. Primeiro, ambos são comuns e não têm nenhum aspecto intrinsecamente memorável. Segundo, eles estavam associados a um doloroso infortúnio. Além disso, estavam profundamente conectados na mente dos americanos à imagística da morte por veneno. No entanto, milhares daquelas mentes reagiram a algo nos números que aumentava as expectativas de sucesso nas loterias. O quê? Nossa análise anterior oferece uma resposta. Em razão de toda a publicidade em torno deles, esses números haviam se tornado focais para a atenção, e o que é focal é visto como tendo propriedades causais – a capacidade de provocar acontecimentos.

Os resultados das loterias acabaram provando o equívoco de todas as mentes que viram naqueles números a possibilidade de ter uma vantagem sobre o acaso. Mas duvido que o fato de não ganharem tenha ensinado àquelas mentes a evitar erros futuros semelhantes. A tendência de presumir que o que é focal é causal domina, de forma excessivamente profunda e automática, um número muito elevado de tipos de julgamento.

Julgamentos

Imagine que você está numa lanchonete, sentado a uma mesa, tomando um café. Na mesa à sua frente, um homem e uma mulher decidem a qual filme vão assistir. Depois de alguns minutos, entram em acordo em relação a uma das opções e vão para o cinema. Quando eles se levantam, você percebe que um amigo seu estava na mesa atrás deles. Seu amigo vê você, vai para sua mesa e comenta sobre a escolha do filme pelo casal, dizendo: "É sempre apenas *uma* das pessoas que toma a decisão nesse tipo de debate, não é?" Você ri e assente porque percebeu a mesma coisa: embora o homem tentasse parecer diplomático, claramente foi ele quem determinou a escolha do filme. No entanto, sua expressão divertida desaparece quando seu amigo observa: "Ela falava com doçura, mas insistiu até conseguir impor sua vontade."

A Dra. Shelley Taylor, psicóloga social da Universidade da Califórnia em Los Angeles (UCLA), sabe por que você e seu amigo podem ter ouvido a mesma conversa e chegado a conclusões opostas sobre quem determinou o resultado final. Foi um pequeno acaso na disposição dos assentos: de onde você estava sentado, observou o diálogo sobre o ombro da mulher, o que deixou o homem mais visível e evidente, enquanto seu amigo tinha o ponto de vista inverso. Taylor e seus colegas realizaram uma série de experimentos em que observadores assistiram a conversas cuidadosamente roteirizadas para que nenhum participante da discussão contribuísse mais que o outro. Alguns observadores assistiam de uma perspectiva que lhes permitia ver o rosto de um dos participantes por sobre o ombro do outro, enquanto os demais viam ambos os rostos de lado. Pediu-se depois que os observadores julgassem quem teve mais influência na discussão, com base no tom, conteúdo e desfecho. Os resultados foram sempre os mesmos: aquele com o rosto mais visível foi considerado mais causal, ou seja, mais gerador de mudança.

Taylor me contou uma história engraçada, mas bastante esclarecedora, sobre como se convenceu originalmente do poder do fenômeno "*o que é focal é considerado causal*". Ao organizar o estudo original, fez com que uma dupla de assistentes de pesquisa ensaiasse um diálogo em que era crucial que nenhum dos participantes dominasse a conversa. Postando-se alternadamente atrás de uma e depois da outra pessoa, viu-se criticando aquela cujo rosto ela via, afirmando que ela estava "dominando o diálogo". Finalmente, após várias dessas críticas, dois colegas de Taylor que estavam observando de lado os participantes da conversa interromperam-na exasperados, dizendo que, para eles, nenhum dos dois parecia dominar a conversa. Taylor contou que descobriu naquele momento, sem que nenhum dado tivesse sido coletado, que seu experimento seria um sucesso porque o ensaio já havia produzido o efeito previsto – nela.

Não importa o que tentassem, os pesquisadores não conseguiram impedir os observadores de presumir que o agente causal na interação que testemunharam fosse aquele cujo rosto estava mais visível para eles. Espantaram-se ao ver que isso se repetia de forma "quase inabalável" e "automática", mesmo quando o tema da conversa era pessoalmente importante para os observadores, ou se os observadores fossem perturbados pelos pesquisadores, ou submetidos a uma longa espera antes de julgarem os participantes da conversa, ou quando os observadores sabiam que teriam de comunicar seus julgamentos a outras pessoas. E mais: não só esse padrão emergiu quer os juízes fossem homens ou mulheres, mas também quando a conversa foi observada pessoalmente ou em vídeo.[26]

Quando perguntei a Taylor sobre essa última variação, ela recordou que a gravação foi realizada por motivos de controle experimental. Ao gravar a mesma discussão de diferentes ângulos, ela pôde assegurar que tudo na conversa seria idêntico toda vez que a mostrasse. Quando seus resultados foram publicados pela primeira vez, o fato de que interações em vídeo fossem capazes de produzir o efeito "o que é focal é considerado causal" não foi visto como uma faceta importante das descobertas de Taylor. Mas as circunstâncias agora mudaram, porque certos tipos de interações gravadas em vídeo costumam ser usadas para ajudar a constatar a culpa ou inocência de suspeitos em crimes graves. Para registrar como e por que isso ocorre, é necessário fazer um desvio instrutivo e examinar um componente assustador dos sistemas de justiça criminal altamente desenvolvidos: a habilidade de interrogadores da polícia gerarem confissões de indivíduos inocentes.

Confissões falsas extraídas são perturbadoras por dois motivos. O primeiro é de caráter social e envolve os erros judiciais e afrontas ao sistema judiciário que tais confissões forjadas criam dentro de qualquer cultura. O segundo é mais pessoal e está relacionado à possibilidade de que nós mesmos possamos ser induzidos a confessar por meio das táticas de interrogadores convencidos, erradamente, de nossa culpa. Embora para a maioria de nós essa possibilidade seja remota, talvez ela seja mais real do que imaginamos. A ideia de que nenhuma pessoa inocente possa ser persuadida a confessar um crime, principalmente um crime grave, está errada. Isso acontece com uma frequência perturbadora. Embora as confissões obtidas na maioria dos interrogatórios da polícia sejam de fato verdadeiras e corroboradas por outras provas, um número assustadoramente grande de confissões falsas extraídas foram reveladas por juristas. De fato, mais tarde ficou provado que as confissões eram falsas por indícios como traços físicos (amostras de DNA ou impressões digitais), novas informações obtidas (documentação da presença do suspeito a centenas de quilômetros de distância do crime) e até a prova de que nenhum crime ocorreu (quando uma suposta vítima de homicídio é encontrada viva e bem).[27]

Os mesmos juristas ofereceram uma longa lista de fatores que podem ajudar a explicar as falsas confissões induzidas. Dois me parecem particularmente consistentes. O primeiro talvez se aplique a mim como cidadão comum. Se as autoridades me pedissem que fosse à delegacia para ajudá-las a solucionar a morte suspeita de um de meus vizinhos – um com quem eu tivesse discutido no passado –, eu iria de bom grado. Seria a atitude civicamente responsável a tomar. E se, durante o consequente interrogatório, eu começasse a sentir que era um suspeito aos olhos da polícia, mesmo assim eu poderia continuar não exigindo a presença de um advogado, porque sou inocente e estaria confiante de que meus interrogadores reconheceriam a verdade do que eu lhes contara. Além disso, não seria do meu interesse confirmar quaisquer dúvidas que eles tivessem sobre minha inocência ao me esconder atrás de um advogado. Pelo contrário, eu gostaria de sair da sessão com todas aquelas dúvidas esclarecidas.[28]

Como parte interessada, minhas tendências compreensíveis – ajudar a polícia e depois convencê-la do meu não envolvimento – poderiam me levar à ruína, porém, pelo outro motivo consistente da ocorrência de confissões falsas. Nesse caso, é um motivo que me diz respeito como estudioso da influência social: ao decidir prosseguir sem assistência legal, eu talvez estivesse me sujeitando a um conjunto de técnicas aperfeiçoadas por interrogadores durante séculos para obterem confissões de suspeitos. Algumas dessas técnicas são maliciosas e, segundo pesquisas, aumentam as chances de confissões falsas: mentir sobre a existência de impressões digitais ou testemunhas oculares incriminadoras, pressionar os suspeitos a se imaginarem repetidamente cometendo o crime ou colocá-los num estado psicológico nebuloso por meio da privação do sono e de um interrogatório implacável, exaustivo. Os defensores dessas táticas insistem que elas têm o propósito de extrair a verdade. Uma verdade consequente e complicadora, porém, é que às vezes elas extraem confissões cuja falsidade pode ser comprovável.[29]

––––

A vida de Peter Reilly, de 18 anos, mudou para sempre numa noite, em 1973, quando ele voltou para casa vindo de um encontro de jovens numa igreja local e deparou com a mãe no chão, agonizando em uma poça de sangue. Embora em estado de choque diante da visão, ele teve a presença de espírito de telefonar pedindo ajuda. Quando a ajuda chegou, porém, Barbara Gibbons havia morrido, como resultado de um assassinato brutal: ela teve a garganta cortada, três costelas quebradas e os fêmures fraturados.

Com 1,70 metro e 55 quilos, e sem nem uma mancha de sangue no corpo, nas roupas ou nos sapatos, Peter Reilly parecia um assassino improvável. No entanto, desde o princípio, quando o viu com o olhar vazio ao lado do cômodo onde sua mãe jazia morta, a polícia suspeitou de que Peter a havia matado. Algumas pessoas em sua cidade, no estado de Connecticut, riam do jeito excêntrico de Barbara Gibbons, mas muitas outras não a achavam nada engraçada, descrevendo-a como imprevisível, volúvel, beligerante e desequilibrada. Ela parecia ter prazer em irritar as pessoas – homens especialmente

–, depreciando-os, confrontando-os e desafiando-os. Sem dúvida, Barbara Gibbons era uma mulher difícil de se conviver. Assim, não pareceu absurdo aos policiais que Peter, cansado dos antagonismos constantes da mãe, "perdesse a cabeça" e a assassinasse num ataque de fúria.

Na cena e mesmo mais tarde, quando levado para ser interrogado, Peter abriu mão do direito de contar com a presença de um advogado, confiante de que, se dissesse a verdade, a polícia acreditaria nele e o liberaria rapidamente. Foi um erro grave, já que não estava preparado, legal ou psicologicamente, para o ataque persuasivo que enfrentaria. Por um período de 16 horas, ele foi interrogado por uma equipe rotativa de quatro policiais, inclusive um operador de polígrafo (detector de mentiras) que informou a Peter que, de acordo com o aparelho, ele havia matado a mãe. Aquele diálogo, conforme gravado na transcrição do interrogatório, quase não deixava dúvida sobre a certeza do operador:

Peter: Isto realmente lê meu cérebro?
Operador do polígrafo: Com certeza.
Peter: Seria mesmo eu? Poderia ter sido outra pessoa?
Operador do polígrafo: De jeito nenhum. Não com base nestas reações.

Na verdade, os resultados dos exames do detector de mentiras estão longe de ser infalíveis, mesmo operado por especialistas. E, em razão de serem falíveis, não são aceitos como provas nos tribunais de muitos estados americanos e diversos países.

O principal interrogador então contou a Peter, enganosamente, que haviam sido obtidas provas físicas de sua culpa. Também sugeriu ao rapaz a possibilidade de ele ter feito aquilo sem se lembrar do ocorrido: ele se enfurecera com a mãe e irrompera num surto durante o qual a assassinara brutalmente, e agora havia reprimido a horrível lembrança. Cabia a Peter e a ele "cavarem, cavarem, cavarem" no inconsciente do rapaz até que a memória viesse à tona.

E eles cavaram, cavaram, cavaram, explorando todos os meios de trazer de volta aquela lembrança, até que Peter começou a recordar – vagamente a princípio, depois de forma mais nítida – que cortara a garganta da mãe e pisoteara seu corpo. Ao fim do interrogatório, essas cenas imaginadas haviam se tornado realidade para os interrogadores e para Peter:

Interrogador: Mas você se lembra de ter cortado o pescoço dela com uma navalha.
Peter: Difícil dizer. Acho que lembro de fazer isso. Quer dizer, eu me imagino fazendo. Está vindo do fundo da minha mente.
Interrogador: E quanto às pernas? Que tipo de visão temos aí? Consegue se lembrar de pisotear as pernas dela?
Peter: Você diz isso, então imagino que estou fazendo.
Interrogador: Você não está imaginando nada. Acho que a verdade está começando a aflorar. Você quer que ela saia.
Peter: Eu sei...

A análise repetida daquelas imagens convenceu Peter de que revelavam sua culpa. Junto com os interrogadores, que o pressionaram a romper seu "bloqueio mental", o adolescente reconstituiu, das cenas em sua cabeça, um relato de suas ações que batia com os detalhes que recebera do assassinato. Finalmente, pouco mais de 24 horas após o crime hediondo, embora ainda em dúvida sobre muitos detalhes, Peter Reilly assinou a confissão. Sua declaração por escrito correspondia à explicação que havia sido proposta por seus interrogadores e que Peter passara a aceitar como exata, apesar de não acreditar nela no início do interrogatório e, como os acontecimentos demonstraram mais tarde, nada daquilo ser verdade.

Quando Peter acordou em uma cela de prisão no dia seguinte, passada a terrível fadiga e o ataque persuasivo na sala de interrogatório, não acreditava mais em sua confissão. Mas era tarde demais para se retratar de forma convincente. Para quase qualquer autoridade do sistema de justiça criminal, as provas de seu crime eram contundentes: um juiz rejeitou uma moção para suprimi-la no julgamento de Peter, declarando que ele fizera a confissão voluntariamente; a polícia ficou tão satisfeita por incriminar Peter que parou de investigar outros suspeitos; os promotores públicos fizeram da confissão de Peter a peça central da acusação; e o corpo de jurados que acabou condenando-o pelo homicídio baseou-se nela fortemente em suas deliberações.

Nenhum daqueles indivíduos acreditou que uma pessoa normal pudesse ser levada a confessar falsamente um crime sem o uso de ameaças, violência ou tortura. E todos eles estavam equivocados: dois anos depois, com a morte do promotor público que chefiava o caso, foram achados em seus arquivos documentos que situavam Peter em uma hora e local na noite do crime que provavam sua inocência e levaram à revogação de sua condenação, à rejeição de todas as acusações e à sua soltura da prisão.

Admissão e condenação. Peter Reilly cercado pelos subdelegados que o levaram à prisão após sua condenação. *Cortesia de Roger Cohn*

Existe um ditado que diz que a confissão faz bem à alma. Mas, para quem é suspeito de um crime, faz mal a praticamente todo o resto. Aqueles que confessam têm bem mais chances de serem acusados, julgados e condenados a uma sentença severa. Como o célebre jurista americano Daniel Webster reconheceu em 1830: "Não há refúgio da confissão senão o suicídio; e o suicídio é uma confissão." Um século e meio depois, o renomado juiz da Suprema Corte William Brennan expandiu a afirmação de Webster com uma observação chocante sobre o sistema de justiça criminal: "A introdução de uma confissão torna supérfluos outros aspectos de um julgamento no tribunal, e o julgamento real, para todos os propósitos, ocorre quando se obtém a confissão."

Existem indícios assustadores de que Brennan estava certo. Uma análise de 125 casos envolvendo confissões forjadas revelou que suspeitos que confessaram primeiro mas depois renunciaram aos seus relatos e se declararam inocentes foram, mesmo assim, condenados no julgamento em 81% das vezes – embora, lembre-se, aquelas fossem todas confissões falsas! Peter Reilly teve o mesmo destino da maioria de indivíduos persuadidos a confessar crimes que não cometeram, o que suscita uma questão legítima: por que destacamos sua confissão e não a de outros casos mais divulgados e assustadores com o mesmo resultado – por exemplo, aqueles em que vários suspeitos foram convencidos a afirmar que, em grupo, haviam perpetrado um crime que nenhum deles havia cometido?

Notadamente, o motivo não foi nada que tivesse ocorrido durante seu interrogatório, julgamento, condenação e batalhas legais subsequentes. A razão veio à tona 20 anos depois, quando Peter, que havia tido diversos subempregos, foi orador em um painel que analisava as causas e as consequências de confissões injustamente obtidas e onde estas foram relatadas, não por Peter, mas por um homem sentado ao lado dele com o nome comum de Arthur Miller. Aquele, porém, não era um Arthur Miller comum. Era *o Arthur Miller*, que alguns veem como o maior dramaturgo americano de todos os tempos, autor daquela que alguns consideram a maior peça dramática de todos os tempos, *A morte de um caixeiro-viajante*, e que – se isso não basta para chamar nossa atenção – esteve casado cinco anos com a mulher tida por muitos como o maior símbolo sexual americano de todos os tempos: Marilyn Monroe.

Arthur Miller e Peter Reilly. *Gary Tucker/Donald S. Connery*

Após ser apresentado ao público por Peter como um de seus principais apoiadores, Miller explicou sua presença no painel como consequência de uma antiga preocupação com "o negócio das confissões, tanto em minha vida quanto em minhas peças". Durante o período de fervor anticomunista nos Estados Unidos, na década de 1950, diversos amigos e conhecidos de Miller foram convocados para audiências diante de comitês do Congresso. Ali, em interrogatórios deliberados, foram levados a confessar tanto a própria afiliação ao Partido Comunista quanto a de outras pessoas do mundo do entretenimento. O próprio Miller foi intimado pelo Comitê de Atividades Antiamericanas e posto numa lista negra, multado e teve seu passaporte negado por não responder a todas as perguntas do presidente do comitê.

O papel das confissões nas peças de Miller pode ser visto em *As bruxas de Salem*, sua obra mais encenada. Embora transcorra em 1692, durante os julgamentos por bruxaria nessa cidade, Miller escreveu-a alegoricamente para refletir sobre os interrogatórios tendenciosos que testemunhou nas audiências do Congresso e que mais tarde reconheceu no caso de Peter Reilly.

Os comentários de Miller no painel com Reilly foram relativamente breves, mas incluíram o relato de um encontro em Nova York com uma chinesa chamada Nien Cheng. Durante a Revolução Cultural da China Comunista nas décadas de 1960 e 1970, que pretendia expurgar todos os elementos capitalistas do país, Cheng foi submetida a rudes interrogatórios para que confessasse ser anticomunista e espiã. Com olhos cheios d'água, ela contou ao dramaturgo seus sentimentos profundos após ver, depois de enfim ser libertada da prisão, uma montagem de *As bruxas de Salem* em seu país natal. Na época, ela teve certeza de que partes do diálogo haviam sido reescritas pelo diretor chinês para que cativassem o público nacional, porque as perguntas feitas aos acusados na peça "eram exatamente as mesmas perguntas que os revolucionários tinham me feito". Nenhum americano, ela pensou, poderia conhecer essas palavras, fraseados e sequências precisas.

Ela ficou chocada com a resposta de Miller de que ele extraíra as perguntas dos registros dos julgamentos por bruxaria realizados em Salem em 1692 – e que essas foram as mesmas empregadas nos interrogatórios do Comitê de Atividades Antiamericanas. Mais tarde, foi a estranha semelhança com as perguntas do interrogatório de Reilly que levou Miller a se envolver na defesa do rapaz.[30]

Uma implicação assustadora emerge da história de Miller. Certas práticas notadamente semelhantes e eficazes, desenvolvidas ao longo de muitos anos, permitem a investigadores, em todos os lugares e para todos os propósitos, extrair declarações de culpa de suspeitos – às vezes inocentes.

Esse reconhecimento levou Miller e analistas legais a recomendarem que todos os interrogatórios envolvendo crimes graves fossem filmados. Desse modo, esses analistas argumentam, as pessoas que assistem às gravações – promotores, membros do júri, juízes – podem avaliar por si mesmas se a confissão foi obtida de forma inapropriada. E, de fato, gravações de sessões de interrogatório em casos criminais graves vêm sendo cada vez mais adotadas em todo o mundo por essa razão. É uma boa ideia na teoria, mas existe um problema na prática: o ponto de vista da câmera é quase sempre atrás do interrogador, exibindo o rosto do suspeito.

A questão legal de determinada confissão ter sido feita livremente pelo suspeito ou extraída de maneira inapropriada por um interrogador envolve um julgamento de causalidade – de quem foi o responsável pela declaração incriminadora. Graças aos experimentos da professora Taylor, sabemos que a câmera disposta de forma a registrar o rosto de um interlocutor sobre o ombro de outro inclina o julgamento crítico para o mais visualmente destacado dos dois. Sabemos também agora – a partir dos experimentos mais recentes do psicólogo social Daniel Lassiter – que a câmera voltada para um suspeito durante um interrogatório leva os observadores da gravação a atribuírem ao suspeito maior responsabilidade por uma confissão (e maior culpa). Além disso, como ocorreu quando Taylor e seus colegas fizeram o teste, Lassiter e os colegas descobriram que esse resultado é obstinadamente persistente. Em seus estudos – quer os observadores fossem homens ou mulheres, estudantes universitários ou adultos na casa dos 40 ou 50 anos qualificados para serem jurados, expostos à gravação uma ou duas vezes, intelectualmente favorecidos ou não e previamente informados ou alheios ao potencial impacto tendencioso do ângulo da câmera –, foi o que se revelou. Talvez o mais perturbador seja que o padrão idêntico apareceu quer os observadores fossem cidadãos comuns, policiais ou juízes de tribunais criminais.

Nada conseguia alterar o impacto prejudicial do ângulo da câmera – exceto mudar o próprio ângulo da câmera. A distorção desaparecia quando a gravação mostrava o interrogatório de lado, com o suspeito e o interrogador sob o mesmo foco. De fato, foi possível reverter a tendência mostrando aos observadores uma gravação do mesmo diálogo com a câmera apontada sobre o ombro do suspeito para o rosto do interrogador. Então, em comparação com os julgamentos na visão lateral, o interrogador era percebido como tendo forçado a confissão. Claramente aqui, o que é focal parece causal.

Vamos supor que você seja convocado a depor na condição de suspeito de um crime. Você decide prosseguir com o interrogatório na tentativa honesta de limpar seu nome. Existe alguma providência que você possa tomar que aumente as chances de, caso seja induzido ou pressionado a fazer comentários falsamente incriminadores, observadores externos serem capazes de identificar os truques e as pressões que levaram a eles?

Existe. E consiste em dois passos, extraídos das pesquisas dos professores Taylor e Lassiter.

Primeiro, encontre a câmera na sala, que geralmente estará acima e atrás do policial. Segundo, *mude sua cadeira de lugar.* Posicione-se de modo que a gravação da sessão mostre seu rosto e o do seu interrogador igualmente. Não permita que o efeito "o que é focal é considerado causal" o prejudique no julgamento. Senão, como acreditava o juiz Brennan, talvez seu julgamento já tenha acabado.[31]

Indícios de que as pessoas automaticamente veem o que é focal como causal me ajudam a entender outros fenômenos difíceis de explicar. Por exemplo, costuma-se atribuir aos líderes uma posição causal bem superior à que em geral merecem pelo sucesso ou fracasso das equipes, dos grupos ou das organizações que encabeçam. Analistas de desempenho empresarial chamaram essa tendência de "o romance da liderança" e demonstraram que outros fatores (como a qualidade da força de trabalho, sistemas de negócios internos existentes e condições de mercado) têm um impacto maior sobre os lucros empresariais do que as ações do CEO. No entanto, atribui-se ao líder uma responsabilidade exagerada pelos resultados da empresa. Assim, mesmo nos Estados Unidos, onde os salários dos trabalhadores são relativamente altos, uma análise mostrou que um funcionário comum em uma grande empresa recebe 0,5% da remuneração do CEO. Se essa discrepância parece difícil de explicar em termos da justiça econômica ou social, talvez possamos explicá-la de outra forma: a pessoa no topo é visualmente proeminente, psicologicamente relevante e, portanto, recebe um papel causal exagerado no desenrolar dos acontecimentos.[32]

— — —

Resumindo, como o que é destacado é considerado importante e o que é focal é considerado causal, um comunicador que chame a atenção do público para facetas selecionadas de uma mensagem obtém uma vantagem persuasiva significativa: a *receptividade* dos destinatários a essas facetas antes de realmente as analisarem. Em um sentido real, então, a atenção canalizada pode tornar os destinatários mais abertos a uma mensagem pré-suasivamente, antes que a processem. É o sonho de alguém com a missão de persuadir, porque com frequência o maior desafio para um comunicador não é fornecer uma causa meritória, mas convencer os destinatários a dedicarem seu tempo e energia limitados a considerar seus méritos. Percepções da importância e causalidade da questão atendem perfeitamente a esse desafio.

Se a atenção conquistada fornece realmente uma alavancagem pré-suasiva para um comunicador, uma questão afim emerge: existe algum aspecto da informação que não requeira os esforços especiais do comunicador para chamar a atenção sobre ele porque já chama a atenção por si só?

5
Comandantes da atenção 1: Os chamarizes

Quando eu estava enviando os originais do meu livro *As armas da persuasão* para editoras que pudessem se interessar em publicá-lo, um editor de aquisições telefonou para dizer que sua editora estaria interessada em publicar o livro se eu aceitasse fazer uma modificação importante. Para assegurar que os compradores nas livrarias o notassem e folheassem, recomendou a mudança do título para *As armas da sedução social*. "Aí", ele observou, "eles registrariam sexo *e* violência na mesma olhada."

Embora eu não tenha aceitado a sugestão, consigo ver parte de sua lógica. Certos impulsos chamam a atenção vividamente. Os mais poderosos estão ligados à sobrevivência. Estímulos sexuais e violentos são grandes exemplos por causa de suas ligações com nossas motivações fundamentais de reprodução, por um lado, e autopreservação, por outro – literalmente, vida e morte.

O SEXUAL

Não é segredo que estímulos sexuais são capazes de desviar a atenção humana de outras questões (às vezes, de todas as outras). Romancistas, dramaturgos e roteiristas de cinema sabem disso e exploram esse princípio em suas tramas – pense em *Lolita*, de Vladimir Nabokov, *Um bonde chamado desejo*, de Tennessee Williams, e *Magic Mike*, de Steven Soderbergh. Anunciantes e profissionais de marketing também têm esse conhecimento e o exploram em seus apelos comerciais. Cientistas comportamentais sabem disso também. E mais: mostraram quanto pode ser fácil introduzir uma associação sexual nas coisas e fazer com que isso paute a conduta.

Vejamos um pequeno estudo realizado na França. Os pesquisadores fizeram com que uma jovem atraente de 19 anos abordasse duas amostras aleatórias de homens de meia-idade que caminhavam sozinhos e solicitasse deles um tipo arriscado de ajuda. Apontando para um grupo de quatro jovens de aspecto violento, ela afirmou que haviam roubado seu celular. "Poderia pegá-lo de volta para mim?", ela pedia. É compreensível que um homem sozinho relutasse em intervir em tais circunstâncias. Ele não conhecia a jovem e, num confronto, estaria em minoria de quatro para um. De fato, em uma das amostras, apenas 20% dos homens compraram a briga da jovem. Mas na outra quase o dobro se lançou na disputa, conforme solicitado.

O que justificou a diferença? Todos os homens haviam sido abordados alguns minutos antes por uma jovem diferente que pediu informações sobre determinada rua, mas a alguns ela havia perguntado sobre a localização da rua Martin e a outros, sobre a rua Valentin. Aqueles indagados sobre esta última rua se revelaram a amostra masculina mais corajosa. De acordo com os pesquisadores (que haviam coletado indícios de um estudo anterior), o pedido de informação sobre a rua Valentin induziu nos homens pensamentos sobre um dia com conotações sexuais: o Dia dos Namorados (comemorado na França no Dia de São Valentim). Foram as associações sexuais da palavra *Valentin* que desencadearam sua coragem, impelindo-os a conquistar a estima de uma moça bonita, apesar dos riscos.

Embora a facilidade com que estímulos sexuais provocaram a insensatez de homens de meia-idade seja impressionante, os resultados apontam para uma complicação instrutiva. A atratividade da jovem pedindo para recuperar o celular não foi suficiente, por si só, para conseguir a ajuda. Algo crucial ao processo teve de ocorrer antes. Os homens tiveram de ser expostos a um conceito com conotações sexuais, o Dia dos Namorados, antes que ela conseguisse induzi-los a agir. Foi preciso um *acionador* que os tornasse receptivos ao pedido, antes mesmo do encontro. Em suma, um ato de pré-suasão foi necessário.

As complexidades envolvendo questões sexuais não param aqui. Vejamos uma estatística que desmente a ideia de que impregnar a publicidade de sexo é uma forma segura de aumentar as vendas: na lista que a revista *Advertising Age* elaborou com as 100 maiores campanhas publicitárias do século XX, somente oito empregaram a sexualidade no texto ou na imagística. Por que tão poucas? Embora as reações ao conteúdo sexual sejam fortes, não são incondicionais. Usar o sexo para vender um produto funciona somente para itens que as pessoas costumam comprar para fins relacionados ao sexo. Cosméticos (batom, tintura para cabelos), perfumes e roupas que revelam as formas (calças jeans, trajes de banho) enquadram-se nessa categoria. Refrigerantes, sabões líquidos para roupa e eletrodomésticos não se enquadram, apesar dos esforços ocasionalmente equivocados de publicitários que não avaliam esse fato.

O sexo vende seletivamente. Embora ambos os anúncios tenham apelo sexual, somente o primeiro deverá aumentar as vendas do produto. *Cortesia de Advertising Archives*

Existe uma lição maior aqui também, que vai além do campo da publicidade. Em qualquer situação, as pessoas costumam prestar mais atenção e ser influenciadas por estímulos que se enquadrem no objetivo que têm para aquela situação. Dentro do domínio dos estímulos sexuais, estudos constataram que homens e mulheres heterossexuais, sexualmente instigados, passavam mais tempo olhando fotos de membros do sexo oposto que fossem particularmente atraentes. Essa inclinação parece natural e pouco digna de nota. A surpresa foi que a tendência foi notada somente se os observadores estivessem em busca de um relacionamento romântico/sexual. Indivíduos que não estavam procurando um parceiro novo não dedicaram às fotos de pessoas atraentes mais tempo do que às fotos de pessoas de beleza mediana. De novo, a atratividade física sozinha não foi suficiente para arrebatar as pessoas. Algo mais – nesse caso, o objetivo de encontrar um novo parceiro – precisava existir antes que a atitude que se testava acontecesse. Existe uma forte ligação, então, entre os objetivos românticos/

sexuais atuais de um indivíduo e sua tendência a focar a atenção em pessoas muito atraentes.

Essa ligação pode nos dar um meio pouco reconhecido de avaliar as chances de que um relacionamento existente vá durar. Em uma pesquisa, estudantes universitários em um relacionamento romântico foram submetidos a uma série de perguntas que normalmente predizem a estabilidade de relacionamentos: questões sobre quão apaixonados estavam pelo parceiro, a satisfação com o relacionamento, por quanto tempo queriam manter a relação, e assim por diante. Além disso, a pesquisa incluiu algumas perguntas novas sobre fatores ligados à *atenção*, como até que ponto notavam e dedicavam atenção a pessoas de boa aparência do sexo oposto. Dois meses após a pesquisa, os participantes foram recontactados e indagados se ainda estavam no mesmo relacionamento. Surpreendentemente, o melhor indicador de um rompimento não foi quão apaixonados estavam pelo parceiro dois meses antes ou o grau de satisfação com a relação naquela época ou mesmo quanto tempo gostariam que ele durasse. Foi a regularidade com que notavam pessoas fisicamente atraentes à sua volta.

Essas descobertas lançam dúvidas sobre a desculpa esfarrapada dos cônjuges acusados de estarem olhando para outras pessoas – "Ei, eu sei que estou de dieta, mas não há mal nenhum em olhar o cardápio" –, pois pode haver problemas à frente. Assim, convém estarmos atentos a qualquer aumento contínuo da atenção de nosso parceiro (ou de nossa própria) a alternativas atraentes, pois esse pode ser um sinal prematuro de um relacionamento em perigo.[33]

O AMEAÇADOR

A violência, com sua inerente ameaça à segurança, sempre atraiu a atenção humana. As provas estão por toda parte, de nosso fascínio por acidentes de carro, dos quais não conseguimos desviar o olhar, passando por horripilantes video games campeões de vendas ao poder de bilheteria de filmes cada vez mais violentos. Essa tendência a dar atenção especial a estímulos potencialmente ameaçadores parece nos acompanhar desde a infância e muitas vezes nos induz a um comportamento incompatível com a situação real.

Por exemplo, as pessoas assumem riscos catastróficos para evitar danos causados por algo que na verdade é menos arriscado, mas em que estão concentradas no momento e que portanto passaram a temer. Após os apavorantes eventos do 11 de Setembro, quando quatro aviões comerciais foram lançados contra edifícios por sequestradores da Al-Qaeda, a cobertura da mídia de matérias ligadas aos atentados foi intensa. Como resultado, milhares de americanos com planos de viagens de longa distância trocaram os temidos céus pelas estradas. Mas a taxa de mortalidade nas viagens rodoviárias é bem maior do que nas viagens aéreas, tornando essa escolha a mais perigosa. Estima-se que cerca de 1.600 americanos perderam a vida em acidentes de carro como resultado direto dessa decisão, seis vezes mais que o número de passageiros mortos no único desastre de avião comercial no ano seguinte.

Claro que é possível que essa troca da viagem aérea pela rodoviária não tenha sido provocada pelos efeitos do risco catastrófico, mas pela inconveniência do aumento de procedimentos de segurança nos aeroportos americanos. A probabilidade dessa explicação é reduzida por um estudo que mostrou uma queda similar nas viagens no sistema de transporte subterrâneo londrino após os atentados a bomba em julho de 2005 no metrô daquela cidade, embora nenhum procedimento de segurança mais inconveniente tivesse sido implementado. Em vez de pegar os trens, os londrinos passaram a comprar e andar mais de bicicleta. Como as viagens de bicicleta em Londres costumam ser mais arriscadas do que as de metrô, ferimentos provocados por acidentes com bicicleta dispararam durante os meses seguintes. Os riscos catastróficos acabaram se tornando maiores e realmente temíveis.[34]

– — –

É óbvio que o departamento de marketing de fabricantes de certos artigos – de alarmes domiciliares contra fogo e programas de backup de computador a desodorantes – enchem seus anúncios com informações ameaçadoras visando capturar nossa atenção. Contudo, a maioria dos dados sobre a eficácia dessas informações vem das mensagens de comunicadores tentando nos desviar de estilos de vida prejudiciais à saúde. Em geral, comunicações que apresentam as consequências assustadoras de maus hábitos de saúde funcionam melhor do que mensagens mais brandas ou que apresentem consequências positivas de bons hábitos. Além disso, quanto mais proeminentes e chamativos são os apelos apavorantes, mais eficazes eles são. Em mais de uma dúzia de países, imagens e advertências assustadoras nos maços de cigarros tiveram o duplo efeito de convencer um número maior de não fumantes a resistir e mais fumantes a parar de fumar.

Mas existe um tipo peculiar de mensagem que atiça o medo e parece mais capaz de mudar o comportamento. E o faz, paradoxalmente, reduzindo o medo que ela mesma produz. Isso não é pouca coisa, porque um medo exagerado das consequências terríveis do câncer de pulmão (ou do diabetes ou da hipertensão) pode levar certas vítimas prováveis a negarem que sofrerão pessoalmente tais consequências. "Um fumante inveterado pode alegar: "Meu avô materno fumou a vida inteira e viveu até os 80 anos. Portanto devo ter bons genes para combater o câncer." Outros poderiam usar de subterfúgios diferentes, mas igualmente enganadores, para atenuar a ansiedade. Uma das desculpas preferidas entre jovens que começam a fumar é achar que, à altura em que sofrerem os males de suas ações, haverá curas médicas disponíveis.

Qual é a alquimia persuasiva que permite a um comunicador levar seus ouvintes a temer os resultados negativos de seus maus hábitos, sem os fazer negar o problema na tentativa de controlar seus temores agora aumentados? O comunicador só precisa inserir na mensagem assustadora informações claras sobre medidas legítimas e disponíveis que os destinatários da mensagem podem tomar a fim de mudar os hábitos que ameaçam sua saúde. Dessa forma, o medo pode ser enfrentado não através de um argumento autoilusório que impeça a ação positiva, mas de oportunidades de mudança genuínas que mobilizam tal ação.

Vejamos como uma equipe holandesa redirecionou o comportamento de indivíduos que, após exames, foram informados de sua vulnerabilidade especialmente alta à hipoglicemia e suas consequências às vezes graves, como falência de órgãos, convulsões e depressão. Junto com essas notícias alarmantes, os indivíduos do estudo receberam informações sobre um workshop a que poderiam comparecer para melhorar sua dieta e, consequentemente, suas chances de evitar a doença. A maioria deles buscou mais informações sobre o workshop e, comparados com pessoas em condições de saúde semelhantes mas que receberam uma mensagem menos aterrorizante, tiveram probabilidade quatro vezes maior de se matricular imediatamente. Isso porque acreditaram que o workshop teria um impacto favorável sobre sua saúde, e usaram essa nova crença, em vez da negação, para lidar com suas ansiedades. Profissionais da saúde pública podem comunicar melhor as notícias verdadeiras porém assustadoras desta forma: incorporando às suas mensagens sistemas de auxílio disponíveis – cursos, workshops, sites e linhas telefônicas de apoio.[35]

No geral, estímulos sexuais e ameaçadores, embora muitas vezes irresistíveis, não são simples nem unitários em seus efeitos. Ciente de suas complexidades, é possível entender como o emprego de tais estímulos pode levar a grandes sucessos em certas situações de influência, mas a retrocessos em outras. Quando vários colegas da equipe de pesquisa e eu refletimos sobre a questão, reconhecemos que os anunciantes muitas vezes ignoram essas complexidades e, assim, acabam por produzir campanhas caras que na verdade solapam as vendas do produto. Depois que um membro de nossa equipe de pesquisa, Vlad Griskevicius, insistiu para que adotássemos uma perspectiva evolucionária, percebemos que seres humanos, ao depararem com circunstâncias ameaçadoras, teriam desenvolvido desde cedo uma forte tendência a fazer parte de um grupo (no qual existe segurança e força na quantidade) e a evitar ficar separados (condição em que há vulnerabilidade a predadores ou inimigos). O oposto seria verdade, porém, em uma situação com possibilidades sexuais. Nesse caso, uma pessoa quereria distância do bando para ser o receptor principal da atenção romântica.

Também percebemos que essas duas motivações contrárias, integrar-se e ser o destaque, têm relação com dois apelos comerciais muito usados. Um, da variedade "Não fique de fora", insiste que nos juntemos à multidão. O outro, do tipo "Seja um dos poucos", nos instiga a nos afastar da multidão. Assim, qual seria mais aconselhável para um anunciante lançar na mente dos prováveis compradores? Nossa análise nos fez pensar que a mensagem baseada na integração seria adequada em qualquer situação em que membros do público estivessem expostos a estímulos assustadores – talvez no meio de um filme violento na TV –, porque pessoas focadas em situações de ameaça querem se juntar à multidão. Mas enviar essa mensagem em um anúncio no meio de um filme romântico na TV seria um erro, porque pessoas focadas em assuntos amorosos querem se afastar da multidão.

Quando testamos essa ideia em um experimento, os resultados me surpreenderam. Um anúncio que criamos enfatizando a popularidade do Museu de Arte Moderna de São Francisco ("Visitado por mais de 1 milhão de pessoas por ano") aumentou a disposição favorável em relação ao museu entre pessoas que estavam assistindo a um filme violento naquele momento. No entanto, entre aqueles que assistiam a um filme romântico, o mesmo anúncio reduziu a atração pelo museu. Mas um anúncio ligeiramente alterado – formulado para enfatizar a singularidade em vez da popularidade da ida ao museu ("Diferencie-se da multidão") – teve o efeito oposto nos dois públicos. O anúncio da singularidade foi extremamente bem-sucedido entre indivíduos que estavam assistindo ao filme romântico e particularmente malsucedido entre aqueles que estavam vendo o filme violento.

Embora o padrão de dados pareça complexo, fica simples quando visto através do prisma da afirmação central deste livro: a eficácia de mensagens persuasivas – neste caso, dois temas de influência que vêm sendo usados há séculos – será afetada de forma drástica pelo tipo de acionador experimentado imediatamente antes. Sujeite as pessoas a um estado mental temeroso por meio daquele acionador e, levadas por um desejo de segurança, um apelo baseado na popularidade ganhará relevância, ao passo que um apelo baseado na singularidade perderá eficácia. Mas use o acionador para sujeitar as pessoas a um estado mental amoroso e, levadas por um decorrente desejo de se destacar, o inverso ocorrerá.

— —— —

Quase todas as estações de rádio e canais de televisão têm um profissional que lida com informações de "tráfego". Suas responsabilidades não são o que você poderia imaginar: coordenar informes sobre as condições das estradas, acidentes de carro e interdições de ruas. Em vez disso, com frequência o papel desse profissional, o editor de propaganda, inclui a organização dos espaços de publicidade de modo que um dado anúncio seja distribuído apropriadamente em diferentes momentos do dia e não seja transmitido perto demais do anúncio de um concorrente direto. Como sabem os profissionais da publicidade, seria um terrível pecado de "gestão do tráfego" se o editor de propaganda programasse um anúncio de uma picape Ford logo após o de uma Toyota. Tais erros geram queixas amargas dos anunciantes, que sabem que falhas desse tipo obscurecem sua mensagem e desperdiçam seu dinheiro. Acredito, porém, que nenhum anunciante reconheceu que preparar o público pré-suasivamente para as mensagens comerciais tem potenciais financeiros bem maiores que simplesmente a boa distribuição dos anúncios ao longo do dia.

Eu poderia apostar que os compradores de mídia da Ford que planejam comprar espaço na TV para anúncios alardeando a picape Ford F-150 como "a caminhonete mais vendida nos Estados Unidos há 39 anos" (como fazem alguns anúncios) nunca pensaram em programar sua exibição para os intervalos durante dramas criminais, filmes de terror e noticiários ou evitar comédias românticas e histórias de amor. Inversamente, eu apostaria que, se planejam comprar espaços publicitários para anúncios da F-150 apregoando o inconfundível Pacote de Aparência FX para incitar os compradores com frases do tipo "Prepare-se para se destacar!" (como fazem alguns anúncios), nunca lhes ocorreu priorizar essas exibições de forma contrária. Que pena para a Ford.[36]

E AGORA ALGO DIFERENTE: A MUDANÇA MÁGICA

Sempre que percebemos uma mudança à nossa volta, toda a nossa atenção se volta para ela. Não estamos sozinhos nesse aspecto. A reação aparece em todo o reino animal. É tão básica que consegue sobrepujar os padrões de comportamento mais conhecidos do talvez mais conhecido grupo de animais na história da ciência psicológica: os cães de Pavlov.

Qualquer pessoa que tenha feito um curso de psicologia conhece os fatos principais dessa história. Numa série de experimentos revolucionários, o grande cientista russo Ivan Pavlov fez com que cães salivassem na presença de algo – o som de uma campainha, por exemplo – que nada tinha a ver com aquela reação. Para conseguir a mágica, ele só precisou tocar a campainha imediatamente antes de mostrar comida a eles repetidas vezes. Em pouco tempo, os cães estavam babando ao som da campainha, mesmo na ausência de comida. Mas quase ninguém que fez um curso de psicologia conhece a história completa, porque poucos professores de psicologia sabem de todos os detalhes.

Depois que vários testes convenceram Pavlov da confiabilidade e força de sua importante descoberta do "condicionamento clássico", ele quis mostrá-la a outras pessoas. No entanto, quando realizava uma demonstração para os visitantes em seu instituto, ela em geral falhava. O mesmo acontecia quando o teste de condicionamento era conduzido por um dos assistentes de Pavlov. Com frequência, o cão não reagia, deixando o assistente desapontado e seu chefe perplexo.

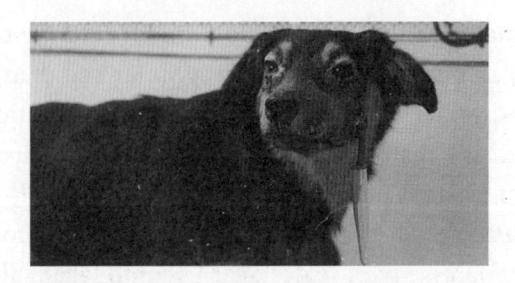

Interrupção do condicionamento. Um dos cães de Pavlov é retratado com o tubo de coleta de saliva usado para mostrar que sua reação de salivação à comida podia ser condicionada (alterada) ao som de uma campainha. Quando estímulos novos no laboratório chamavam a atenção do cachorro, a reação condicionada desaparecia. *Cortesia de Rklawton*

Por fim, ocorreu a Pavlov que a explicação para os dois casos de insucesso poderia ser a mesma: ao entrarem no espaço onde os cães haviam sido treinados, tanto ele quanto os visitantes se tornavam estímulos novos que se apoderavam da atenção do cão, desviando-a da campainha e da comida e dirigindo-a para as circunstâncias alteradas do laboratório. Embora não fosse o primeiro cientista a observar esse tipo de ocorrência, Pavlov reconheceu seu propósito no rótulo que lhe deu: o *reflexo investigatório*. Ele entendeu que, para sobreviver, qualquer animal precisa estar bem atento a mudanças imediatas no ambiente, investigando e avaliando qualquer alteração em busca dos perigos e oportunidades que possam apresentar. Esse reflexo é tão forte que suplanta todas as outras ações.

É possível observar o efeito poderoso de uma rápida mudança nas circunstâncias ambientais sobre a concentração humana em uma ocorrência trivial que aflige a todos nós. Você vai de um cômodo a outro para fazer algo específico e, uma vez lá, esquece a razão da ida. Antes de maldizer sua falta de memória, pense na possibilidade de um motivo diferente (e cientificamente documentado) para o lapso: ir de um aposento a outro faz você esquecer porque a mudança abrupta no ambiente físico redireciona sua atenção para o novo lugar – afastando-o assim de seu propósito, o que elimina sua lembrança dele.

Mais de um século depois da caracterização de Pavlov, nossa reação corporal à mudança não é mais chamada de reflexo. Chama-se *reação de orientação*, e dezenas de estudos foram esclarecedores a esse respeito. Não se limita aos sentidos, como Pavlov pensou, mas se estende a todas as formas de ajustes corporais, como a respiração, o fluxo sanguíneo, a umidade da pele e a frequência cardíaca. O sinal que atraiu a análise científica recente ocorre no cérebro, onde um padrão de atividade elétrica conhecido como "onda O" (onda de orientação) passa por áreas associadas a avaliações. Ao mapearem a ascensão e queda das ondas O em pessoas conectadas a dispositivos de reprodução de imagens do cérebro, neurocientistas identificaram os tipos de estímulos que mais energicamente produzem mudanças na atenção. Uma dessas categorias de sinais – associada a mudanças – merece nossa consideração, pois possui implicações intrigantes para a psicologia da influência.[37]

Certa vez passei um ano como professor visitante na Faculdade Annenberg de Comunicação e Jornalismo da Universidade do Sul da Califórnia, onde eu queria aprender sobre abordagens da mídia de massa no campo da persuasão. Uma das principais razões de eu ter escolhido a Faculdade Annenberg, além da qualidade de seu corpo docente, era a experiência de seus estudantes. Muitos alunos dos cursos de pós-graduação tinham experiência no setor de radiodifusão ou na indústria cinematográfica, e achei que seriam fontes valiosas de informações sobre como comunicar com impacto na mídia de massa. Uma mulher, que produzira anúncios de TV bem-sucedidos, assim como documentários, deu uma contribuição particularmente enriquecedora sobre o tema.

Ela afirmava que, nessas duas áreas, um produtor, escritor ou diretor com foco na persuasão precisa se preocupar basicamente com tomadas e cortes. Todo o resto, ela dizia, não passa de variações e refinamentos desses elementos básicos. Lembro que pensei: "Bem, claro que é preciso controlar as tomadas com cuidado porque elas fornecem o conteúdo da mensagem. Mas dar igual importância aos cortes – as meras mudanças entre aspectos de seu conteúdo – é novidade para mim. Isso é diferente." E, fiel ao argumento maior aqui apresentado, foi essa diferença que capturou meu interesse.

Quando a indaguei a respeito, a resposta que me ofereceu se enquadrava em uma dinâmica pré-suasiva: "Você usa os cortes para induzir as pessoas a desviarem a atenção para as partes de sua mensagem nas quais quer realmente que se concentrem." Em outras palavras, os cortes são cruciais ao sucesso persuasivo porque podem ser manipulados para dar foco ao aspecto que o comunicador acredita ser mais convincente na mensagem. Esse corte instigará no cérebro das pessoas uma reação de orientação ao aspecto vencedor *antes* mesmo que a sintam.

Não sei se outros anunciantes ou produtores de filmes aprenderam a empregar essa descoberta. Mas sei que anunciantes de TV parecem não ter entendido sua essência. Pesquisas confirmam que, em vez de usarem os cortes criteriosamente para dirigir a atenção somente às facetas mais importantes de seu material, os anunciantes de TV aumentaram de forma indiscriminada a frequência geral de mudanças de cenas em seus anúncios em mais de 50% ao longo dos anos. Previsivelmente, os espectadores acabam ficando confusos quanto ao objetivo do anúncio e irritados por terem sua atenção desviada com tanta frequência e tão arbitrariamente. Como resultado, embora os comerciais de TV cheios de cortes atraiam mais atenção total, produzem bem menos lembranças para as declarações persuasivas dos anúncios e bem menos persuasão. É fácil entender por quê: a atenção dos espectadores não se fixa nos melhores pontos dos anúncios, mas se espalha por todos os atributos relevantes *e* irrelevantes do material. Para todos os envolvidos, é um caso de morte por mil cortes.[38]

―――

Claro que existem muitos canais de comunicação que, ao contrário da mídia televisiva, apresentam uma peça de informação persuasiva em forma fixa, imutável – jornais, revistas, livros, folhetos, letreiros de vitrines, cartazes, e-mails, etc. – e, portanto, não podem usar cortes para captar e direcionar a atenção do público estrategicamente. Para alavancar o poder da diferença ao usar esses meios, os persuasores costumam recorrer a uma tática mais tradicional. Eles inserem uma novidade no apelo – ou seja, algo concebido para parecer diferente (original, não familiar ou surpreendente) que também funcione para atrair a atenção. De fato, quase tudo que um persuasor pode fazer para distinguir um artigo dos concorrentes tem esse efeito. E na medida em que o item realçado tem valor, sua atração pode ultrapassar a de rivais igualmente valiosos ou ainda mais valiosos. Algumas pesquisas recentes mapeiam um caminho antes desconhecido para essa espécie invejável de diferenciação.

No Capítulo 3, abordamos um meio de os profissionais de marketing fazerem com que prestemos atenção seletiva ao valor de seus produtos: eles pedem, em um tipo de questionário, que avaliemos a qualidade de suas ofertas sem pedirem que avaliemos as ofertas semelhantes dos rivais. Mas existem formas mais sutis de alcançar o mesmo objetivo. Vejamos os resultados de um estudo realizado na Universidade Northwestern. Os pesquisadores deram aos participantes on-line informações sobre dois sofás que chamaremos de Sonho e Titã. Os dois, produzidos em fábricas de móveis diferentes, eram semelhantes em todos os aspectos, exceto nas almofadas. As do Sonho eram mais macias e confortáveis do que as do Titã, porém menos duráveis.

Nessa comparação entre dois produtos, os clientes potenciais preferiram as almofadas mais robustas do Titã às mais macias do Sonho por 58% a 42%. Mas isso mudou quando os pesquisadores enviaram a outra amostra de participantes on-line essas informações além de outras sobre mais três sofás. Os modelos acrescentados não eram fortes concorrentes, com várias características fracas, mas todos tinham almofadas duráveis como o Titã. Dentro desse conjunto de comparações, o Sonho ascendeu sobre todos os demais modelos – dessa vez conquistando 77% das preferências.

Trata-se de uma descoberta espantosa. Poderíamos concluir que acrescentar concorrentes ao mix de opções reduziria, em vez de aumentar, o número de vezes em que o Sonho seria selecionado, ainda que por uma mera questão de probabilidade. Além disso, o Titã continuava entre as alternativas disponíveis e ainda possuía todas as suas fortes características. Por que os sofás adicionais haveriam de causar uma drástica mudança a favor do Sonho? Após realizarem vários estudos sobre o tema, os pesquisadores acreditam que descobriram o motivo: acrescentar três modelos com almofadas duráveis fez o Sonho se sobressair como diferente das quatro outras possibilidades no aspecto de maciez e conforto – e a singularidade, como vimos, muda a atenção para o fator distintivo, o que nesse caso levou à maior importância percebida do conforto da almofada.

Infelizmente, a maioria dos dados científicos sobre persuasão não é aplicada pelos profissionais – mesmo descobertas valiosas como esta.[39, 40]

6
Comandantes da atenção 2: Os magnetizadores

Além das vantagens persuasivas de dirigir a atenção para um estímulo específico, existem benefícios consideráveis em mantê-la ali. O comunicador que consegue prender o interesse do público nos elementos favoráveis de um argumento aumenta as chances de não ser contestado por pontos de vista opostos, que, como consequência, ficam excluídos do campo da atenção.

Certos tipos de informação combinam, de fato, o poder de atração inicial com o poder de permanência da atenção. Informações sobre si mesmo, por exemplo, são capazes desse duplo benefício. Se você duvida, faça um teste com alguns amigos. Tire uma foto do grupo com uma câmera digital e depois passe a câmera com a foto de mão em mão. Observe como cada indivíduo examina a foto antes de passar adiante. Se seus amigos se parecem com os meus – ou comigo, para ser sincero – olharão primeiro, por mais tempo e ainda por último para a própria imagem.

O AUTORREFERENTE

Não há dúvida de que informações pessoais são um ímã poderosíssimo para a atenção. As ramificações para a influência social pré-suasiva são significativas. Na esfera da saúde, quando as pessoas recebem uma mensagem que é autorreferente porque foi elaborada especificamente para ela (por exemplo, por meio de referência a idade, sexo ou histórico de saúde), fica mais propensa a prestar atenção, achá-la interessante, levá-la a sério, lembrar-se dela e salvá-la para consulta futura – e tudo isso leva a uma maior eficácia da comunicação, como atestam áreas tão diversas como perda de peso, prática de atividades físicas, abandono do hábito de fumar e realização de exames preventivos de câncer. O estabelecimento de bancos de dados eletrônicos em larga escala, prontuários médicos digitalizados e dispositivos de contato como telefones celulares tornam a customização e o envio de mensagens individualizadas cada vez mais possíveis e econômicos. Estritamente do ponto de vista da eficácia, o profissional de saúde que ainda não investigou plenamente o uso potencial de tais ferramentas deveria se sentir envergonhado.

O impacto fixador da atenção proveniente da autorreferência aplica-se a apelos comerciais também. Suponhamos que você seja um consultor especializado em persuasão contratado para ajudar a vender um desodorante antitranspirante novo para pais aficionados por corridas de automóveis. Vamos chamá-lo de Pit Stop. Suponhamos ainda que o produto tenha evidências científicas convincentes e concretas de sua eficácia superior, as quais a agência de publicidade do fabricante planeja destacar nos anúncios de lançamento. Mas a agência está insegura sobre o que dizer *primeiro* para atrair a atenção para o restante do anúncio e seus argumentos convincentes. Então você é consultado para opinar sobre as frases introdutórias do anúncio, que dizem:

"Após todos esses anos, as pessoas talvez aceitem que os antitranspirantes não vão melhorar. Elas talvez até aceitem as manchas feias nas roupas causadas por dias quentes e muito trabalho. Mas agora não precisam mais aceitar isso."

Que mudança aparentemente pequena você poderia sugerir para melhorar as chances de que a campanha do Pit Stop seja um grande sucesso, a agência publicitária fique satisfeita e sua reputação como mago da influência seja reforçada? Seria substituir as palavras exteriorizantes *pessoas* e *elas* no acionador pelo pronome personalizante *você*. De acordo com os resultados de um estudo análogo realizado na Universidade do Estado de Ohio, essa pequena alteração melhorará a atitude do público em relação ao produto. Claro que, como sinais autorreferentes só trazem atenção à mensagem – não sua aprovação automática –, um forte argumento subsequente é necessário para que a mudança para "*você*" supere o anúncio original. Como o estudo da Universidade do Estado de Ohio também demonstrou, se o restante do seu anúncio fornecer provas fracas da eficácia de Pit Stop, o resultado da mudança para uma introdução personalizada será tornar o público, agora mais atento, menos favorável ao produto.

Eis, portanto, outra lição de pré-suasão: quando se tem um bom argumento, pode-se empregar – como acionadores – sinais autorreferentes simples (como a palavra *você*) para predispor o público a levar em conta seu argumento forte antes de vê-lo ou ouvi-lo.[41]

Existe outro tipo de ambiente em que a capacidade de sinais autorreferentes para prender a atenção pode afetar o sucesso persuasivo: encontros ou reuniões em que os indivíduos devem apresentar seus pontos de vista. Recebi uma lição memorável a esse respeito no início de minha carreira, quando me pediram que eu falasse sobre minhas pesquisas em uma conferência global patrocinada por uma grande empresa. Eu estava nervoso. Poucas vezes falara para um público corporativo antes e nunca para um internacional. A ansiedade aumentou ainda mais quando soube que minha palestra estava programada para depois de um "intervalo artístico" no qual o célebre dançarino Edward Villella representaria uma cena da obra-prima do balé *Apollo*, de George Balanchine e Ígor Stravinski. Essa sequência é responsável pelas duas grandes decepções que tive na conferência. A primeira já era esperada: o público ficou fascinado com o espetáculo de dança – afinal, tratava-se de Balanchine, Stravinski, Villella e *Apollo* – e minha apresentação logo depois pareceu apagada em comparação.

Mas houve um segundo infortúnio que eu não havia previsto. Embora eu estivesse sentado na primeira fila durante a dança, não a vi. Perdi completamente o espetáculo, e sei por quê: eu estava concentrado em mim e em minha palestra que viria a seguir, com todos os seus fraseados, transições, pausas e pontos de ênfase. A experiência perdida é um de meus grandes arrependimentos: afinal, tratava-se de Balanchine, Stravinski, etc. Fui vítima do que os cientistas do comportamento chamam de *efeito do próximo da fila* e, em consequência, tenho desde então procurado formas de evitá-lo e até usá-lo a meu favor. Você pode fazer o mesmo.

Digamos que, por ter um ótimo plano em mente, você aguarda com ansiedade a participação em uma reunião no trabalho para tratar de um problema recorrente de pessoal. Digamos também que o grupo convidado se reúne com bastante frequência e, portanto, estão todos familiarizados uns com os outros e com o formato básico da reunião: cada participante na mesa se alterna fornecendo uma declaração inicial com sua posição e recomendação para o caso. Finalmente, digamos que você percebeu que um desses participantes é Alex, o gerente que exerce mais influência nas reuniões. Ele em geral determina o caminho que o grupo acaba tomando na resolução dos problemas. Decidir que estratégia você adotará na reunião é fácil: você irá assegurar um lugar ao lado de Alex, para que ele consiga assimilar tudo que você disser em sua declaração inicial cuidadosamente elaborada.

Mas isso seria um erro. Quer você faça sua declaração antes ou após a de Alex, de acordo com o efeito do próximo da fila, ele terá dificuldade em processar sua solução, por melhor que ela seja. Se sua declaração vier logo antes da de Alex, é provável que ele não perceba os detalhes, porque estará ensaiando mentalmente o que planeja dizer. Se vier logo após, ele tampouco prestará atenção porque estará reprocessando internamente o que acabou de dizer. Foi o que aconteceu comigo naquela conferência internacional. O poder de atração e retenção do meu autofoco potencializado naqueles momentos desfavoráveis me impediu de apreciar os méritos do evento.[42]

Então qual seria a melhor estratégia para você participar dessa reunião? Eu proporia seguir um rumo que leve em conta tanto o efeito do próximo na fila quanto o efeito "o que é focal é considerado causal". Ocupe um lugar na mesa em frente a Alex, onde (1) ele estará suficientemente distante da própria apresentação para ser capaz de ouvir com total atenção a sua, e (2), em razão de sua proeminência visual, você será visto como plenamente responsável pelos insights em sua ótima recomendação para resolver o problema. Claro que, se você não conseguiu pensar em uma solução bem fundamentada para o problema, melhor pegar a cadeira ao lado de Alex para que, em sua bolha induzida pelo autofoco, ele não registre o fato.

Embora a autorreferência possa ser considerada a supercola da atenção, outro tipo de informação também tem esse efeito coesivo, ainda que em um grau menos reconhecido. Explicá-la apropriadamente requer uma viagem gastronômica na história da psicologia – um passeio que nos leva a um bar ao ar livre na Alemanha, em meados da década de 1920.

O INACABADO

Antes de emigrar para os Estados Unidos, o pai da psicologia social moderna, Kurt Lewin, lecionou por uma década na Universidade de Berlim e, como defensor pioneiro do papel feminino na educação superior, deu ao campo diversas filhas acadêmicas ilustres. Uma delas, uma jovem e talentosa lituana chamada Bluma Zeigarnik, fazia parte de um grupo de estudantes e auxiliares de pesquisa que se reunia quase todos os dias com o mestre num bar local para discutir e aperfeiçoar ideias. Uma noite a conversa se voltou para o talento notável de um garçom antigo no estabelecimento. Sem qualquer registro escrito, ele conseguia lembrar e distribuir perfeitamente todos os pedidos de comida e bebida de mesas com muitas pessoas. Durante a conversa do grupo, Lewin e Zeigarnik desenvolveram um plano para testar os limites da memória impressionante daquele homem. Depois que ele serviu o grupo (de novo com absoluta precisão), todos cobriram seus pratos e copos e pediram que ele voltasse à mesa e lembrasse o que cada um havia pedido. Dessa vez, porém, ele não conseguiu. Não chegou nem perto.

Como se explica a diferença? Um intervalo de tempo se passara, é claro; mas esta parecia uma causa improvável, pois foi tempo suficiente apenas para que as pessoas escondessem seus pratos e copos sob guardanapos. Lewin e Zeigarnik suspeitaram de uma razão diferente: assim que o garçom colocou corretamente o último prato diante do último freguês à mesa, sua tarefa de servir o grupo mudou de inacabada para acabada. E tarefas inacabadas são as que mais retemos na memória, pois elas se apropriam de nossa atenção para que possam ser realizadas e concluídas com sucesso. Uma vez completadas, os recursos da atenção antes mobilizados para resolvê-las são desviados para outros propósitos. Mas, enquanto a atividade inicial está em andamento, um nível maior de foco cognitivo precisa ser reservado para ela.

Para testar essa lógica, Zeigarnik realizou um conjunto inicial de experimentos que ela, Lewin e vários outros usaram posteriormente como ponto de partida para investigar o que passou a ser conhecido como *efeito Zeigarnik*. Para mim, duas conclusões importantes emergem das descobertas dos mais de 600 estudos sobre o tema com que contamos atualmente. Primeira (e totalmente coerente com a série de eventos ocorridos no bar ao ar livre), em uma tarefa com a qual estamos comprometidos, lembraremos melhor todo tipo de elementos se ainda não a tivermos encerrado, porque nossa atenção permanecerá voltada para ela. Segunda, se estivermos empenhados em tal tarefa e formos interrompidos ou afastados, sentiremos um desejo desconfortável de voltar a ela. Esse desejo – que também nos impele a retornar a narrativas incompletas, problemas não resolvidos, perguntas não respondidas e metas não alcançadas – reflete uma ânsia pela conclusão cognitiva.

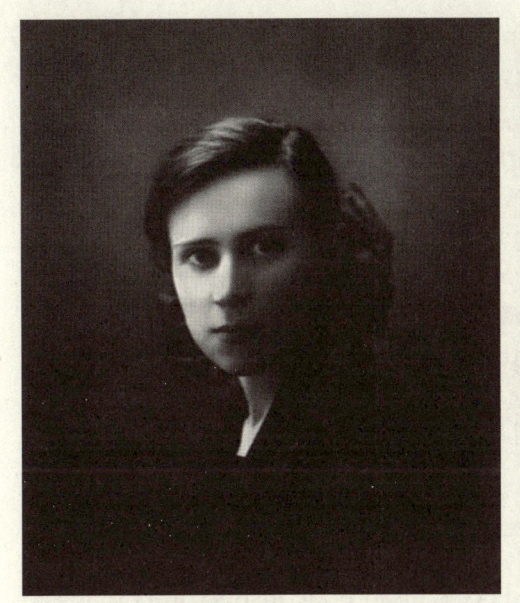

Sempre jovem. Bluma Zeigarnik, em Berlim, pouco antes do início de seu trabalho com o conceito do efeito Zeigarnik, e 50 anos depois, em Moscou, pouco antes do fim de uma vida continuamente produtiva. *Cortesia do Dr. Ardrey V. Zeigarnik*

A primeira dessas conclusões – não completar uma atividade pode tornar tudo a seu respeito mais memorável – ajuda a explicar os resultados de certas pesquisas que eu, de outra forma, não teria entendido. Em um conjunto de estudos, pessoas viram ou ouviram uma programação de televisão que incluiu comerciais de refrigerantes, enxaguante bucal e analgésicos. Mais tarde, sua memória dos comerciais foi testada. As maiores lembranças foram de detalhes dos anúncios que os pesquisadores interromperam cinco ou seis segundos antes do fim. Além disso, havia lembranças claras de detalhes dos anúncios inacabados imediatamente, dois dias depois e (sobretudo) duas semanas após o teste, demonstrando o poder de retenção da falta de conclusão.

Talvez ainda mais desconcertantes à primeira vista sejam descobertas relacionadas à atração de universitárias por certos jovens de boa aparência. As mulheres participaram de um experimento em que sabiam que os pesquisadores pediram a estudantes atraentes (cujas fotografias e biografias elas podiam ver) que as avaliassem com base em suas informações do Facebook. Os pesquisadores queriam saber quais desses rapazes as mulheres, por sua vez, prefeririam em um momento posterior. Surpreendentemente, elas não ficaram atraídas pelos homens que lhes deram as maiores notas. Ao contrário, foram aqueles cujas notas ainda permaneciam desconhecidas para elas.

Uma informação adicional permite que entendamos esse resultado intrigante. Durante o experimento, os homens que voltavam à mente das mulheres eram aqueles cujas notas não haviam sido reveladas, confirmando a opinião dos pesquisadores de que, quando as pessoas desconhecem um resultado importante, "elas não conseguem pensar em outra coisa". E como sabemos que a atenção dedicada regularmente a algo faz com que seu objeto pareça mais digno de atenção, a atenção daquelas mulheres voltada repetidamente para *aqueles* homens fez com que parecessem mais atraentes.[43]

Qual a implicação de que a falta de conclusão pode instigar uma sensação tão incômoda e desagradável que as pessoas tentarão evitá-la ou escapar dela? Podemos extrair lições dessa descoberta?

Um problema que aflige a maioria dos escritores é a procrastinação. Escrever é difícil. Pelo menos, escrever bem (mensagens de celular não contam). A esse respeito, vejamos um diálogo entre o grande romancista britânico Somerset Maugham e um jovem entrevistador.

– Sr. Maugham, o senhor gosta de escrever?

– Eu gosto de ter escrito.[44]

E este é o dilema. Os escritores querem ir até o ponto de terem escrito, mas chegar lá não é uma tarefa simples e tranquila. Essa realidade aplica-se a outros profissionais que escrevem: autores de extensos relatórios e documentos para colegas ou superiores, por exemplo. Por causa dessa dificuldade, ficamos tentados a ceder ao impulso de desviar a atenção para alguma outra atividade, como organizar a mesa, checar as notícias, dar um telefonema ou parar para tomar um café. Não sou imune a essas tentações. Mas uma de minhas colegas parecia ser.

Ela sempre me impressionou com o volume de sua produção escrita em um fluxo sistemático de comentários, artigos, capítulos e livros. Quando indaguei como conseguia, ela respondeu que não tinha um segredo. Pelo contrário, mostrou-me um artigo de revista que guardava havia anos, cujo tema eram conselhos dirigidos a escritores sobre como aumentar a produtividade. Na verdade, não havia mesmo nenhum segredo na lista de recomendações, que incluíam táticas simples, como definir um horário específico para escrever diariamente, limitar as distrações durante esse período e recompensar-se pelo rendimento de um bom dia. (Esta, aparentemente, é a hora certa para o tão desejado café.) As ideias na lista pareciam razoáveis, mas não particularmente úteis no meu caso, que já havia tentado diversas delas sem efeito perceptível. Aí, casualmente, minha colega mencionou uma estratégia que ela mesma criara e que uso com proveito desde então.

Ela nunca se permite terminar o trabalho de um dia ou de um período do dia no final de um parágrafo ou mesmo de um pensamento. Ela me assegurou que sabe precisamente o que quer dizer ao fim daquele último parágrafo ou pensamento, mas só se permite escrevê-lo da próxima vez que se sentar para trabalhar. Brilhante! Ao deixar o detalhe final do trecho semiacabado, ela usa a força motivadora do impulso pela conclusão para voltar à cadeira logo, impaciente por escrever de novo. Assim, minha colega tinha mesmo, no fim das contas, um segredo profissional. Era um que não me havia ocorrido, embora devesse, porque estava presente – se eu tivesse pensado melhor – no conjunto dos estudos sobre o efeito Zeigarnik, que eu conhecia bem. Esse foi um tipo de lapso que tentei não deixar que se repetisse, tanto no meu trabalho como escritor quanto no meu outro papel profissional na época: professor universitário. Aprendi que podia aumentar minha eficácia em classe pré-suasivamente começando cada aula com um tipo especial de história inacabada: um mistério.

O MISTERIOSO

Lecionar em uma universidade é *realmente* um ótimo trabalho pelas mais diversas razões. No entanto, existem dificuldades que vêm à tona não apenas nos desafios constantes de abordar os tópicos com a abrangência adequada dentro dos cursos, atualizar as aulas sistematicamente e elaborar procedimentos de avaliação justos, mas também de uma forma mais básica: fazer com que os alunos dediquem plena atenção ao material da aula de modo a entenderem os conceitos envolvidos. Trata-se de um problema tradicional porque, em primeiro lugar, uma aula normal dura mais (às vezes bem mais) de 45 minutos, o que é um tempo longo para se contar com a atenção concentrada. Além disso, os universitários estão no pico – ou perto dele – da atração e do interesse sexuais. Como esperar que neguem atenção às possibilidades românticas, vestidas de forma chamativa e visceralmente estimulantes à sua volta, em favor de um acadêmico em declínio físico na frente da sala, cujo visual fora de moda é implacavelmente semelhantes em todas as aulas?[45]

Há alguns anos, deparei com um meio eficaz de minimizar o problema. Trata-se de uma estratégia que envolve o emprego de uma combinação do efeito Zeigarnik e o que Albert Einstein proclamou como "a coisa mais bonita que podemos experimentar" e simultaneamente "a fonte de toda ciência e arte verdadeiras".

Eu estava me preparando para escrever meu primeiro livro para um público leigo. Antes de começar, decidi ir à biblioteca pegar todas as publicações que eu pudesse encontrar escritas por acadêmicos para leigos. Minha estratégia foi ler os livros, identificar o que me pareciam as seções mais e menos bem-sucedidas, copiar as primeiras e dispô-las em pilhas separadas. Então reli os textos, buscando as qualidades específicas que diferenciavam as pilhas.

Nos segmentos malsucedidos, achei os suspeitos comuns: falta de clareza, prosa artificial, uso de jargão, etc. No grupo bem-sucedido, encontrei exatamente o que esperava: o total oposto das seções fracas, mais estrutura lógica, exemplos claros e humor. Mas também achei algo que não havia previsto: os melhores textos começavam com uma *história de mistério*. Os autores descreviam uma situação que parecia intrigante e depois convidavam o leitor para o material seguinte como uma forma de solucionar o enigma.

Além disso, havia algo naquela descoberta que me pareceu mais do que um pouco curioso – algo que destacarei, abertamente, como um mistério: por que eu não havia percebido o uso daquela técnica antes, menos ainda seu funcionamento notadamente eficaz em textos acadêmicos populares? Afinal, eu era na época um ávido consumidor desse tipo de material. Eu o comprava e lia havia anos. Como antes eu nunca havia reparado nesse mecanismo?

A resposta, creio, tem a ver com o motivo pelo qual a técnica é tão eficaz: ela agarra os leitores pelo colarinho e os puxa para dentro do material. Quando apresentados apropriadamente, mistérios são tão irresistíveis que o leitor não consegue permanecer como um observador externo impassível da estrutura e dos elementos da história. Quando esse recurso literário é usado, você nem pensa nesse tipo de recurso. Sua atenção é magnetizada pela história de mistério devido à sua natureza inerente, não resolvida.

Vi provas da força do anseio pela conclusão nascidas nas histórias de mistério depois que comecei a usá-las em minhas aulas. Eu ainda era inexperiente a ponto de um dia calcular mal o tempo e, quando a campainha soou, encerrar a aula antes de revelar a solução de um enigma apresentado antes. Em todos os cursos que já ministrei, uns cinco minutos antes do final programado da aula, alguns alunos começam a se preparar para sair. Os sinais são visíveis, audíveis e, consequentemente, contagiosos: lápis e cadernos são guardados, laptops e mochilas fechados. Mas naquele caso, não apenas faltaram tais preparativos, como também, após a campainha soar, ninguém se mexeu. Na verdade, quando tentei terminar a aula naquele momento, os estudantes protestaram. Não me deixariam parar enquanto eu não contasse a conclusão do mistério.

Além das histórias de mistério serem excelentes recursos de comunicação para mobilizar e reter o interesse de qualquer público, achei outra razão para usá-las: eram pedagogicamente superiores às outras formas, mais comuns, de lecionar que eu vinha usando, como fornecer descrições detalhadas do material do curso e fazer perguntas. Enquanto descrições exigem atenção e perguntas exigem respostas, mistérios exigem *explicações*. Quando eu desafiava os alunos a se envolverem no processo de fornecer explicações para situações que normalmente não fariam sentido, suas notas aumentavam. Por quê? Porque aquele processo também lhes fornecia a melhor chance de entender o material da aula de forma significativa e duradoura.[46]

Por exemplo: uma verdade pouco reconhecida que com frequência tento transmitir a diferentes públicos é que, em competições que avaliam a capacidade de persuasão, contra-argumentos costumam ser mais poderosos do que argumentos. Essa superioridade surge especialmente quando uma contra-alegação faz mais que apenas refutar a afirmação mostrando que está errada ou é imprópria naquele caso específico, ela surge quando demonstra que o comunicador rival costuma ser uma fonte de informações não confiável. Emitir um contra-argumento demonstrando que não se pode acreditar na alegação do oponente porque seu autor está mal informado sobre o tema geralmente funcionará naquela questão específica. Mas um contra-argumento que solapa o argumento do oponente por mostrar que este é desonesto naquela questão em geral vencerá aquela batalha *e outras* futuras contra o oponente. Fiel ao poder de permanência dos enigmas, descobri que posso fazer com que um público compreenda mais profundamente os conceitos se apresentá-los no formato de uma história de mistério.

Claro que existem vários meios de estruturar um tema baseado numa história de mistério pela força dos contra-argumentos. Um que tem funcionado bem em minha experiência envolve suprir as seguintes informações, na seguinte sequência:

1. ***Apresente o mistério.*** A maioria das pessoas está familiarizada com os lendários sucessos das campanhas publicitárias de cigarros apresentando Joe Camel e o Homem de Marlboro, por exemplo. Mas talvez a decisão de marketing mais eficaz tomada pelos fabricantes de cigarro encontre-se soterrada e quase ignorada na história da indústria do tabaco: após uma queda de 10% em três anos no consumo de cigarros nos Estados Unidos, no fim da década de 1960, as empresas do setor fizeram algo que teve o efeito extraordinário de encerrar o declínio e promover o consumo, enquanto reduzia em um terço as despesas publicitárias. O que foi?
2. ***Aprofunde o mistério.*** A resposta também parece extraordinária. Em 22 de julho de 1969, durante audiência no Congresso americano, representantes da indústria do cigarro defenderam fortemente uma proposta de proibir os *próprios* anúncios na televisão e no rádio, ainda que estudos do setor mostrassem que a mídia de difusão fornecia as rotas mais eficazes para novas vendas. Como resultado dessa atitude inédita, a publicidade do tabaco está ausente das transmissões de rádio e TV nos Estados Unidos desde 1971.
3. ***Dirija o foco para a explicação certa examinando explicações alternativas (e oferecendo indícios contrários).*** Seria possível que os representantes da indústria do cigarro, moderados pelo relatório das autoridades de saúde de 1964, que detalhava as consequências mortais do fumo, decidiram abrir mão de parte de seus lucros para melhorar o bem-estar dos cidadãos? Parece improvável, porque os representantes dos outros grandes negócios afetados pela proibição – o setor de rádio e TV – abriram processo na Suprema Corte americana para derrubar a lei um mês depois de decretada. Assim, foi apenas a indústria do tabaco que apoiou as restrições aos seus próprios anúncios. Teriam sido então os executivos dos fabricantes de cigarro que de repente passaram a se preocupar com a saúde da nação? Dificilmente. Eles não reduziram nem um pouquinho seus esforços concentrados visando ao aumento das vendas do tabaco.

Apenas mudaram o marketing dos produtos da mídia de difusão para anúncios impressos, patrocínios esportivos, brindes promocionais e merchandising em filmes. Por exemplo, a empresa Brown & Williamson pagou pelo merchandising do produto em 22 filmes em um período de apenas quatro anos.

4. ***Dê uma deixa para a explicação apropriada.*** Assim, pela lógica dos executivos do tabaco, revistas, jornais, cartazes e filmes eram campos legítimos; somente as transmissões por rádio e TV estavam vetadas às suas campanhas de marketing. O que havia de especial na mídia de difusão? Em 1967, a Comissão Federal de Comunicações americana havia decretado que sua "doutrina de integridade" se aplicava à questão da propaganda do tabaco. A doutrina de integridade exigia que fosse concedido no rádio e na televisão – *somente* nesses dois veículos – o mesmo tempo de publicidade a todos os lados de temas importantes e controversos. Se um lado comprasse tempo de transmissão nessas mídias, o lado oposto deveria receber tempo gratuito para contra-argumentar.

5. ***Resolva o mistério.*** Essa decisão teve um impacto imediato no cenário da publicidade no rádio e na televisão. Pela primeira vez, forças antitabaco, como a Sociedade Americana de Câncer, tinham condições de transmitir contra-argumentos às mensagens das companhias de tabaco. E o faziam com contra-anúncios que contestavam a veracidade das imagens expostas pelos comerciais dos fabricantes de cigarros. Se um anúncio de cigarro mostrasse personagens saudáveis, atraentes e independentes, os anúncios opostos contra-argumentavam que, na verdade, o uso do tabaco prejudica a saúde, deteriora o poder de atração física e escraviza o dependente.

Durante os três anos em que foram transmitidos, os anúncios antitabaco reduziram o consumo de cigarros nos Estados Unidos em quase 10%. De início, os fabricantes de cigarros reagiram de forma previsível, aumentando seus orçamentos de publicidade para tentar enfrentar o desafio. Mas, pelas regras da doutrina de integridade, para cada anúncio de cigarro, o mesmo tempo tinha de ser oferecido para um contra-anúncio que reduziria ainda mais os lucros do setor. Quando a lógica da situação ficou clara, a indústria do tabaco agiu politicamente para proibir os próprios anúncios, mas somente nas mídias em que a doutrina de integridade se aplicava – assegurando assim que as forças antitabaco não obtivessem mais acesso grátis ao rádio e à TV para apresentarem seus contra-argumentos. Em consequência, no ano após a eliminação dos comerciais de cigarro do ar, os fabricantes testemunharam um salto significativo nas vendas, aliado a uma redução substancial dos gastos com publicidade.

6. ***Extraia as implicações para o fenômeno sob estudo.*** Os opositores do tabaco descobriram que poderiam usar contra-argumentos para reduzir a eficácia dos anúncios de cigarro. Mas os executivos do tabaco aprenderam uma lição relacionada (e lucraram com ela): uma das melhores formas de aumentar a aceitação do público à sua mensagem é reduzir a disponibilidade de fortes contra-argumentos contrários – porque os contra-argumentos costumam ser mais poderosos do que os argumentos.

A essa altura, a questão sobre o impacto superior e a disponibilidade necessária de contra-argumentos é uma explicação. Como tal, produz mais que reconhecimento de fatos básicos (por exemplo, "as companhias de tabaco americanas defenderam com sucesso a proibição aos próprios anúncios na TV e no rádio") ou respostas a perguntas relacionadas ("Qual foi o resultado? As companhias testemunharam um salto nas vendas *e* uma redução nos custos de publicidade"). Produz uma compreensão de como certos processos psicológicos associados à superioridade dos contra-argumentos provocaram esses dois acontecimentos que de outra forma pareceriam desconcertantes.[47,48]

Observe que esse tipo de explicação oferece não apenas uma narrativa conceitual satisfatória. Em razão de sua forma alimentada pela intriga, traz um bônus. Faz parte de uma abordagem de apresentação composta para atrair o público para as *minúcias* da informação – porque para resolver qualquer história de mistério corretamente, os observadores precisam estar atentos a todos os detalhes. Pense nisto: dispomos de algo aqui que, além de manter o público concentrado nas questões em pauta, também faz com que queira prestar atenção aos detalhes – as minúcias necessárias, mas muitas vezes enfadonhas e pouco chamativas – de nosso material. Que mais um comunicador com um tema forte, mas complexo, poderia querer?

Ah, por sinal, existe uma resposta reveladora à pergunta sobre o que Albert Einstein afirmou ser tão notável que poderia ser rotulado como "a coisa mais bonita que podemos experimentar" e "a fonte de toda ciência e arte verdadeiras". Sua resposta: o misterioso.

Atração misteriosa. Considerada a pintura mais famosa de todos os tempos, a *Mona Lisa* de Leonardo da Vinci suscitou perguntas não respondidas desde o início. Está sorrindo? Em caso positivo, por quê? E como o artista produziu uma expressão tão enigmática? Apesar do debate contínuo, uma coisa é clara: os mistérios não resolvidos captam uma grande parte da atenção. © *Andrei Iancu/Dreamstime.com*

Parte 2

PROCESSOS:
O papel da associação

7
A primazia das associações: Associo, logo raciocino

Na família das ideias, não há órfãos. Cada noção existe dentro de uma rede de parentes ligados por um sistema compartilhado de associações. A fisiologia e a bioquímica dessas ligações – envolvendo neurônios, axônios, dendritos, sinapses, neurotransmissores e elementos afins no cérebro – são uma fonte de fascínio para muitos cientistas. Mas não para mim. Eu me interesso menos pelo funcionamento desses processos neuronais internos do que por suas consequências externas – especialmente as que se refletem na forma como uma comunicação precisamente enunciada pode alterar a avaliação e a ação humanas.

PENSAR É ASSOCIAR

No entanto, mesmo para aqueles como eu, intrigados com as propriedades persuasivas da comunicação, há uma percepção crucial a ser extraída da estrutura subjacente da atividade mental: as operações do cérebro emergem, fundamental e inevitavelmente, de associações brutas. Assim como os aminoácidos podem ser denominados os blocos de construção da vida, as associações podem ser consideradas os blocos de construção do pensamento.[49]

Em diferentes programas de treinamento de influência, é comum ouvir instrutores afirmarem que, para convencer outras pessoas a aceitar uma mensagem, é necessário usar uma linguagem que controle os pensamentos, as percepções ou as reações emocionais. Isso me parece parcialmente certo. Nós convencemos outros usando uma linguagem que controle suas *associações* mentais de acordo com nossa mensagem. Seus pensamentos, percepções e reações emocionais apenas provêm dessas associações.

Em nenhum estudo as implicações da elaboração eficaz de mensagens são tão evidentes quanto em um programa de pesquisa recente que consistia em responder à pergunta: "Qual a função principal da linguagem?" O líder do grupo de pesquisadores que seguiu essa linha de investigação é o renomado especialista em psicolinguística Gün Semin, cuja conclusão, no meu ponto de vista, resume-se a isto: o propósito principal da fala é dirigir a atenção dos ouvintes para um setor selecionado da realidade. Uma vez que esse objetivo é alcançado, as associações existentes dos ouvintes ao novo setor agora realçado assumirão o controle para determinar a reação.

No que se refere à persuasão, essa afirmação me parece revolucionária. Não devemos mais pensar na linguagem como apenas um mecanismo de transmissão, como um meio de propagar a concepção da realidade de um comunicador. Em vez disso, devemos pensar na linguagem principalmente como um mecanismo de influência; um meio de induzir os receptores a compartilhar aquela concepção ou, ao menos, a agir de acordo com ela. Ao avaliarmos um filme, por exemplo, o objetivo não é tanto explicar nossa posição aos outros, mas persuadi-los a aceitá-la. Atingimos o objetivo empregando uma linguagem que oriente os receptores àquelas regiões da realidade onde se encontram associações favoráveis ao nosso ponto de vista.

Especialmente interessantes são os dispositivos linguísticos que os pesquisadores identificaram como capazes de dirigir a atenção a um ou outro aspecto da realidade. Eles incluem verbos que chamam a atenção para aspectos concretos de uma situação, adjetivos que conduzem o foco para características (em vez de comportamentos) de outras pessoas, pronomes pessoais que realçam relações existentes, metáforas que enquadram um estado de coisas de modo que seja interpretado de forma singular, ou apenas enunciados específicos que se vinculam a pensamentos pretendidos. Vamos examinar primeiro o último e mais simples desses dispositivos.

Não fale nem dê a entender nada de ruim

Não faz muito tempo, deparei com uma organização que, mais conscientemente do que qualquer outra que conheci, procurou moldar os elementos de sua linguagem interna para assegurar que as associações mentais com esses elementos da linguagem se alinhassem aos valores corporativos. A empresa, a SSM Health – um sistema de hospitais, asilos de idosos e entidades relacionadas sem fins lucrativos –, pediu-me que discursasse em sua conferência anual de liderança. Concordei, em parte devido à reputação inigualável da SSM. Eu sabia que a empresa havia sido o primeiro provedor de assistência médica a vencer o Prêmio de Qualidade Nacional Malcolm Baldrige. Esse prêmio, tradicionalmente apresentado todo ano pelo presidente dos Estados Unidos e decidido pelo Departamento de Comércio do país, homenageia organizações que demonstram níveis estratosféricos de desempenho e liderança em seus campos. Eu me perguntei como a SSM operava para alcançar tal excelência e aceitei com prazer o convite como um meio de obter respostas.

Na conferência, descobri, por exemplo, que a afirmação no site da empresa de que os "funcionários determinam o sucesso" era bem mais que uma afirmação. Apesar de ter sido submetido a um rigoroso processo de avaliação e levado até lá uma distância de 1.600 quilômetros, eu não fui o conferencista principal. No dia em que discursei, a apresentação principal, intitulada "A Essência de Nosso Pessoal", foi realizada por sete funcionários que, um após outro, descreveram como haviam participado de algo excepcional no trabalho durante o ano anterior. Também fiquei sabendo que, em dois dias adicionais da conferência, 14 outros funcionários proferiram palestras semelhantes com o tema "A Essência de Nosso Pessoal". Claro que percebi que a prática de elevar 21 funcionários à posição de conferencistas é incomum. E instalar a prática, sob a crença declarada na qualidade excepcional alcançada com a ajuda dos funcionários, é ainda mais incomum. Mas, àquela altura, não me surpreendi em vê-la, pois já havia sentido quão obstinadamente o pessoal da SSM faz o que diz – literalmente.

Um mês antes, em conversa telefônica com os organizadores da conferência sobre liderança, quando eu preparava minha apresentação, falei não com um ou dois informantes usuais que as organizações em geral designam para a tarefa, mas com seis funcionários da SSM. Embora cada um contribuísse de forma valiosa, o porta-voz da equipe foi o presidente da conferência Steve Barney. Steve foi amigável e caloroso durante todo o processo até que, no fim, seu tom tornou-se severo, e ele fez uma advertência: "Você não pode aparecer *armado* com os recursos para sua apresentação, mas *equipado* com eles e não deve nos informar como *atacar* nossos problemas de influência." Quando protestei que remover aqueles elementos enfraqueceria minha palestra, Steve respondeu: "Ah, você pode mantê-los, mas tem que chamá-los de algo diferente." Minha reação atônita fez com que Steve elaborasse um pouco mais: "Como uma organização de assistência médica, dedicamo-nos a atos de cura, de modo que nunca usamos linguagem associada à violência.

Nunca nos armamos, nós nos equipamos ou nos preparamos. Não *atacamos* um problema, nós o abordamos."

Na conferência, indaguei um dos participantes, um médico, sobre a política da linguagem não violenta. Ele respondeu com outros exemplos: "Não colocamos nada como alvo de nossa atenção, mas no centro da atenção. Uma de nossas metas não é *derrotar* nossos concorrentes, mas nos distanciar deles ou ultrapassá-los." Ele até forneceu uma lógica fervorosa: "Você não consegue ver quão melhor é para nós estarmos associados a conceitos como 'centro da atenção' e 'distância do concorrente' em vez de 'alvo' e 'derrotar'? Na verdade, eu não conseguia. Duvidei que essas pequenas mudanças terminológicas afetassem o pensamento e a conduta dos indivíduos no sistema SSM de qualquer forma significativa.[50]

Mas isso foi naquele momento. Eu me converti agora. Minha reação à rigorosa política de linguagem da SSM transformou-se de "Uau, que bobagem" para "Uau, que genial!". A conversão ocorreu depois que realizei uma análise concentrada de um impressionante corpo de descobertas de pesquisas.

Exposição incidental (mas não acidental) às palavras

> Aquele que deseja persuadir deve pôr sua confiança não no argumento certo, mas na palavra certa.
>
> – **Joseph Conrad**

Permanecendo por enquanto no domínio da linguagem violenta, vejamos os resultados de um experimento que expôs pessoas a palavras hostis e depois mediu seu nível de agressividade subsequente. No estudo, os voluntários realizaram uma tarefa que pedia que formassem frases coerentes organizando 30 conjuntos de palavras embaralhadas. Para metade deles, quando as palavras que recebiam eram dispostas corretamente, resultavam sobretudo em frases associadas à agressão. Por exemplo, "bateu ele neles" tornava-se "ele bateu neles". Para a outra metade, quando as palavras que recebiam eram dispostas corretamente, resultavam em frases sem qualquer ligação com agressão. Por exemplo, "porta a conserte" virava "conserte a porta". Mais tarde, todos os voluntários participaram de outra tarefa em que tinham de aplicar 20 choques elétricos em um colega e decidir quão dolorosos eles seriam. Os resultados são alarmantes: a exposição prévia às palavras ligadas à violência levou a um aumento de 48% na intensidade do choque selecionado.

À luz de tais descobertas, exigências de linguagem não violenta fazem perfeito sentido para a SSM. Como uma organização de assistência médica, ela deve operar dentro dos limites do princípio fundamental da ética médica: "Acima de tudo, não cause o mal." Mas observe que, como uma organização de assistência médica de alto desempenho, a SSM não proíbia o uso de palavras relacionadas ao êxito. Pelo contrário, substituía palavras com associações ameaçadoras (*alvo, derrotar*) por palavras semelhantes sem essa conotação (*centro, distanciar-se*). Talvez essa prática revele a crença da liderança da SSM de que, assim como a linguagem carregada de violência poderia levar a maiores danos infligidos e portanto deveria ser eliminada, a linguagem carregada de *êxito* poderia levar a uma maior produtividade e portanto deveria ser mantida.

Se os líderes da SSM sustentam essa crença, estão certos. Vários estudos mostram que expor indivíduos sutilmente a palavras que conotem realização (*vencer, alcançar, triunfar, dominar*) aumenta seu desempenho em uma tarefa e mais que dobra sua disposição em continuar trabalhando nela. Indícios como estes mudaram minha opinião sobre o valor de certos tipos de cartazes que ocasionalmente vi adornando as paredes de escritórios. Centrais de atendimento ao cliente parecem ser um dos locais em que eles mais aparecem. Os cartazes costumam exibir uma só palavra em maiúsculas (*SUPERAR, VENCER, PERSEVERAR, CONQUISTAR*) com a intenção de instigar os funcionários a maiores realizações. Às vezes a palavra é apresentada sozinha, outras vezes acompanhada de uma imagem relacionada, como um corredor cruzando a linha de chegada; às vezes há apenas a imagem.

Em quaisquer de suas formas, eu sempre duvidara que cartazes assim funcionassem. Mas, de novo – desta vez, graças a pesquisadores canadenses –, não penso mais assim. Desde que tomei conhecimento de um projeto realizado por aqueles pesquisadores para influenciar a produtividade de arrecadadores de recursos que operavam de uma central de atendimento. No início da jornada de trabalho, todos os operadores recebiam informações que tinham o propósito de ajudá-los a comunicarem o valor de contribuir para a causa à qual estavam solicitando ajuda (uma universidade local). Alguns dos operadores receberam as informações impressas em papel simples. Outros receberam informações idênticas impressas em um papel contendo a foto de um corredor cruzando a linha de chegada. Tratava-se de uma foto que já havia sido mostrada para estimular o pensamento ligado à realização. Notadamente, ao final de seus turnos de três horas, a segunda amostra de operadores havia arrecadado 60% mais do que seus colegas. Parece que a exposição incidental prévia a simples palavras ou simples imagens pode exercer um impacto pré-suasivo sobre ações posteriores que estão apenas associadas às palavras ou imagens. Exploremos algumas implicações relacionadas à influência, começando com um tipo especial de palavras.[51]

Vencedores estimulam a vitória. Esta foto aumentou tanto os pensamentos ligados à realização quanto a produtividade dos indivíduos expostos a ela. *John Gichigi/ Getty Images*

A metáfora é uma metaporta (para a mudança)

> Se você quer mudar o mundo, mude a metáfora.
> – Joseph Campbell

Desde a *Poética* de Aristóteles (cerca de 350 a.C.), os comunicadores vêm sendo aconselhados a usar metáforas para vender seu peixe. Eles são informados de que um meio eficaz de transmitir um conceito um tanto nebuloso é descrevê-lo em termos de outro conceito que o público consiga reconhecer prontamente. Corredores de longa distância, por exemplo, narram a experiência de não conseguirem prosseguir numa corrida como se "atingissem um muro". Claro que não há nenhum muro real envolvido. Mas certas características de uma barreira física – ele bloqueia a passagem, não pode ser removido facilmente, não pode ser negado – são parecidas com as sensações corporais dos corredores o suficiente para que o rótulo transmita um sentido útil.

Sim, o uso da metáfora tem seus críticos, que se queixam de que ela é enganadora. Eles observam que, quando uma coisa (como a incapacidade de dar mais um passo em uma corrida) é entendida em termos de outra (como um muro), alguma coincidência genuína entre as duas pode ser revelada, mas a correspondência costuma estar longe de ser perfeita. Por exemplo, um muro físico normalmente deve sua presença às ações de alguém diferente da pessoa que o atinge, enquanto o muro de um corredor em geral deve sua presença às ações do corredor – cujo treinamento (ou falta dele) e velocidade na corrida levaram ao problema. Assim, corredores empregando a metáfora do muro podem estar fazendo mais que escolhendo uma moldura a fim de comunicar a sensação de colapso dos músculos. Para fins estratégicos, talvez estejam escolhendo uma moldura com o propósito de descrever a falha como algo que lhe é externo, não resultante de suas ações e, assim, não sendo culpa deles.

Lembre-se de que a nova análise psicolinguística sugere que a função principal da linguagem não é expressar ou descrever, mas influenciar – algo que faz ao canalizar os receptores para setores da realidade pré-carregados de um conjunto de associações mentais favoráveis ao ponto de vista do comunicador. Nesse caso, podemos ver por que a metáfora, que leva as pessoas a pensarem numa coisa em termos de suas associações com outra coisa *selecionada*, possui grande potencial como dispositivo linguístico. De fato, por bem mais de meio século, pesquisadores vêm documentando o impacto superior da metáfora, quando aplicada de forma apropriada. Mais recentemente, porém, a ênfase na transferência de associações inerente à metáfora gerou uma série reveladora de efeitos persuasivos.

Suponhamos, por exemplo, que você seja um consultor político contratado por uma candidata a prefeita de uma cidade vizinha para ajudá-la a vencer uma eleição em que um recente surto de criminalidade é uma questão importante. Além disso, suponhamos que essa candidata e seu partido sejam conhecidos por sua posição dura em relação ao crime, que favorece políticas para capturar e encarcerar os infratores. A candidata quer seu conselho sobre o que poderia fazer para que os eleitores acreditem que sua abordagem ao problema é correta. Com uma compreensão do funcionamento da persuasão metafórica, seu conselho poderia ser rápido e confiante: em qualquer pronunciamento público sobre o tema, ela deveria retratar o surto de criminalidade como uma fera selvagem assolando a cidade, que precisa ser detida. Por quê? Porque para pôr uma fera sob controle, é preciso capturá-la e enjaulá-la. Na mente do seu público, essas associações naturais com a maneira de lidar com animais selvagens serão transferidas para a maneira de lidar com a criminalidade e os criminosos.

Agora imagine, em vez disso, que a candidata e seu partido sejam conhecidos por uma abordagem diferente ao problema: busca deter o crescimento da criminalidade tratando das causas sociais, como desemprego, precariedade do sistema de educação e pobreza. Nesse caso – ainda com base em uma compreensão da persuasão metafórica – seu conselho também poderia ser rápido e confiante: em todos os seus pronunciamentos sobre o tema, a candidata deveria retratar o surto de criminalidade como um vírus infectando a cidade, que precisa ser detido. Por quê? Porque para pôr um vírus sob controle, é necessário remover as condições insalubres que permitem que ele se multiplique e se espalhe. Essas associações relacionadas à doença devem agora enquadrar a forma como os cidadãos acreditam ser a melhor para lidar com seu problema de criminalidade.

Se outros assessores da campanha da candidata zombassem da argumentação baseada em metáforas para seu plano, acusando-o de simplista, você poderia pedir que levassem em conta alguns dados pertinentes: pesquisadores da Universidade Stanford expuseram um conjunto de leitores escolhido aleatoriamente à notícia do aumento por três anos nas taxas de crimes da cidade e a matéria descrevia essa criminalidade como uma *fera* violenta. Outros leitores aleatoriamente escolhidos viram a mesma notícia e estatísticas, exceto por uma palavra: a criminalidade foi descrita como um *vírus* violento. Mais tarde os pesquisadores pediram a todos que indicassem a solução que preferiam. Na análise mais precisa dos resultados, leitores que inicialmente viram a criminalidade retratada como uma fera recomendaram soluções de capturar e enjaular, em vez de soluções de remover condições insalubres. E o padrão oposto emergiu entre leitores que inicialmente viram a criminalidade retratada como um vírus.

Surpreendentemente, a diferença por causa da mudança de uma única palavra (22%) foi mais que o dobro das diferenças entre as soluções naturalmente preferidas atribuíveis ao gênero (9%) ou partido político (8%) dos leitores. Ao preverem as preferências dos eleitores, as campanhas políticas incluem o papel de fatores demográficos como gênero e afiliação política. Poucas vezes, porém, levam em conta o poder previsor potencialmente maior de uma metáfora empregada de forma pré-suasiva.

Se os outros assessores da candidata a prefeita forem do tipo que descarta descobertas de pesquisas científicas controladas como irrelevantes, você poderia lhes oferecer uma prova. Vendedores maximamente eficazes entendem o poder da metáfora. Você poderia pedir aos assessores que examinassem o caso de Ben Feldman que, tendo abandonado a escola e apesar de nunca ter feito negócios fora de um raio de 100 quilômetros de sua cidadezinha natal de East Liverpool, Ohio, tornou-se o maior vendedor de seguros de vida de seu tempo (e talvez de todos os tempos). De fato, em seu apogeu, nas décadas de 1970 e 1980, vendeu mais seguros de vida sozinho do que 1.500 das 1.900 *seguradoras* nos Estados Unidos. Em 1992, com 80 anos, após ter sido internado num hospital em razão de uma hemorragia cerebral, seu empregador, a New York Life, decidiu homenagear os 50 anos do grande vendedor na empresa declarando o "Fevereiro de Feldman" – um mês em que todos os seus corretores competiriam pelo maior total de novas vendas. Quem venceu? Ben Feldman. Como? Ligando para possíveis clientes de seu leito do hospital e fechando US$ 15 milhões em contratos novos em 28 dias.

Esse tipo de impulso e empenho incessantes em relação ao trabalho explica parte do sucesso fenomenal do homem, mas não todo. De acordo com testemunhas, ele nunca forçava uma venda a clientes relutantes. Em vez disso, empregava um toque leve (e iluminado) que os induzia naturalmente à venda. O Sr. Feldman era um mestre da metáfora. Em seu retrato do final da vida, por exemplo, as pessoas não morriam, elas "saíam" da vida – uma caracterização que se beneficiava de associações com uma ruptura nas responsabilidades da família que precisaria ser preenchida. Ele era então rápido em descrever o seguro de vida como a solução (metaforicamente alinhada): "Quando você *sai*", ele costumava dizer, "seu dinheiro do seguro *entra*." Quando expostos a essa lição metafórica sobre a responsabilidade moral de comprar um seguro de vida, muitos clientes se decidiam e *iam em frente*.

Embora as metáforas requeiram um vínculo baseado na linguagem entre dois elementos para funcionar, uma vez criado esse vínculo, a persuasão metafórica pode ser desencadeada de forma não verbal. Por exemplo, em muitos idiomas o conceito de peso está vinculado metaforicamente ao conceito de seriedade, importância e esforço. Por esse motivo, (1) avaliadores lendo as qualificações de um candidato a emprego presas a uma prancheta pesada (e não leve) passam a ver aquele candidato como mais sério; (2) avaliadores lendo um relatório preso a uma prancheta pesada passam a ver o tema como mais importante e (3) avaliadores segurando um objeto pesado (exigindo mais força da parte deles) se esforçam mais em avaliar os prós e contras de um projeto de melhoria para a cidade. Esse conjunto de descobertas levanta a suspeita de que o esforço dos fabricantes em tornar os *e-readers* tão leves quanto possível reduzirá o valor aparente do material apresentado, a profundidade intelectual percebida dos autores e a quantidade de energia que os leitores estarão dispostos a dedicar à sua compreensão.

Constatações semelhantes apareceram em estudos de outra área do julgamento humano: o calor pessoal, em que indivíduos que seguraram um objeto quente por pouco tempo – por exemplo, uma xícara de café – imediatamente sentiram-se mais calorosos, mais próximos e mais confiantes nas pessoas à sua volta. Assim, tornam-se mais generosos e cooperativos nas interações sociais que se seguem. É evidente, então, que associações metafóricas poderosas podem ser pré-suasivamente ativadas sem uma palavra; o toque é suficiente.[52]

Mais material quente

Como as associações negativas podem ser transferidas tão facilmente quanto as positivas, significados compartilhados de forma espontânea podem ser tanto um pesadelo quanto um sonho para os comunicadores. Alguns anos atrás, um funcionário branco do governo americano recebeu tantas críticas que renunciou ao cargo após usar a palavra *niggardly* para descrever como planejava administrar o orçamento apertado de seu escritório. A palavra significa "avaro" ou "relutante em gastar", mas a família de associações com a palavra *nigger*, termo pejorativo em inglês para se referir a negros, provocou a reação negativa. Por um motivo semelhante, vendedores de automóveis usados são instruídos a não descreverem seus produtos como "usados" – termo associado à ideia de desgaste – preferindo o termo "seminovos". De forma semelhante, provedores de tecnologia da informação são aconselhados a não revelarem aos clientes o "custo" ou "preço" de suas ofertas, termos associados à perda de recursos. Em vez disso, devem falar nos valores envolvidos na "compra" ou no "investimento" – termos que remetem ao conceito de ganho. Os programas de pilotos e comissários de bordo de algumas companhias aéreas agora incluem dicas de como evitar linguagem relacionada à morte ao se comunicarem com os passageiros antes ou durante um voo: o apavorante "seu destino final" deve ser reduzido para "seu destino" e "terminal" deve ser substituído por "portão" sempre que possível.

Desnecessário dizer que vendedores sagazes não apenas querem evitar atrelar seus produtos e serviços a elementos com associações negativas; eles querem jogar simultaneamente na defesa e no ataque, eliminando conexões com fatores que trazem conotações desfavoráveis ao mesmo tempo que maximizam as conexões com aqueles mais favoráveis. Quais são esses elementos mais intensamente avaliados? Há muito a dizer no Capítulo 13 sobre o conceito de que as pessoas reagem com mais paixão no lado negativo da escala, portanto sua abordagem será adiada até lá. Mas, para reduzir quaisquer tensões resultantes do efeito Zeigarnik, cabe uma breve observação antecipada: o conceito pré-carregado com associações mais prejudicial às avaliações imediatas e negócios futuros é a *inconfiabilidade*, junto com seus concomitantes, como mentira e trapaça.

O eu em primeiro lugar. No lado positivo, porém, o fator com impacto mais favorável é um com que já deparamos: o eu, que adquire seu poder de algumas fontes. Ele não apenas atrai e sustenta nossa atenção com força quase eletromagnética, aumentando a importância percebida, como também dirige essa atenção para uma entidade que a maioria de nós cumula de associações positivas. Portanto, tudo que esteja conectado ao eu (ou que possamos fazer com que pareça conectado) recebe uma elevação imediata aos nossos olhos. Às vezes as conexões podem ser triviais, mas podem mesmo assim servir de trampolim para o sucesso persuasivo.

Pessoas que descobrem que têm o aniversário, local de nascimento ou prenome em comum passam a gostar mais umas das outras, levando a uma maior cooperação e ajuda mútua. Clientes potenciais estão mais dispostos a se inscrever num programa de exercícios se souberem que nasceram no mesmo dia que o *personal trainer*. Tomar conhecimento dessas associações pela internet não oferece nenhuma imunidade: mulheres jovens são duas vezes mais propensas a aceitar a "amizade" de um homem que as contata no Facebook se ele afirmar que faz aniversário no mesmo dia que ela. Os empréstimos para pequenos negócios aos cidadãos das nações em desenvolvimento intermediados por um site de microfinanças são bem mais passíveis de serem oferecidos por provedores de empréstimos a receptores cujos nomes compartilham suas iniciais. Finalmente, pesquisadores estudando essa tendência geral de valorizar entidades ligadas ao eu (chamada de egoísmo implícito) constataram que os indivíduos preferem não apenas pessoas, mas produtos comerciais – biscoitos, chocolates e chás – com nomes que compartilhem letras do alfabeto com seus próprios nomes. Para se beneficiar dessa afinidade, no verão de 2013, a divisão britânica da Coca-Cola substituiu a marca de sua própria embalagem pelos 150 prenomes mais comuns no Reino Unido – fazendo isso em 100 milhões de embalagens de seu produto! O que poderia justificar a despesa? Iniciativas semelhantes na Austrália e na Nova Zelândia aumentaram as vendas substancialmente naquelas regiões no ano anterior. Quando por fim fizeram a experiência nos Estados Unidos, ela produziu o primeiro aumento de vendas da Coca em uma década.

Até mesmo as organizações podem ser suscetíveis à tendência de supervalorizar coisas que incluem elementos de seus nomes. Em 2004, para celebrar o 50º aniversário do rock, a revista *Rolling Stone* publicou uma lista das 500 melhores canções da era do rock. As duas vencedoras, após compilação e avaliação pelos editores da revista, foram "Like a Rolling Stone", de Bob Dylan, e "(I Can't Get No) Satisfaction", dos Rolling Stones. Na ocasião em que escrevi este livro, examinei 10 listas semelhantes das melhores canções do rock e nenhuma delas incluiu as escolhas da *Rolling Stone* no primeiro e segundo lugar.[53]

Eu sou nós, e nós estamos em primeiro lugar. Ao examinarmos as implicações persuasivas do egoísmo implícito, uma importante ressalva deve ser levada em conta. O eu supervalorizado nem sempre é o eu pessoal. Pode ser também o eu social – aquele moldado não pelas características do indivíduo, mas pelas características do grupo desse indivíduo. O conceito do eu como residindo fora do indivíduo e dentro de uma unidade social relacionada é particularmente forte em algumas sociedades não ocidentais cujos cidadãos têm uma afinidade especial com coisas que parecem conectadas a um eu coletivamente construído. Uma análise de dois anos de anúncios de revistas nos Estados Unidos e na Coreia do Sul constatou que (1) na Coreia do Sul, os anúncios tentavam associar produtos e serviços principalmente à família ou grupo do leitor, enquanto nos Estados Unidos era sobretudo ao leitor individual; e (2) em termos do impacto mensurado, anúncios associados ao grupo eram mais eficazes na Coreia do Sul, enquanto anúncios associados ao indivíduo eram mais eficazes nos Estados Unidos.

O reconhecimento daquilo que os públicos do mundo oriental valorizam supriu o governo da Coreia do Sul de uma tática de negociação sagaz ao lidar com militantes afegãos. Foi uma estratégia que, apesar de simples, estava quase ausente na abordagem dos negociadores ocidentais no Afeganistão até aquele ponto e continua pouco empregada pelas potências ocidentais.

Em julho de 2007, o talibã afegão sequestrou 21 missionários sul-coreanos, mantendo-os reféns e matando dois como uma selvagem demonstração inicial de determinação. As negociações para libertar os 19 restantes foram tão desastrosas que os sequestradores chegaram a nomear os dois próximos reféns que planejavam assassinar, fazendo com que o chefe do Serviço de Inteligência Nacional Sul-Coreano, Kim Man-bok, voasse para lá a fim de tentar salvar as negociações. Ele tinha um plano. Era associar a equipe de negociação sul-coreana com algo central à identidade de grupo dos militantes: sua língua. Ao chegar, Kim substituiu seu negociador principal, cujos apelos haviam sido transmitidos por um tradutor afegão, por um representante sul-coreano que falava pachto fluente.

De acordo com Kim, que conseguiu a rápida libertação dos reféns, "a chave da negociação foi a língua". Porém, o sucesso não se deveu a uma precisão ou lucidez maior dos diálogos envolvidos, mas a algo mais primitivo e pré-suasivo. "Quando os interlocutores viram que nosso negociador estava falando sua língua, o pachto, estabeleceram uma espécie de forte intimidade conosco, fazendo com que as negociações fluíssem."[54]

Facilidade é tudo. Além do eu, existe outro conceito dotado de associações decididamente positivas que vale a pena ser examinado por causa da maneira como os comunicadores podem manipular a oportunidade de explorar tais associações com eficácia. Trata-se do "fácil".

Existe muita positividade associada a obter algo com facilidade, mas de uma forma específica. Quando captamos algo com *fluência* – ou seja, conseguimos imaginá-lo e processá-lo com rapidez e sem esforço –, não apenas gostamos mais de tal coisa, como também a consideramos mais válida e compensadora. Por essa razão, a poesia dotada de rima e métrica regular evoca algo mais que a preferência dos leitores. Evoca também percepções de maior valor estético – o oposto do que os proponentes do verso livre e os apreciadores da poesia moderna parecem acreditar. Pesquisadores no campo da *poética cognitiva* descobriram até que as propriedades produtoras de fluência da rima levam a uma persuasão maior.

Dentro do domínio da atração geral, observadores têm uma maior predileção por aqueles cujos traços faciais são fáceis de reconhecer e cujos nomes são fáceis de pronunciar. De forma reveladora, quando as pessoas conseguem processar algo com facilidade cognitiva, experimentam uma maior atividade neuronal nos músculos do rosto que produzem o sorriso. Por outro lado, se algo é difícil de processar, os observadores tendem a não gostar daquela experiência e, desse modo, daquela coisa. As consequências podem ser impressionantes. Uma análise dos nomes de 500 advogados em 10 escritórios de advocacia americanos constatou que quanto mais difícil de pronunciar era o nome de um advogado, mais baixa era sua posição na hierarquia do escritório. Esse efeito ocorria, a propósito, independentemente de os nomes serem ou não estrangeiros: uma pessoa com um nome estrangeiro difícil de pronunciar tenderia a estar em uma posição inferior à de outra com um nome estrangeiro de fácil pronúncia. Um efeito similar ocorre quando observadores encontram medicamentos ou aditivos alimentícios de difícil pronúncia: tornam-se menos favoráveis aos produtos e seus riscos potenciais. Então por que a indústria farmacêutica e de suplementos nutricionais dão aos seus produtos nomes difíceis de pronunciar e escrever, como Xeljanz e Farxiga? Talvez estejam tentando comunicar a família de plantas ou substâncias químicas de que advém o produto. Neste caso, parece uma escolha equivocada.

Uma falta de fluência na comunicação empresarial pode ser problemática de outras formas. Perdi a conta das vezes em que me sentei a mesas de restaurantes lutando para ler descrições detalhadas de itens do cardápio apresentadas com fontes cheias de floreios e quase ilegíveis ou sob uma iluminação inadequada – ou ambos. Era de esperar que os donos de restaurantes, tentando nos atrair, estivessem mais bem informados sobre pesquisas que revelam que pratos com descrições difíceis de processar são vistos como menos tentadores e que afirmações de difícil leitura são, em geral, vistas como menos verdadeiras.

Mas talvez a falha mais prejudicial entre profissionais que não atentam a tais efeitos ocorra nas bolsas de valores. Uma análise de 89 empresas aleatoriamente escolhidas que passaram a negociar ações na Bolsa de Valores de Nova York entre 1990 e 2004 descobriu que, embora o efeito diminuísse com o tempo, as empresas com nomes mais fáceis de pronunciar tiveram um desempenho melhor do que aquelas com nomes de difícil pronúncia. Uma análise semelhante das siglas de três letras de ações fáceis de pronunciar (como KAR) em comparação com aquelas mais difíceis (como RDO) produziu resultados semelhantes.[55]

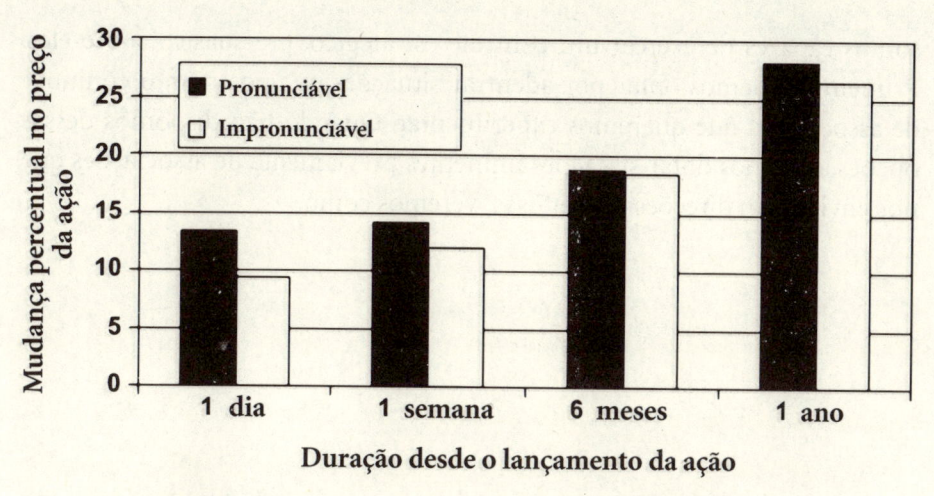

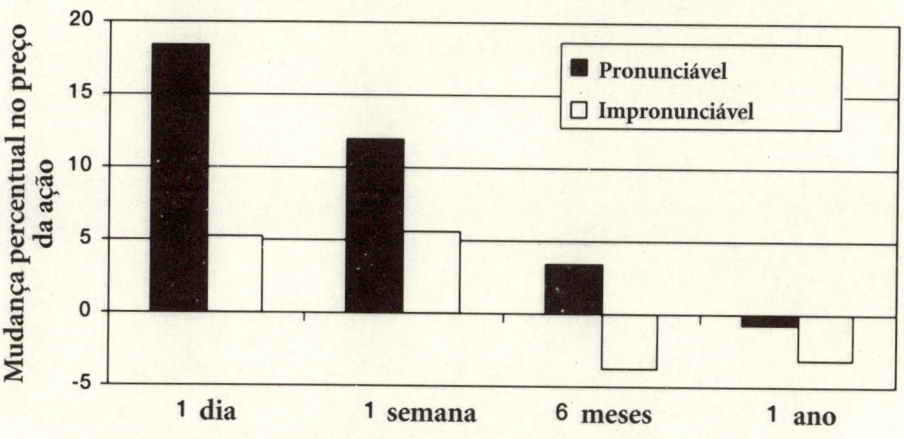

Quando os nomes são fáceis de pronunciar, lucros iniciais são fáceis de anunciar. Nas bolsas de valores americanas, o valor inicial das ações de uma empresa foi maior quando o nome da empresa (gráfico superior) ou a sigla do nome da ação (gráfico inferior) era fácil de pronunciar. *Cortesia de Adam Oppenheimer e da Academia Nacional de Ciências dos Estados Unidos*

Se esses indícios dão a impressão de que estamos relegados a uma posição incômoda de marionete em muitas situações comuns, grande parte das pesquisas abordadas até agora neste livro indicam que existem bons motivos para essa preocupação. Devemos nos resignar, então, a ser manipulados aleatoriamente no tabuleiro de xadrez da vida pelas associações com as palavras, símbolos ou imagens com que por acaso deparamos? Felizmente não. Desde que compreendamos como os processos associativos funcionam, somos capazes de exercer um controle estratégico, pré-suasivo sobre eles. Primeiro, podemos optar por adentrar situações que possuam o conjunto de associações que queremos experimentar. Quando não dispomos dessas opções, devemos dotar situações iminentes previamente de associações que nos enviem em direções proveitosas. Veremos como.

8
Geografias persuasivas: Todos os lugares certos, todos os traços certos

Existe uma geografia da influência.

Quando comecei a escrever meu primeiro livro para um público leigo, estava trabalhando em uma universidade diferente da minha. Como meu escritório no campus ficava num andar superior, foi possível posicionar minha escrivaninha de modo que eu pudesse ver pela janela uma série de imponentes prédios abrigando vários institutos, centros e departamentos acadêmicos. Ao lado daquela janela que dava para o mundo acadêmico, dispus estantes com materiais que forneciam uma janela interior para aquele mundo: meus livros, revistas, artigos e arquivos profissionais.

Eu havia alugado um apartamento na cidade e tentava escrever a uma mesa ali, que também posicionei diante da janela. Embora não tenha sido intencional, aquele ponto do apartamento oferecia uma vista diferente daquela do meu escritório universitário. Em vez de importantes baluartes da academia, eu via o fluxo dos transeuntes – na maior parte pedestres a caminho do trabalho, das compras ou de qualquer uma das mil atividades comuns que as pessoas costumam fazer. O ambiente ao redor de minha escrivaninha tinha uma diferença importante também, sobretudo o ambiente de informações. Jornais, revistas, enfeites de mesa e revistas com a programação da TV tomavam o lugar de publicações científicas, livros didáticos, arquivos e conversas com colegas.

Escrever naqueles lugares distintos produziu um efeito que eu não havia previsto nem sequer percebido, até cerca de um mês depois de começado, quando reuni todas as páginas iniciais do projeto do livro e as li de uma vez: o trabalho que eu fizera em casa estava muito melhor do que o que eu havia feito na universidade, porque decididamente era mais apropriado ao público leigo a que eu visava. De fato, no estilo e na estrutura, a produção de minha escrivaninha no campus era inadequada para qualquer um, exceto meus colegas acadêmicos.

Surpreso, eu me perguntei como era possível que, apesar de uma noção clara do mercado desejado, eu não conseguia escrever para ele adequadamente enquanto estava no escritório da universidade. Somente em retrospecto a resposta era óbvia. Sempre que eu levantava ou virava a cabeça, o que via no campus me punha em contato com alusões associadas à abordagem acadêmica e seu vocabulário, sua gramática e seu estilo de comunicação especializados.

Não importava o que eu sabia sobre as preferências dos meus leitores visados. Havia poucos sinais naquele ambiente que me levassem a pensar, rotineira e automaticamente, naqueles indivíduos enquanto eu escrevia. Da minha escrivaninha em casa, porém, os sinais correspondiam à tarefa. Ali, cercado o tempo todo de associações imediatas com as pessoas para as quais eu queria escrever, tive bem mais sucesso em me sintonizar com elas.

Com essa percepção norteadora, peguei todas as páginas que havia escrito na universidade e, tomando uma decisão baseada na geografia persuasiva, revisei-as em casa. Valeu a pena. Uma prova é o fato de que a frase inicial do livro, "Minha subdisciplina acadêmica, a psicologia social experimental, tem como domínio principal o estudo do processo da influência social", mudou (felizmente) para "Posso admitir livremente agora: tenho sido por toda a vida um tolo". Saber o que fazer a seguir não foi difícil. A escrita do livro foi direcionada para a casa, enquanto reservei ao escritório universitário os trabalhos que tinham como público os meus colegas.[56]

Certas lições dessa experiência vão além da criação de textos acadêmicos populares. Aplicam-se à questão bem mais ampla de como qualquer um de nós pode organizar pré-suasivamente nossos ambientes físicos para nos lançar, por vias associativas selecionadas (condutos), rumo a fins desejados.

Diversas empresas de consultoria desenvolvem sistemas para clientes corporativos visando estimular os funcionários a trabalharem com mais eficiência, em geral por programas de incentivos que os recompensam por alcançarem metas de desempenho. Ao conversar com uma gerente de projetos de uma dessas empresas, em uma conferência de marketing, fiz uma pergunta que costumo dirigir a profissionais experientes, indagando sobre o que os torna bem-sucedidos em seus campos. Naquele caso, perguntei o que ela havia descoberto que permitia forjar os programas de incentivos de maior êxito. Após citar vários fatores cujo impacto positivo ela conseguia entender facilmente – grau de experiência de sua equipe na atividade do cliente, nível de informações que a equipe do cliente fornecia para a dela, grau de preparação por parte das duas equipes –, ela mencionou um que simplesmente não entendia. Existia um tipo de *espaço de trabalho* na sede de alguns clientes que se prestava à criação de programas que haviam mais tarde se mostrado particularmente bem-sucedidos: salas com paredes de vidro e localização central.

Ela me contou que esse estranho resultado havia chamado sua atenção porque esperara o oposto, uma vez que a visão dos funcionários circulando o tempo todo talvez desviasse a atenção dos planejadores do programa, presentes na sala, das questões relevantes para aquelas irrelevantes à tarefa. "Você não teria pensado a mesma coisa?", ela perguntou. Contei a ela a história das duas escrivaninhas, explicando que minha resposta antes daquela importante experiência de aprendizado teria sido sim. Eu agora achava que ela considerava irrelevantes certos aspectos do ambiente de trabalho que estavam fortemente ligados ao sucesso da tarefa. Para desenvolver os melhores programas de incentivos para os funcionários, eu suspeitava que ela e sua equipe necessitavam da exposição visual permanente dos funcionários que seriam cobertos pelos programas. Aquilo ocorrera comigo: precisei de lembretes visuais do meu público potencial para manter meus textos alinhados com seus interesses e estilos de comunicação. Por isso decidi escrever meu livro exclusivamente no espaço que fornecia esses lembretes.

Embora persuadida por meu relato, a mulher não ficou satisfeita. Alegou, justificadamente, que a capacidade de escolher um ambiente de produção ideal não se aplicava a ela como se aplicara a mim. Sua equipe jamais estivera em posição de controlar qual espaço de trabalho obteria na sede de um cliente. Aquela era sempre prerrogativa do cliente. "Além disso", ela queixou-se, "a maioria desses prédios nem sequer *dispõe* de uma sala de conferência com paredes de vidro, portanto o simples conhecimento do motivo pelo qual essas salas funcionam bem realmente não me ajuda." Pude entender sua frustração. Para a maioria das pessoas, reconhecer como o processo de influência funciona em determinada situação não é suficiente. Elas também querem saber como aproveitar esse conhecimento. Ela saiu de nossa conversa desapontada – mas não derrotada, ao que se revelou.

Meses depois, ela me telefonou, animada, para contar sobre o "grande sucesso" de uma nova tática de melhoria da qualidade que viera testando. A tática surgiu durante uma discussão com sua equipe, quando ela mencionou minha afirmação de que ter acesso visual aos funcionários de um cliente ao desenvolver programas para eles poderia melhorar o processo. O desafio da equipe então se tornou descobrir meios de terem uma exposição constante àqueles funcionários, mesmo trabalhando em uma sala de conferência fechada. O mais jovem da equipe ofereceu uma solução que foi fácil de implementar e, desde então, mostrou-se eficaz. Antes de se deslocar para qualquer reunião de trabalho, a equipe olha fotos de funcionários elegíveis ao programa. Depois as amplia, cola em cartolinas e as expõe nas paredes da sala onde trabalham. Os clientes adoram a ideia em razão do "toque personalizado" que os consultores trazem ao serviço.

Observe que, como a gerente e sua equipe estruturaram os sinais de seus ambientes de produção *antes* de começar a trabalhar neles, estão se envolvendo no que é um ato de pré-suasão como qualquer outro tratado neste livro. A única diferença é que escolheram a si mesmos, em vez dos outros, como alvos.

Durante o restante de seu relato, reconheci que a gerente e sua equipe estavam tratando a tarefa como um processo de aprendizado, aperfeiçoando a tática enquanto avançavam. Eles acreditam que cenas de funcionários em ação produzem melhores resultados para a equipe de elaboração do programa do que simples retratos. Ainda mais impressionante é a forma sagaz como pegaram uma informação psicológica – de que sinais de fundo no ambiente físico podem orientar como pensamos ali – e a empregaram para gerar um efeito desejado. E o mais impressionante de tudo: não se deixaram prejudicar por uma realidade existente que os relega a ambientes com sinais e associações abaixo do ideal. Em vez disso, transformaram tal realidade, infundindo seus ambientes de trabalho com variedades mais úteis que automaticamente ativam uma forma preferível de reagir.[57]

Podemos fazer o mesmo. Por que não? As recompensas parecem ser grandes, e existem duas opções atraentes para conseguir esse tipo de sincronização de sinais com objetivos. Podemos seguir o exemplo da equipe de projeto e alterar componentes-chave de nossa geografia autopersuasiva externa. Ou podemos alterar componentes-chave de nossa geografia autopersuasiva interna. Já abordamos a primeira opção. Voltemo-nos portanto para a segunda.

O QUE JÁ ESTÁ EM NÓS

É fácil um aspecto do mundo exterior redirecionar nossa atenção para um aspecto interno – para uma atitude, crença, característica, lembrança ou sensação particular. Como informei, existem certos efeitos resultantes de uma tal mudança de foco: naquele momento, temos maior probabilidade de dar importância ao fator focal, atribuir-lhe uma posição causal e realizar uma ação associada a ele.

Você já esteve na plateia de um espetáculo artístico perturbado pela tosse de outro espectador? Além do barulho, existe outro motivo pelo qual artistas de todos os tipos – atores de teatro, cantores, músicos, dançarinos – odeiam o som ainda que de uma só tossida: ele pode se tornar contagioso. Embora existam provas científicas sólidas disso, o testemunho mais dramático vem das fileiras dos artistas. O escritor e dramaturgo Robert Ardrey descreveu como a sequência desagradável funciona num teatro: "Alguém na plateia tosse, e a tosse se propaga até que o teatro vira um caos, com os atores enfurecidos, e o diretor vai para o bar mais próximo."

Esse tipo de contágio não se restringe a plateias de teatro. Em um jantar para 200 convidados num evento de articulistas de um jornal as pessoas foram acometidas de acessos de tosse depois que o problema começou num canto do salão e se espalhou tão amplamente que os organizadores tiveram de evacuar o local, retirando inclusive a procuradora geral dos Estados Unidos na época, Janet Reno. Apesar de exames rigorosos no salão, nenhuma causa física para os espasmos de tosse pôde ser encontrada. Anualmente, milhares de incidentes semelhantes, envolvendo sintomas variados além da tosse, ocorrem mundo afora. Vejamos alguns exemplos:

- Na Áustria, a mídia noticiosa relatou diversas ocorrências de uma espécie venenosa de aranha cuja picada produzia uma combinação de dor de cabeça e náusea. Moradores das áreas próximas a esses locais invadiram os hospitais, certos de que haviam sido picados. Os que se enganaram superaram os que de fato tinham sido picados pela aranha em 4.000%.
- Quando uma professora de ensino médio do Tennessee relatou que sentiu cheiro de gás em sua sala de aula e depois ficou com náusea e tontura, uma série de indivíduos – inclusive alunos, outros professores e o pessoal administrativo – começou a sentir as mesmas coisas. Cem pessoas da escola foram para a emergência de hospitais naquele dia com sintomas associados a vazamento de gás, assim como outras 71 quando a escola reabriu cinco dias depois. Nenhum vazamento de gás foi encontrado.

- Cidadãos de duas pequenas cidades canadenses localizadas perto de refinarias de petróleo ficaram sabendo, por um estudo epidemiológico, que as taxas de câncer em suas comunidades eram 25% maiores que o normal, o que levou os moradores a começar a perceber aumentos em uma variedade de problemas de saúde associados à exposição a substâncias químicas tóxicas. Contudo, a legitimidade daquelas percepções foi solapada quando os autores do estudo se retrataram meses depois. A incidência alta de câncer nas comunidades havia sido informada erradamente em razão de falhas nos cálculos estatísticos.
- Na Alemanha, membros da plateia em uma palestra sobre doenças dermatológicas associadas a coceiras na pele imediatamente sentiram irritações pelo corpo e começaram a se coçar num ritmo crescente.

Este último exemplo oferece a melhor indicação do que está ocorrendo, pois parece semelhante à conhecida "síndrome do estudante de medicina". Pesquisas mostram que 70% a 80% de todos os estudantes de medicina são afligidos por esse distúrbio, em que experimentam os sintomas de qualquer que seja a doença que estejam estudando no momento e se convencem de que a contraíram. Alertas de seus professores a respeito do fenômeno parecem não fazer diferença. Os estudantes ainda assim percebem seus sintomas como reais, mesmo quando experimentados em série a cada nova "doença da semana". Uma explicação há muito tempo é conhecida pelos profissionais médicos. Como o médico George Lincoln Walton escreveu em 1908: "Professores de medicina são consultados constantemente por estudantes que temem ter as doenças que estão estudando. O conhecimento de que a pneumonia produz dor em certo ponto leva a uma *concentração da atenção naquela região* [grifo meu], fazendo com que qualquer sensação ali acione o alarme. O mero conhecimento da localização do apêndice transforma as sensações mais inofensivas naquela região em sintomas de grave ameaça."[58]

Quais são as implicações para conseguir uma influência – neste caso, autoinfluência – eficaz? Dentro de cada um de nós, em espera latente, estão unidades de experiência que podem receber uma súbita importância e força se desviarmos nossa atenção para elas. Existem os componentes de uma tosse em todos nós, e podemos ativá-los concentrando-nos na metade superior dos pulmões, onde as tosses começam. Tente. Você verá. O mesmo se aplica aos componentes da tonteira, náusea ou dor de cabeça, que podemos ativar concentrando em um ponto no meio do cérebro ou no alto do estômago ou logo acima dos olhos, respectivamente. Mas essas unidades de experiência aguardando dentro de nós também incluem atitudes benéficas, características produtivas e capacidades úteis que podemos energizar apenas preferindo canalizar a atenção para *elas*.

Exploremos como isso poderia funcionar para nossa unidade de experiência mais cobiçada: a sensação de felicidade. Embora valorizada por seus próprios méritos, a felicidade fornece um benefício adicional. Ela não flui simplesmente de circunstâncias de vida favoráveis, mas também as cria – incluindo níveis maiores de saúde física, bem-estar psicológico e até sucesso. Há uma boa justificativa, então, para descobrir como aumentar nossa alegria através da autoinfluência. Mas, para isso, primeiro precisamos desvendar um mistério da área dos estudos da felicidade.[59]

O paradoxo da positividade

Suponha que, após um amplo check-up físico, seu médico volte à sala de exames com notícias irrefutáveis de uma condição médica que prejudicará sua saúde de várias maneiras. Seu avanço implacável acabará com sua capacidade de ver, ouvir e pensar claramente. Seu prazer gastronômico será destruído pela combinação de um paladar embotado e um sistema digestivo comprometido que limitará suas escolhas dietéticas a opções predominantemente insípidas. Você perderá acesso a muitas de suas atividades favoritas à medida que a condição minar sua energia e sua força, acabando por torná-lo incapaz de dirigir ou mesmo caminhar sozinho. Você se tornará cada vez mais vulnerável a uma série de outras afecções, como doença cardíaca, acidente vascular cerebral, aterosclerose, pneumonia, artrite e diabetes.

Você não precisa ser um profissional da saúde para identificar essa condição médica progressiva. É o processo de envelhecimento. Seus efeitos indesejáveis variam de pessoa para pessoa, mas, em geral, os indivíduos mais velhos experimentam perdas significativas nas funções físicas e mentais. No entanto, eles não permitem que o declínio estrague sua felicidade. Na verdade – e eis o paradoxo – a velhice produz o resultado oposto: os mais velhos sentem-se mais contentes do que quando eram mais jovens, mais fortes e mais saudáveis. A questão de por que esse paradoxo existe tem intrigado grupos de pesquisadores da expectativa de vida há décadas. Após examinar diversas possibilidades, um conjunto de investigadores, liderados pela psicóloga Laura Carstensen, deparou com uma resposta surpreendente: quando se trata de lidar com a negatividade em suas vidas, os idosos decidiram que não têm tempo para isso, literalmente.

Eles passaram a desejar um período de satisfação emocional para seus anos restantes e agem deliberadamente para alcançá-lo – algo que conseguem dominando a geografia da autoinfluência. Os idosos vão, com mais frequência e plenitude, a locais dentro e fora de si mesmos povoados por experiências pessoais que melhoram o humor. Num grau maior que os mais jovens, os idosos recordam lembranças *positivas*, cultivam pensamentos *agradáveis*, buscam e conservam informações *favoráveis*, procuram e contemplam rostos *felizes* e se concentram nos *pontos positivos* de seus bens de consumo.

Observe que eles vão a esses locais ensolarados por meio de uma manobra mental altamente eficaz da qual já falamos: eles concentram sua *atenção* nesses pontos. De fato, os idosos com as melhores habilidades de "gestão da atenção" (aqueles craques em se voltarem para materiais positivos e se fixarem neles) mostram as maiores melhorias do humor. Aqueles com menos habilidade, porém, não conseguem usar o controle da atenção para se livrar de suas adversidades. São os idosos que experimentam a degeneração do humor ao envelhecerem. Aposto que são também aqueles que reforçam o estereótipo equivocado dos idosos como irascíveis e amargurados – porque os mal-humorados são simplesmente mais notados do que os satisfeitos.

Certa vez perguntei à professora Carstensen de onde veio a ideia de que muitos idosos decidiram aproveitar ao máximo seus dias restantes concentrando-se no positivo em vez de no negativo. Ela contou que entrevistou duas irmãs vivendo num asilo de idosos e perguntou a elas como lidavam com vários eventos negativos – por exemplo, as doenças e mortes que testemunhavam à sua volta. Elas responderam em uníssono: "Ah, não temos tempo de nos preocupar com isso." Ela lembra que ficou intrigada com a resposta porque, como aposentadas sem emprego, tarefas domésticas ou responsabilidades familiares, o que as irmãs mais tinham era *tempo*. Então, com um insight que inaugurou seu pensamento influente sobre o tema da motivação para a vida, Carstensen reconheceu que o "tempo" a que as irmãs se referiram não era a quantidade disponível em um dia específico, mas no resto de suas vidas. Daquela perspectiva, alocar grande parte do tempo restante a eventos desagradáveis não fazia sentido para aquelas senhoras.[60]

E quanto ao restante de nós? Precisaremos esperar até uma idade avançada para adotar uma abordagem feliz da vida? De acordo com pesquisas no campo da psicologia positiva, não. Mas temos de alterar nossas estratégias para sermos mais semelhantes aos idosos. Para a nossa felicidade, alguém já preparou uma lista de meios de fazer isso pré-suasivamente.

A Dra. Sonja Lyubomirsky não é a primeira pesquisadora a estudar a felicidade. Mas, na minha opinião, ela trouxe contribuições valiosas ao tema ao optar por investigar uma pergunta-chave mais sistematicamente do que qualquer outra pessoa. Não é a pergunta conceitual que você poderia imaginar: "Quais são os fatores associados à felicidade?" Em vez disso, ela apresentou uma pergunta de procedimentos: "Quais atividades específicas podemos realizar para aumentar nossa felicidade?" Quando criança, Lyubomirsky foi para os Estados Unidos com a família de imigrantes russos que, em meio a circunstâncias econômicas adversas, teve de lidar com os problemas implacáveis de se enquadrar numa cultura não familiar e às vezes desafiadora. Ao mesmo tempo, essa vida nova trouxe muitos aspectos favoráveis e gratificantes. Rememorando aqueles dias, ela se perguntou quais ações os familiares poderiam ter realizado para enfraquecer as emoções desanimadoras a favor das edificantes.

"Nem tudo era desolador", ela escreveu em seu livro *Os mitos da felicidade*, de 2013, "mas se eu soubesse então o que sei agora, minha família estaria em uma posição melhor para enfrentar a situação." Essa afirmação me deixou curioso sobre o que ela *sabe agora* sobre a questão. Liguei para ela e perguntei o que poderia dizer, com confiança científica, sobre os passos que as pessoas podem dar para tornar sua vida emocional melhor. Sua resposta ofereceu boas e más notícias para qualquer um interessado em melhorar seu nível de felicidade.

Por outro lado, ela especificou um conjunto de atividades controláveis que seguramente aumentam a felicidade pessoal. Diversas delas – inclusive as três primeiras da lista – não requerem nada mais que uma mudança pré-suasiva do foco da atenção:

1. Conte suas bênçãos e gratidões no início de cada dia, e depois reserve algum tempo para se concentrar nelas, escrevendo-as.
2. Cultive o otimismo optando de antemão por olhar o lado positivo das situações, acontecimentos e possibilidades futuras.
3. Rejeite o negativo limitando deliberadamente o tempo gasto lidando com problemas ou fazendo comparações pouco saudáveis com os outros.

Existe até um aplicativo chamado Live Happy que ajuda os usuários a se envolverem em algumas dessas atividades, e há uma relação entre seu uso frequente e o aumento da felicidade.

Por outro lado, o processo requer um esforço sistemático. "Você pode se tornar mais feliz assim como pode perder peso", a Dra. Lyubomirsky me assegurou. "Mas como reeducar sua forma de se alimentar e ir à academia regularmente, você precisa se esforçar todos os dias. Tem que seguir à risca o plano." Este último comentário pareceu instrutivo sobre como os idosos encontram a felicidade. Eles não tratam os locais mais hospitaleiros de suas geografias interiores como visitantes ou turistas fariam. Em vez disso, optaram por *permanecer* mentalmente naqueles arredores. Mudaram-se para lá psicologicamente pela mesma razão por que se mudariam fisicamente para a Flórida: pelo clima agradável.

Quando perguntei à Dra. Lyubomirsky por que, antes de alcançar a velhice, a maioria das pessoas precisa se esforçar tanto para ser mais feliz, ela respondeu que sua equipe ainda não havia achado a resposta. Mas creio que esta já poderia ser revelada pelas pesquisas da professora Carstensen, que, como você lembrará, descobriu que os idosos decidiram priorizar a satisfação emocional como um objetivo principal de vida e, portanto, voltar suas atenções sistematicamente para o positivo. Ela também descobriu que indivíduos mais jovens têm metas de vida básicas diferentes, que incluem aprendizado, desenvolvimento e luta pelo sucesso. Alcançar esses objetivos requer uma abertura especial a elementos perturbadores: tarefas difíceis, pontos de vista contrários, pessoas não familiares e assumir os erros ou falhas. Qualquer outra abordagem seria inadequada.

Faz sentido, então, que na juventude e na meia-idade seja tão difícil desviar nossa mente das adversidades. Para atender aos nossos objetivos principais nesses períodos, precisamos estar receptivos à presença real de fatores negativos para aprender e lidar com eles. O problema surge quando nos deixamos atolar nas emoções que eles geram, quando deixamos que nos prendam num ciclo incessante de negatividade. É aí que a lista de atividades da Dra. Lyubomirsky pode ajudar. Ainda que não estejamos prontos para fixar residência permanente em nossos locais psicológicos mais agradáveis, podemos usar essas atividades capazes de mudar o foco da atenção para visitá-los regularmente e interromper a onda de negatividade.[61]

O campo dos estudos da felicidade nos mostra que táticas relativamente simples baseadas na atenção podem ajudar a controlar nosso estado emocional.

Podemos usar métodos semelhantes para controlar outros estados desejáveis, como aqueles envolvidos na realização pessoal e no sucesso profissional?

Durante a pós-graduação, eu fiz parte de uma turma nova de seis alunos que haviam sido recrutados para um curso consagrado de doutorado em psicologia social. Um sujeito gentil chamado Alan Chaikin inspirou admiração no restante da turma por causa de seu sucesso notável no Graduate Record Examination (GRE) – o teste padronizado a que todos os estudantes precisam se submeter antes de se candidatarem à maioria dos cursos de pós-graduação. Ele ficou entre o 1% dos alunos com as melhores notas no mundo inteiro em cada uma das três seções do exame: aptidão verbal, proficiência matemática e raciocínio analítico. Além disso, ficou entre o 1% de todos os alunos de psicologia com melhores conhecimentos *dessa* disciplina. Alguns de nós tínhamos obtido essa classificação em uma ou duas das seções, mas nunca três. Assim, estávamos prontos para nos surpreender com o nível e o alcance do intelecto de Alan. E de fato nos surpreendemos, embora não da forma como havíamos esperado.

Alan era um sujeito inteligente. Mas, após algum tempo, ficou claro que não era mais inteligente do que os outros alunos, de uma forma geral. Ele não era melhor em ter boas ideias, reconhecer argumentos deficientes, fazer comentários perspicazes ou oferecer visões esclarecedoras. Ele se destacava apenas em testes padronizados – em particular, no Graduate Record Examination, ou GRE. Compartilhei um escritório com ele durante nosso primeiro ano e ganhei intimidade suficiente para perguntar como ele se saíra tão bem na prova. Ele riu, mas, quando afirmei que a pergunta era séria, contou sem hesitação que achava que seu sucesso relativo tinha a ver com dois diferenciadores principais.

Primeiro, ele lia rápido. Fizera um curso no ano anterior em que aprendera como avançar rapidamente por materiais escritos sem perder os aspectos importantes. Aquilo lhe deu uma vantagem considerável no GRE porque, na época, a nota se baseava no número bruto de questões com resposta correta. Alan percebeu que, explorando suas habilidades de leitura dinâmica, poderia percorrer todos os grandes conjuntos de questões em qualquer seção do teste e, na primeira passagem, imediatamente responder àquelas cuja solução era simples ou já conhecida. Após acumular todos os pontos fáceis desse jeito, podia então voltar ao início e atacar as questões mais difíceis. Outros estudantes quase sempre avançavam de uma questão à próxima e empacavam nas mais difíceis, o que acarretava a dupla penalidade de produzir respostas incorretas e impedir o acesso a perguntas mais fáceis, que eles não alcançariam antes de o tempo esgotar. Os testes padronizados, incluindo o GRE, em sua maioria, foram desde então reformulados para impedir que a técnica de leitura dinâmica de Alan fornecesse uma vantagem competitiva.

Mas este não é o caso de sua outra tática (pré-suasiva). Alan me contou que, antes de fazer qualquer exame padronizado, passava um tempo sistemático "preparando-se psicologicamente" para ele. Descreveu um conjunto de atividades que poderiam ter vindo de uma versão modificada da lista da Dra. Lyubomirsky. Ele não passava os minutos antes da abertura das portas da sala como eu sempre passava: anotações na mão, tentando meter no cérebro todas as informações de que ainda estava inseguro. Ele disse que sabia que se concentrar em conteúdos que ainda o preocupavam aumentaria sua ansiedade. Em vez disso, passava aqueles momentos cruciais conscientemente acalmando seus temores e fortalecendo sua confiança, recordando seus sucessos acadêmicos do passado e enumerando suas qualidades. Ele estava convencido de que grande parte de sua proeza nos testes resultava de uma combinação de menos medo e mais confiança. "Você não consegue pensar direito quando está assustado", ele me lembrou, "e além disso você é bem mais persistente quando está confiante nas suas habilidades."

Fiquei impressionado com o fato de ele conseguir criar um estado de espírito ideal, não apenas por entender onde concentrar sua atenção, mas também porque, como um astuto criador do momento, entendia como fazê-lo pré-suasivamente, pouco antes do teste. Assim Alan *era* de fato mais inteligente que o restante de nós de uma forma significativa. Sua inteligência era de um tipo especial: uma espécie de inteligência tática que lhe permitia transformar conhecimentos gerais comuns – por exemplo, que o medo piora o desempenho em um teste, mas a confiança adquirida melhora – em aplicações específicas com resultados desejáveis. Trata-se de um tipo útil de inteligência. Sigamos o exemplo de Alan e vejamos como podemos fazer o mesmo – desta vez impelindo outras pessoas, em vez de nós mesmos, rumo a resultados desejados.[62]

O QUE JÁ EXISTE NELES

Imagine-se como um superintendente escolar regional na seguinte situação: seu distrito está solicitando um grande financiamento federal para a modernização dos laboratórios de ciência, equipamentos e salas de aula ultrapassados. Mas, para ter uma chance de ter o pedido atendido, você precisa provar que as escolas de ensino médio sob sua supervisão progrediram recentemente no preparo de estudantes mulheres para as carreiras científicas (ciências, tecnologia, engenharia e matemática). Uma solicitação bem-sucedida exigiria um aumento documentado, em comparação com o ano anterior, nas notas de suas alunas na seção de matemática nos testes padronizados a que todos os alunos do último ano do ensino médio precisam se submeter.

Você está preocupado. Apesar de seus esforços nos últimos anos – recrutando mais professores de ciências e matemática, certificando-se de que informações sobre carreiras científicas e bolsas de estudo estivessem disponíveis tanto para as meninas quanto para os meninos –, não é possível ver um aumento nas notas de matemática das alunas no teste padronizado. Com o pensamento positivo, você se prepara para ministrar o exame crucial nas escolas de ensino médio de seu distrito da mesma maneira que fez no passado, envolvendo os seguintes passos:

1. Todas as turmas do último ano fazem a prova ao mesmo tempo. Como nem todos os alunos cabem em uma sala única em suas escolas, eles são distribuídos entre dois grandes salões com base na inicial de seus sobrenomes: de A a L em um salão, de M a Z em outro.
2. Em cada salão, a prova é monitorada por diversos professores escolhidos por sorteio.
3. Por 10 minutos antes do início da prova, os alunos são instruídos a organizar seus pensamentos e prever como lidarão com assuntos difíceis que acham que podem surgir no teste.
4. No início do teste, pede-se aos estudantes que escrevam seu nome, número da identidade e gênero.

Embora todas essas práticas costumem ser empregadas em testes coletivos, seria um erro você adotar qualquer uma delas. Por quê? Por causa de um fato de conhecimento comum que você ouviu seus orientadores na escola repetirem: existe um estereótipo social, em que muitas meninas acreditam, de que as mulheres não são tão boas em matemática quanto os homens. Pesquisas demonstram que quase tudo que você faça que leve as mulheres a se concentrarem nessa crença reduz seu desempenho matemático de várias maneiras: aumentando a ansiedade, interferindo na capacidade de lembrar o que sabem, desviando sua atenção do próprio teste, aumentando as chances de que não percebam informações vitais. E mais: fazendo com que atribuam a dificuldade em um problema avançado a uma deficiência pessoal inata, não à complexidade da solução, o que as faz desistir cedo demais.

Todos os quatro procedimentos pré-teste tenderão a intensificar o foco inicial perturbador entre suas alunas. Felizmente, existe uma solução fácil, baseada em pesquisas, para cada um deles.

1. Distribuir os alunos pelas salas com base em um fator relevante (seu gênero), não em um fator irrelevante (a inicial de seus sobrenomes). Por quê? Quando as meninas estão fazendo um teste de matemática na mesma sala que os meninos, costumam se lembrar do estereótipo "matemática e gênero". Assim, universitárias solucionando problemas matemáticos em uma sala com colegas homens se saem pior do que em uma sala somente de mulheres. O interessante é que essa queda no desempenho não ocorre em testes de habilidade verbal, porque não existe estereótipo social sugerindo que as capacidades verbais das mulheres sejam inferiores às dos homens.

2. Não distribua os professores aleatoriamente para monitorar os testes. Escale-os com base no gênero e na especialidade didática. Os monitores das meninas devem ser professoras de ciências e matemática. Por quê? Evidências de que outras mulheres desafiaram o estereótipo reduz o impacto deste. Assim, estudantes do sexo feminino solucionam bem mais problemas de testes de matemática, mesmo os mais difíceis, logo após serem expostas a casos de mulheres de sucesso em campos relacionados à ciência e à matemática, incluindo as mulheres ministrando o teste.

3. Elimine o período de 10 minutos em que os estudantes organizam seus pensamentos sobre como responder aos itens mais problemáticos do teste, porque a concentração nos aspectos intimidantes da tarefa minará seu sucesso. Em vez disso, peça às meninas que escolham uma característica pessoal importante para elas (como manter relacionamentos com amigas ou ajudar os outros) e escrevam por que a consideram importante. Por quê? Esse tipo de procedimento de "autoafirmação" dirige a atenção inicial a uma força interpessoal e reduz os efeitos de estereótipos ameaçadores. Em uma turma universitária de física, as alunas que se envolveram em um exercício de autoafirmação semelhante apenas duas vezes – uma vez no início e

outra no meio do semestre – tiveram notas significativamente melhores nos exames intensivos de matemática do curso.
4. Não instrua os alunos a escreverem seu gênero no início do exame de matemática, pois isso provavelmente lembrará às alunas o estereótipo da matemática e gênero. Em vez disso, peça aos alunos que anotem sua turma, que em sua amostra seria sempre "último ano". Por quê? De acordo com o poder da simples mudança do foco da atenção, esta substituirá um foco pré-suasivo em uma deficiência acadêmica percebida por um foco pré-suasivo em uma realização acadêmica percebida. Quando esse procedimento foi testado, eliminou as deficiências de desempenho das mulheres nos testes de matemática. De todas as demonstrações de como desviar a atenção de um aspecto da geografia interna de uma pessoa para outro pode afetar o desempenho, tenho um franco favorito: além da crença de que as mulheres não se dão bem em matemática, existe a de que os asiáticos se dão muito bem. Antes de um teste de matemática, pesquisadores pediram que algumas mulheres asiático-americanas escrevessem seu gênero e que outras anotassem sua etnia. Comparadas com a amostra de estudantes asiático-americanas que não precisaram anotar nenhuma dessas duas características, aquelas que foram lembradas de seu gênero se saíram pior, enquanto as lembradas de sua etnia se saíram melhor.[63]

Em certo nível, alguns dos efeitos pré-suasivos que descrevi neste capítulo parecem difíceis de acreditar: que o fato de me sentar a uma escrivaninha específica antes de começar a produzir me fez escrever melhor; que adornar uma sala de conferências com fotos selecionadas antes de uma reunião levou a um trabalho de melhor qualidade; que fazer com que estudantes mulheres escrevessem primeiro sobre uma característica pessoal aparentemente desvinculada aumentou suas notas em física; e que pedir a mulheres asiático-americanas que anotassem seu gênero no início de um teste de matemática prejudicou seu desempenho, mas pedir que começassem anotando sua etnia aumentou seu desempenho. Os fenômenos envolvidos parecem emergir mais que automaticamente. Parecem vir à tona auto*magicamente*.

Mas, como acontece com toda magia, as aparências não refletem os mecanismos reais envolvidos, as causas reais em funcionamento sob a superfície. A seguir, daremos uma olhada mais profunda em quais são esses mecanismos e causas, e como eles se enquadram no modelo da pré-suasão.

9
A mecânica da pré-suasão: Causas, restrições e corretivos

A ideia básica da pré-suasão é que, orientando estrategicamente a atenção preliminar, é possível levar receptores a concordar com uma mensagem antes de experimentá-la. O segredo é induzi-los a se concentrarem logo no início em conceitos que estejam alinhados associativamente com as informações que ainda lhes serão apresentadas. Mas como isso funciona? Por qual mecanismo mental o gerente de uma loja de vinhos poderia induzir os clientes a adquirir mais safras alemãs tocando música alemã no sistema de som da loja ou um candidato a emprego poderia fazer com que os avaliadores vissem suas credenciais como mais substanciais apresentando-as em uma pasta robusta?

PREPARADOS E À ESPERA

A prontidão é tudo.
— **William Shakespeare**, *Hamlet*, ato 5, cena 2

A resposta tem a ver com uma característica pouco reconhecida da atividade mental: seus elementos não disparam apenas quando prontos; eles disparam quando *preparados*. Depois que atentamos para um conceito específico, os conceitos estreitamente ligados a ele desfrutam de um momento privilegiado em nossa mente, adquirindo uma influência que conceitos não associados simplesmente não conseguem igualar. Isso ocorre por duas razões. A primeira é que, uma vez que um conceito acionador (música alemã, peso) receba nossa atenção, conceitos secundários estreitamente associados (vinho alemão, substância) tornam-se mais acessíveis na consciência, ampliando as chances de que percebamos e reajamos aos conceitos associados. Essa posição de destaque recente na consciência eleva a capacidade desses conceitos de colorir nossas percepções, orientar nosso pensamento, afetar nossas motivações e, assim, mudar nosso comportamento associado. A segunda razão é que, ao mesmo tempo, conceitos não associados ao acionador são suprimidos na consciência, tornando-os menos passíveis do que antes de receberem nossa atenção e ganharem influência. Em vez de serem preparados para a ação, eles são temporariamente desativados.

Esse mecanismo, pelo qual um conceito secundário aberto torna-se cognitivamente mais acessível, parece explicar as consequências de um fenômeno controverso relativamente recente: a participação em video games. Sabemos por meio de pesquisas que jogar video games violentos incita formas imediatas de comportamento antissocial. Por exemplo, eles tornam os jogadores mais propensos a reagir de forma agressiva a alguém que os aborreceu. O motivo? Os jogos instalam pensamentos relacionados à agressão na cabeça dos jogadores, e a resultante facilidade de acesso a esses pensamentos provoca agressividade.

Um efeito reveladoramente similar, mas reverso, ocorre após a participação em video games *pró-sociais* – aqueles em que o jogador deve proteger, resgatar ou auxiliar personagens. Estudos descobriram que, após jogá-los, os participantes ficaram mais propensos a ajudar a limpar um líquido derramado, a dedicar tempo a trabalho voluntário e até a intervir em uma situação de assédio envolvendo uma jovem e seu ex-namorado. Além disso, essa solicitude é resultado direto do acesso fácil dos participantes a uma série de pensamentos pró-sociais que os jogos instalam na consciência. Em uma mudança interessante, pesquisas mais recentes mostram que às vezes um video game violento pode reduzir o comportamento agressivo posterior, desde que os participantes tenham de cooperar entre si para destruir um inimigo. Detalhes adicionais das novas pesquisas se enquadram na explicação da acessibilidade: jogar cooperativamente, mesmo um jogo com conteúdo violento, suprime pensamentos agressivos.[64]

Perguntas que permanecem. Respostas que surpreendem
Implicações úteis desse mecanismo básico da pré-suasão vêm de pesquisas que respondem a três perguntas adicionais sobre o alcance do processo.

A partir de quando? Essa primeira pergunta diz respeito à sua primitividade. Vimos que associações estreitamente relacionadas podem produzir efeitos pré-suasivos impressionantes. Descobrimos, por exemplo, que visitantes encaminhados ao site de uma loja de móveis com uma imagem de nuvens felpudas na página inicial preferiram sofás *confortáveis* – porque maciez e conforto estavam relacionados em sua experiência anterior. Com que antecedência podemos esperar que um acionador crie tal momento privilegiado? Vejamos os resultados de um estudo visando a estimular a solicitude em voluntários que viram uma série de fotografias, entre as quais a de dois indivíduos bem próximos um do outro. Os pesquisadores previram corretamente que, como proximidade e solicitude estão associadas na mente das pessoas, os observadores daquelas fotos se tornariam especialmente solícitos. De fato, comparados a outros voluntários que tinham visto fotografias de dois indivíduos afastados ou de uma pessoa sozinha, os que viram imagens de proximidade estiveram três vezes mais propensos a ajudar a pesquisadora a apanhar alguns objetos que ela "acidentalmente" deixara cair.

Embora o comportamento em questão – solicitude – seja diferente, essa demonstração de pré-suasão parece coerente com dados que já examinamos aqui, mostrando que direcionar a atenção inicial a uma imagem de nuvens felpudas leva a uma preferência por móveis confortáveis, e que direcioná-la à imagem de um corredor cruzando a linha de chegada leva a mais realizações no local de trabalho, e assim por diante. Dois elementos do experimento da proximidade, porém, me parecem instrutivos de uma forma nova.

O primeiro me deixou surpreso: os voluntários do estudo, cuja solicitude triplicou, tinham 18 meses de idade – mal sabendo falar, mal sabendo analisar, refletir ou raciocinar. Contudo, o mecanismo envolvido é tão fundamental ao funcionamento humano que mesmo aqueles bebês foram poderosamente mobilizados por ele.

Segundo, seu efeito sobre eles foi espontâneo. A exposição prévia à ideia da proximidade fez com que rapidamente ajudassem a pesquisadora, sem que qualquer estímulo ou pedido fosse necessário. (Alerta: veremos nos Capítulos 11 e 12 que ideias de proximidade exercem um impacto significativo e automático em formas importantes da reação de *adultos* também. Em um conjunto de estudos, dar às pessoas "sinais de proximidade" aumentou seu prazer em trabalharem juntas em uma tarefa, levando a maior persistência e melhor desempenho. Desse modo, quando a unidade se torna focal, todos os tipos de conceitos desejáveis, além da solicitude, são preparados para a ação.

Até onde? Existe uma segunda pergunta que, se respondida de modo confiável, nos ajuda a avaliar o alcance dos processos pré-suasivos. Ela diz respeito à força das conexões envolvidas: qualquer vínculo entre dois conceitos, por mais distante ou tênue, consegue desencadear um momento privilegiado para o segundo depois que o primeiro foi trazido à mente? Não. Existe um limite importante para os efeitos pré-suasivos. A atenção ao primeiro conceito prepara o segundo para exercer influência na proporção do grau de associação entre os dois.

Experimentei isso pessoalmente vários anos atrás quando iniciei um programa de pesquisas que pretendia desencorajar o hábito de jogar lixo em locais públicos. Embora esse não seja o pior dos pecados ambientais, tampouco é trivial. Além do dano estético causado ao ambiente e das ameaças à saúde geradas pela poluição da água, pelos riscos de incêndio e pelas infestações de insetos, a coleta desse lixo no mundo inteiro custa bilhões de dólares anualmente. Minha equipe de pesquisa e eu estávamos convencidos de que uma boa forma de impedir que as pessoas jogassem lixo nas ruas fosse concentrar sua atenção na norma social contra essa prática. Mas queríamos descobrir qual seria o efeito sobre o hábito de sujar as ruas se usássemos, como acionadores, outras normas sociais distantes em diferentes graus da norma antilixo.

Descobrir a resposta não foi difícil. Uma pesquisa preliminar revelou três normas sociais que as pessoas avaliaram como *próxima*, *moderadamente distante* e *distante* da norma contra jogar lixo em locais públicos. Elas eram, respectivamente, as normas que preconizam reciclar, apagar as luzes para poupar energia em casa e votar. O passo seguinte foi bem mais interessante. Fomos ao estacionamento de uma biblioteca pública e colocamos um folheto no para-brisa dos automóveis. Aleatoriamente, os veículos receberam um folheto com uma dentre quatro mensagens: (1) contra jogar lixo no chão, (2) a favor de reciclar, (3) a favor de apagar as luzes e (4) a favor de votar. Para ter um grupo de controle, incluímos um quinto folheto que continha uma mensagem sem referência a qualquer norma social, promovendo o museu de belas-artes local. Quando os proprietários retornaram aos seus carros e leram o folheto, estávamos a postos, observando se o lançariam no chão.

O padrão de comportamento que observamos não poderia ter sido mais claro. Uma mensagem direcionando as pessoas especificamente para a norma antilixo fez com que conseguissem resistir mais à tendência de jogar lixo no chão. Mas direcionar sua atenção para conceitos acionadores progressivamente distantes da norma antilixo tornou-as menos capazes de resistir ao impulso. Assim como esses resultados são claros, suas implicações para a pré-suasão ideal também são: a força da associação entre um conceito acionador e um conceito relacionado determinará a força do efeito pré-suasivo. Portanto, alguém desejando desencadear uma ação (de ajuda, digamos) por meio da pré-suasão deveria encontrar um conceito já associado, de forma forte e positiva, à ação (proximidade seria uma boa escolha) e trazer esse conceito à mente de potenciais candidatos a oferecer ajuda imediatamente antes de lhes pedir o auxílio.[65]

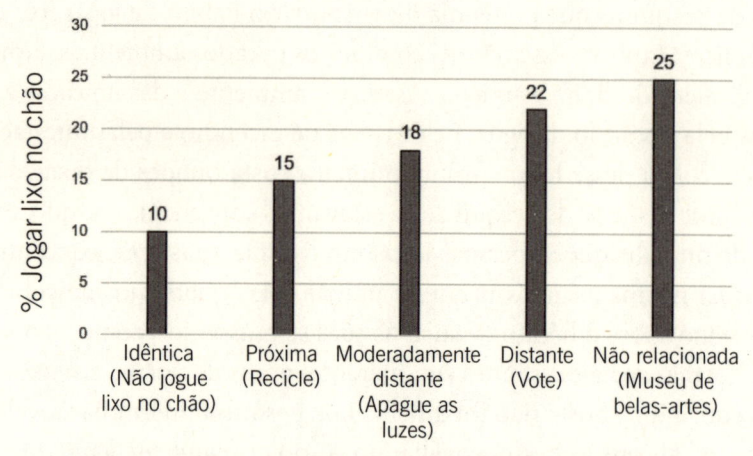

Gráfico de barras — % Jogar lixo no chão:
- Idêntica (Não jogue lixo no chão): 10
- Próxima (Recicle): 15
- Moderadamente distante (Apague as luzes): 18
- Distante (Vote): 22
- Não relacionada (Museu de belas-artes): 25

Distância da mensagem em relação à norma antilixo

Associação maior, local mais limpo. Quanto mais forte o vínculo entre a mensagem em um folheto e a norma contra jogar lixo em lugares públicos, menos lixo foi jogado no chão. *Cortesia de Robert Cialdini e a Associação Americana de Psicologia*

É possível fabricar uma conexão? Existe outra abordagem que não requer que se encontre uma forte conexão existente. Na verdade, não requer absolutamente nenhuma conexão. Em vez disso, envolve *criar* uma conexão do zero. Os anunciantes vêm usando essa tática há mais de um século: eles apresentam algo que atraia seu público-alvo – uma paisagem bonita, uma modelo de boa aparência, uma celebridade popular – e depois a associam ao produto por meio de nada mais que uma presença simultânea dentro do anúncio. Ali, quem assiste aos anúncios pode sentir – e, de fato, sentem – uma conexão entre Tiger Woods e um Buick; Beyoncé e uma Pepsi; Brad Pitt e a fragrância Chanel Nº 5; ou (o que, para mim, é desconcertante) Bob Dylan e Victoria's Secret. A esperança, é claro, é que a atração dos observadores pela celebridade se transfira ao produto em virtude da conexão agora existente.

Transferência de atração. Os publicitários sabem que associar seus produtos a celebridades torna esses produtos mais populares. *Splash News/Newscom; Francis Dean/ Deanpictures/Newscom*

Há pouca necessidade de detalhar o uso dessa abordagem pela indústria publicitária. Quase todos estão conscientes do que os profissionais estão tentando. Mas, apesar do fato de a estratégia funcionar, a lição é que uma ligação eficaz entre conceitos não precisa ser real. Ela pode ser *construída*. Os conceitos só precisam ter algum tipo de ligação direta percebida para que a apresentação subsequente de um prepare o outro para a ação pertinente. Lembre-se de que, para os cães de Pavlov, não havia conexão natural entre o som da campainha e a comida. Na verdade, não havia nenhum tipo de ligação até que os dois foram experimentados juntos. Depois que ocorrências suficientes dessa associação haviam fortalecido a conexão, tocar a campainha preparou espontaneamente os animais (via salivação) para o ato de comer.

São esmagadoras as provas de que, como os cães de Pavlov, podemos ser suscetíveis a tais associações estrategicamente forjadas e, também como eles, podemos ignorar nossa suscetibilidade. Por exemplo, para a alegria dos publicitários, o simples ato de sobrepor cinco vezes uma marca de cerveja belga a fotos de atividades agradáveis como iatismo, esqui aquático e pessoas se abraçando aumentou as sensações positivas dos observadores em relação à cerveja. De forma semelhante, sobrepor uma marca de enxaguante bucal a fotos de cenas bonitas da natureza seis vezes levou os observadores a se sentirem mais favoráveis à marca de imediato e *ainda* mais favoráveis três semanas depois. Expor subliminarmente pessoas com sede oito vezes a fotos de rostos felizes (em oposição a rostos expressando raiva) pouco antes de provarem um refrigerante novo fez com que consumissem mais daquela bebida e estivessem dispostas a pagar três vezes mais por ela no mercado. Em nenhum desses estudos os participantes tiveram consciência de que haviam sido influenciados pelas associações.[66]

Planos se/quando-então

O reconhecimento de que associações pré-suasivas são fabricáveis pode nos levar a grandes ganhos pessoais, ainda que não sejamos criativos redatores de publicidade nem renomados cientistas russos. De vez em quando fixamos objetivos pessoais, metas por atingir, padrões por cumprir e exceder. Mas, com frequência, nossas esperanças não se realizam, pois não conseguimos alcançar as metas. Existe um motivo bem conhecido para essa dificuldade: embora ter uma intenção seja importante, esse processo por si só não é suficiente para darmos todos os passos necessários à realização de uma meta. Na área da saúde, por exemplo, traduzimos nossas boas intenções em *qualquer* tipo de ação real apenas metade das vezes. As decepcionantes taxas de sucesso são atribuídas a duas falhas. A primeira é que, além de às vezes esquecermos uma intenção – digamos, de nos exercitar mais –, com frequência não reconhecemos momentos ou circunstâncias oportunos para comportamentos saudáveis, como usar as escadas em vez do elevador. A segunda é que somos muitas vezes impedidos de atingir nossas metas por fatores – como dias especialmente agitados – que nos desviam de nosso propósito.

Felizmente, existe uma categoria de autoafirmações estratégicas que podem contornar esses problemas pré-suasivamente. Elas têm diferentes nomes no jargão acadêmico, mas vou chamá-las de *planos se/quando-então*. Esses planos são concebidos para nos ajudar a alcançar uma meta preparando-nos (1) para perceber certos sinais em ambientes favoráveis à nossa meta e (2) para tomar uma atitude apropriada incitada pelos sinais e coerente com a meta. Digamos que pretendemos perder peso. Um plano se/quando-então poderia ser "*Se/quando*, após um almoço de trabalho, o garçom perguntar se quero sobremesa, *então* pedirei chá de hortelã." Outras metas também podem ser eficazmente alcançadas usando esses planos. Quando pesquisadores pediram a vítimas de epilepsia com dificuldade em respeitar o horário de seus medicamentos que formulassem um plano se/quando-

-então – por exemplo, "*Quando* for oito da manhã, e eu terminar de escovar os dentes, *então* tomarei meu remédio" –, a adesão ao tratamento aumentou de 55% para 79%.

Em uma pesquisa particularmente impressionante, dependentes de opiáceos, hospitalizados para tratamento da dependência, receberam a incumbência de preparar um histórico profissional até o fim do dia como forma de ajudá-los a conseguir um emprego após a alta. Alguns receberam a instrução de formar um plano se/quando-então para redigir o histórico, enquanto os indivíduos do grupo de controle não receberam essa orientação. Um plano se/quando-então pertinente poderia ser: "*Se/quando* o almoço terminar e a mesa estiver livre, *então vou* começar a escrever meu histórico profissional." Ao fim do dia, nenhuma pessoa do grupo de controle havia realizado a tarefa, o que pode nem parecer surpreendente – afinal, tratava-se de dependentes em plena crise de abstinência! Porém, no fim do mesmo dia, 80% daqueles no grupo de tratamento se/quando-então haviam entregado um currículo.

Também impressionante é o grau em que os planos se/quando-então são superiores a simples afirmações de intenções ou planos de ação do tipo "pretendo emagrecer dois quilos este mês" ou "planejo perder peso reduzindo os doces". Afirmar a intenção de alcançar uma meta ou mesmo formar um plano de ação comum tem bem menos chances de funcionar. Existem bons motivos para a superioridade dos planos se/quando-então: a sequência específica dos elementos dentro do plano pode nos ajudar a derrotar os inimigos tradicionais da realização de metas. A fórmula "se/quando-então" pretende nos colocar em alerta máximo para um momento ou circunstância específica quando uma ação produtiva pode ser realizada. Preparamo-nos, primeiro, para *observar* o momento ou circunstância favorável e, segundo, para *associá-lo* de forma automática e direta à conduta desejada. Digna de nota é a natureza personalizada desse processo pré-suasivo. Conseguimos instalar em nós mesmos uma vigilância maior para certos sinais a que visávamos anteriormente e conseguimos fazer uma forte associação que desenvolvemos previamente entre aqueles sinais e um passo benéfico rumo à nossa meta.[67]

Existem certos conceitos motivadores que os comunicadores *não* precisam preparar inicialmente a fim de influenciar um público pela pré-suasão. Esses conceitos foram preparados previamente para a influência. Por analogia, pense em quase todos os programas de computador que você utiliza. Eles provavelmente contêm links de transferência (para fontes desejadas de informações) que você precisa clicar duas vezes: uma para preparar o link e outra para ativá-lo. Mas também contêm links ativáveis com um só clique, porque já foram preparados – ou seja, hiperlinkados à informação desejada. O efeito de criar um hiperlink para um local foi rotulado por engenheiros da internet como "pré-busca". Assim como os projetistas de nossos softwares de tecnologia da informação instalam acesso rápido a fontes de informações específicas dentro da programação de nossos computadores, os projetistas de nossas vidas – pais, professores, líderes e, mais à frente, nós próprios – fizeram o mesmo em nossa programação mental. Essas fontes pré-buscadas de informações já estão de "prontidão" na consciência, de modo que um único lembrete (clique) as acionará.

Esse reconhecimento realça a utilidade potencial dos planos se/quando--então para alcançarmos nossas principais metas, que existem como fontes pré-buscadas de informações e orientação deixadas de prontidão, à espera de serem ativadas por sinais que nos lembrem delas. Observe de novo que a forma dos planos se/quando-então põe a especificação desses lembretes em nossas próprias mãos, de modo que tenhamos probabilidade de encontrá-los em um momento e sob um conjunto de circunstâncias que funcionam bem para nós ("Quando for oito da manhã, e eu terminar de escovar os dentes..."). Como resultado, mesmo maus hábitos persistentes podem ser melhorados. Pessoas com dificuldade crônica em seguir dietas passam a comer menos alimentos de altas calorias e a perder mais peso após formarem planos se/quando-então como "*Se/quando* eu vir chocolate na prateleira do supermercado, *então* lembrarei da minha dieta." Especialmente no caso de metas que estamos altamente empenhados em alcançar, seríamos tolos em não tirar proveito da alavancagem pré-suasiva que planos se/quando-então podem proporcionar.[68]

CORREÇÃO: RECONHECENDO INFLUÊNCIAS INDESEJADAS

Até aqui, abordamos uma série de dados mostrando que (1) o que está mais acessível na mente se torna mais provável na ação e (2) essa acessibilidade é influenciada pelos sinais informativos à nossa volta e por nossas associações cruas com eles. A seção sobre os planos se/quando-então e o capítulo sobre a geografia da influência forneceram evidências bem-vindas de que podemos obter grandes benefícios com esses processos elementares. É possível fazê-lo embutindo nos lugares que frequentamos todos os dias sinais de ações fortemente associadas a nossas metas maiores.

Mas será esse tipo de alinhamento tático com mecanismos mentais primitivos nossa única proteção contra suas desvantagens potenciais? Afinal, não é possível dotar previamente cada situação que enfrentamos de sinais capazes de nos levar em direções desejáveis. Com frequência entramos em ambientes físicos e interações sociais pela primeira vez. Não raro recebemos apelos persuasivos cuidadosamente forjados cujos componentes não conseguimos prever. Nesses casos, seremos folhas ao vento, sopradas para cá e para lá por associações poderosas com os sinais que sem querer encontramos? A resposta depende de percebermos ou não a brisa.

É lógico que, se nossas preferências e escolhas podem ser influenciadas indevidamente – às vezes por sinais tão intangíveis como uma empresa com um slogan que rima, um nome semelhante ao nosso, um anúncio com uma paisagem bonita ou uma sigla na Bolsa de Valores fácil de pronunciar –, gostaríamos de poder corrigir essas tendências ao lidarmos com tais negócios. Sem dúvida, gostaríamos de corrigir essas influências em geral, sempre que surgirem com o propósito de distorcer nossos julgamentos ou transações. Mas *existe* algo de encorajador nesse sentido. Com frequência, o simples reconhecimento dessas influências indesejadas é suficiente para bloquear seus efeitos. Esse reconhecimento pode chegar a nós de várias maneiras.

Meros lembretes

Todos sabemos que, quando estamos de bom humor, as pessoas e as coisas à nossa volta de algum modo parecem melhores. Depois que transeuntes em uma rua receberam de presente um papel de carta de alta qualidade – e se mostraram satisfeitos com o presente – avaliaram melhor o funcionamento de seu carro e de sua TV. Também sabemos que o clima bom eleva nosso astral, podendo assim produzir julgamentos não justificados desse tipo. Um estudo mostrou que um homem que elogiou mulheres jovens e depois pediu o telefone delas para marcar um encontro teve mais sucesso quando o pedido foi feito em uma manhã ensolarada do que em uma manhã nublada (taxas de sucessos de 22,4% e 13,9%, respectivamente).

Dias ensolarados não apenas influem positivamente em como nos sentimos em relação ao que possuímos e às pessoas que encontramos; fazem o mesmo com a maneira como nos sentimos em relação à vida. Indivíduos consultados por telefone declararam-se 20% mais satisfeitos com sua vida – de maneira geral – quando a consulta foi feita em dias ensolarados, em comparação com dias chuvosos. Portanto, o rótulo pouco atraente de "folha ao vento" (e, ao que parece, na chuva) lamentavelmente é bem adequado à nossa espécie. Mas existe um lado bom nessa descoberta: o rótulo não foi nada adequado quando os entrevistados foram lembrados do clima antes que a pesquisa começasse. Se o entrevistador perguntava primeiro "Aliás, como está o tempo aí?", o efeito "dia ensolarado *versus* dia chuvoso" não se manifestava. O simples fato de ter sua atenção direcionada para o clima por um momento lembrou aos participantes da pesquisa a influência potencialmente deturpadora da meteorologia e permitiu que corrigissem seu pensamento de maneira adequada. Além do indício reconfortante de que não estamos tão servilmente sujeitos à força dos processos primários, existe outra implicação desse resultado específico que vale a pena examinar: bastou uma *pergunta* simples e breve para eliminar a distorção.

Em seu livro *The 776 Stupidest Things Ever Said* (As 776 coisas mais estúpidas já ditas), Ross e Katherine Petras incluem algumas afirmações que claramente pertencem a essa lista. Por exemplo: "E, além disso, concordo com tudo que acabei de dizer", Piet Koornhoff, ex-embaixador sul-africano nos Estados Unidos. Outra: "Tenho viajado tanto que nem tive tempo de deixar a barba crescer", Bob Horner, ex-jogador de beisebol da Liga Principal (e ex-aluno da minha universidade). Mas os autores também incluem em sua coletânea uma citação do diretor de cinema Gregory Ratoff, que disse: "Permita que lhe faça uma pergunta, para sua informação."

Embora os autores do livro considerem a frase de Ratoff sem sentido, eu discordo. Uma pergunta pode fornecer informações valiosas à pessoa a quem ela é dirigida, pode trazer à mente dela um conhecimento possuído que não está em sua consciência naquele momento, mas que, quando tornado focal, muda tudo: por exemplo, a consciência de que em dias ensolarados não usamos apenas óculos de lentes escuras, mas de lentes cor-de-rosa também. No domínio dos mecanismos de autocorreção, então, podemos encontrar outra fonte de validação para um princípio central da pré-suasão: ajustes imediatos, em grande escala, costumam começar com práticas que fazem pouco mais que redirecionar a atenção.[69]

Sinais de intenção persuasiva furtiva: um cutucão exagerado

O merchandising – as inserções dissimuladas de bens de consumo nas tramas de filmes e programas de TV – existe há muito tempo. Os estúdios de Hollywood têm escritórios oficiais que negociam merchandising, e cobram por isso, há quase um século. Assim como produtores de televisão vêm sendo pagos há décadas por empresas que querem ver os personagens usando seus bens e serviços. O pagamento nesse esquema é especialmente alto para atores populares ou figuras fictícias admiradas. Nesses casos, quantias consideráveis são despendidas pela associação certa: um personagem popular pegando uma Coca ou dirigindo um Lexus ou comendo uma barra de chocolate Snickers. O mercado do merchandising disparou para a casa dos bilhões nos últimos anos, e a maioria dos anunciantes de rádio e TV atualmente adota a prática, e várias agências de merchandising de produtos surgem para cuidar do negócio que agora flui para a produção de música, peças de teatro e video games. Então está claro que os anunciantes acreditam que o merchandising e as associações que ele cria funcionam. Eles estão certos, mas talvez nem sempre da forma como suspeitam.

Uma crença entre muitos profissionais do merchandising é que, quanto mais perceptível for a conexão forjada, mais eficaz ela será. Essa visão deriva da lógica aparentemente inevitável de que a visibilidade de uma informação aumenta as chances de que o público a notará e portanto será influenciado por ela. A opinião é reforçada por indícios de que o merchandising mais visível é, de fato, mais eficaz, a julgar pelos indicadores de sucesso da indústria publicitária à disposição: reconhecimento e lembrança, que aferem a memória para o que foi encontrado. Tomemos, por exemplo, os resultados de um estudo que examinou a visibilidade do merchandising de produtos em episódios do seriado de TV *Seinfeld*. Conforme esperado, os merchandisings mais perceptíveis (em que a marca foi mostrada pela câmera e mencionada em voz alta) produziram mais reconhecimento e lembrança comparados com merchandisings menos óbvios (em que o nome da marca foi apenas ouvido ou visto).

Mas além de avaliarem reconhecimento e lembrança, os autores do estudo fizeram algo que pesquisadores anteriores não haviam feito: obtiveram um terceiro indicador do sucesso de merchandisings que abalou o senso comum. De uma lista de marcas, as pessoas deveriam indicar quais tenderiam a escolher ao fazerem compras. Adivinhe o resultado! Os entrevistados na pesquisa tendiam *menos* a escolher os produtos que haviam sido inseridos de forma mais visível. Parece que a visibilidade dos merchandisings sinalizou aos espectadores as tentativas dissimuladas dos publicitários de influenciar suas preferências e causou uma correção contra a distorção potencial. Enquanto as marcas com merchandising mais sutil foram escolhidas por 47% do público, apenas 27% escolheram aquelas com merchandising mais visível.

As pessoas reconhecem que as práticas dos anunciantes podem influenciar indevidamente seus julgamentos, mas só agem para reequilibrar o sistema quando lembradas da fonte da possível distorção. Nesse caso, o lembrete tomou a forma de um cutucão exagerado – uma versão explícita demais do truque (de ligações criadas de maneira fictícia) em ação no merchandising. Digno de nota é o motivo principal para a única coisa necessária para haver desencadeado a correção ter sido um lembrete: ele se torna evidente quando decompomos a palavra *rememorar*. Para as pessoas agirem de acordo com um conhecimento já existente é preciso apenas que voltem a mente para ele de novo pouco antes do ato – literalmente, o *rememorem*.[70, 71]

Às vezes, os ajustes que fazemos para neutralizar influências indevidas ocorrem sem muita premeditação ou demora. Os que ocorrem quando somos lembrados das atuais condições meteorológicas são um bom exemplo. Outras vezes, o mecanismo de correção funciona de forma bem mais planejada e lenta. Este segundo tipo de mecanismo opera pelo raciocínio deliberado, que pode ser usado para superar distorções que derivam de tendências psicológicas rudimentares. Se vamos ao supermercado com a ideia de comprar alimentos saudáveis, nutritivos e baratos, podemos neutralizar a atração de produtos com forte propaganda, embalagens atraentes ou fáceis de alcançar nas prateleiras avaliando as informações calóricas, nutricionais e de preço.

ANÁLISES MAIS DEMORADAS

Por outro lado, comparada com aquelas reações psicológicas naturais (escolher opções familiares, apresentadas de forma atraente e de fácil acesso), a análise ampla requer mais tempo, energia e motivação. Em consequência, seu impacto sobre nossas decisões é limitado pelo rigor que requer. Se não dispomos dos meios (tempo, capacidade, vontade) para pensar bem sobre uma escolha, dificilmente faremos uma análise profunda. Quando não conseguimos cumprir qualquer uma dessas exigências, costumamos recorrer a atalhos na tomada de decisões. Essa abordagem não leva necessariamente a resultados ruins, porque em muitas situações os atalhos permitem que escolhamos com rapidez e eficiência. Mas, em muitas outras situações, podem nos enviar para lugares aonde não queremos ir – pelo menos, se tivermos pensado a respeito.

Quando não temos a capacidade de pensar apropriadamente – talvez por estarmos cansados – não podemos contar com uma avaliação equilibrada de todos os prós e contras para corrigir uma escolha de base emocional da qual talvez nos arrependamos depois. Certa vez compareci a uma conferência de produtores de infomerciais. Eu supunha que a única razão para esses programas de anúncios serem exibidos às altas horas da noite fossem as taxas de transmissão mais baratas cobradas naquele horário. Logo vi que estava enganado. Embora inicialmente fosse a razão principal, existe outra mais importante: os anúncios têm um melhor desempenho nesse horário. Ao fim de um dia longo, os espectadores já não têm a energia mental para resistir aos gatilhos emocionais dos anúncios (apresentadores simpáticos, plateias entusiasmados nos estúdios, estoques no fim e assim por diante).

Infomerciais não são o único contexto em que a fadiga mental mina a análise refletida e seu potencial correspondente para a resistência. Pesquisadores do sono têm observado que, em testes de campo de unidades de artilharia de combate, equipes plenamente descansadas costumam questionar ordens de disparar contra hospitais ou outros alvos civis. Mas após 24 a 36 horas insones, geralmente obedecem às ordens dos superiores sem hesitar e tornam-se mais passíveis de atirar contra qualquer coisa. Da mesma forma, em interrogatórios criminais, até suspeitos inocentes, após horas de interrogatório mentalmente extenuante, com frequência não conseguem resistir à pressão dos interrogadores para que confessem. Por isso, embora o interrogatório típico dure menos de uma hora, os que geram confissões *falsas* duram em média 16 horas.

Além da fadiga, várias outras condições podem impedir que pessoas reconheçam e corrijam tendências potencialmente insensatas. De fato, é provável que tais tendências insensatas predominem quando uma pessoa está apressada, sobrecarregada, preocupada, indiferente, estressada, perturbada ou, ao que parece, quando é adepta de teorias de conspiração.

A lista é longa demais para que a exploremos por completo, portanto vamos examinar apenas a primeira condição. Quando estamos apressados, não dispomos de tempo para levar em conta todos os fatores em jogo em uma decisão. Pelo contrário, costumamos recorrer a um fator de atalho isolado para nos guiar. Pode ser a crença de que, ao selecionar entre várias opções em uma compra, deveríamos comprar o artigo com o maior *número* de características superiores. Ainda que saibamos que depender desse único fator pode nos induzir a erros, quando o tempo é curto não podemos nos dar ao luxo de decompor e avaliar minuciosamente todos os prós e contras.

Um estudo mostrou que limitações de tempo afetaram drasticamente a maneira como compradores que examinaram relatórios de avaliação de câmeras escolherem o produto preferido. Os relatórios compararam duas marcas com base em uma lista de 12 características. Uma das marcas era superior nas três características mais importantes a serem levadas em conta quando se compra uma câmera: qualidade das lentes, mecanismo e fotos. A outra marca foi considerada superior em oito características, mas que eram relativamente pouco importantes (por exemplo, ao comprar, a pessoa recebia uma alça de ombro). Quando alguns dos compradores foram expostos a dois segundos de informações sobre cada uma das 12 características, apenas 17% preferiram a câmera de melhor qualidade. A maioria optou pela marca com o maior número de vantagens pouco importantes. Quando outros compradores tiveram cinco segundos por característica, o padrão mudou um pouco, mas ainda assim somente 38% fizeram a escolha mais sensata. Apenas quando um conjunto final de observadores contou com um tempo *ilimitado* para examinar as informações das características o padrão se reverteu, e a maioria (67%) preferiu a câmera com vantagens menos numerosas, porém mais significativas.

A ideia de ter tempo insuficiente para analisar todos os pontos de uma comunicação lembra você de como deveria reagir à apresentação acelerada de muitas mensagens nos dias de hoje? Pense nisto por um segundo. Ou melhor, pense por um tempo *ilimitado*: não é assim que a mídia de rádio e TV opera, transmitindo um fluxo de informações rápido que não pode ser facilmente desacelerado ou revertido para nos dar a chance de processá-lo minuciosamente? Não somos capazes de enfocar a qualidade real do argumento de um anúncio no rádio ou na televisão. Tampouco somos capazes de reagir com sensatez a um boletim noticioso sobre o discurso de um político. Em vez disso, resta-nos enfocar aspectos secundários das apresentações, como a atratividade do porta-voz do anunciante ou o carisma do político.[72]

Além do desafio do tempo, outros aspectos da vida moderna minam nossa capacidade (assim como nossa motivação) para pensar de forma plenamente racional até mesmo sobre decisões importantes. A quantidade de informações hoje pode ser esmagadora – sua complexidade, desconcertante, seu ritmo, esgotante, seu alcance, perturbador e suas perspectivas, aflitivas. Combine isso com os constantes distrativos celulares, e o papel da avaliação cautelosa como um corretivo da tomada de decisões precipitada reduz-se tremendamente. Assim, um comunicador que canalize a atenção para um conceito particular a fim de aumentar a receptividade do público a determinada mensagem – mediante os mecanismos da pré-suasão, que são automáticos, baseados no foco e rudemente associativos – não precisará ter medo de que sua tática seja derrotada pela reflexão. A cavalaria da análise profunda raramente chegará para reverter o resultado porque raramente será convocada.

Uma questão relacionada emerge de forma natural: em que conceitos, então, a atenção de um público deve estar concentrada para o efeito pré-suasivo mais amplo? Nossos próximos capítulos identificam um conjunto de sete.

Parte 3

MELHORES PRÁTICAS:
A otimização da pré-suasão

10

Seis caminhos principais para a mudança: Amplas avenidas como atalhos inteligentes

Vimos como é possível atrair os outros dizendo ou fazendo a coisa certa pouco antes do momento em que queremos que reajam:

Se queremos que comprem uma caixa de chocolates caros, podemos primeiro fazer com que escrevam um número bem maior que o preço dos chocolates.
Se queremos que escolham uma garrafa de vinho francês, podemos expô-los a música francesa antes de decidirem.
Se queremos que concordem em provar um produto não testado, podemos primeiro indagar se eles se consideram aventureiros.
Se queremos convencê-los a escolher um produto muito popular, podemos começar mostrando-lhes um filme assustador.
Se queremos que sejam calorosos, podemos lhes servir uma bebida quente.
Se queremos que sejam mais solícitos, podemos fazer com que vejam fotos de indivíduos próximos uns dos outros.
Se queremos que se voltem para o resultado, podemos lhes fornecer uma imagem de um corredor cruzando a linha de chegada.
Se queremos que façam avaliações cuidadosas, podemos lhes mostrar uma foto da escultura O pensador, *de Auguste Rodin.*

Observe que a coisa certa a ser dita ou feita muda, dependendo do que desejamos dos outros em determinada situação. Fazer com que ouçam uma canção francesa pode levá-los a comprar vinho francês, mas não os fará focar mais no resultado nem os tornará mais solícitos. E perguntar se são aventureiros talvez faça com que provem um produto não testado, mas não os tornará mais dispostos a escolher um produto muito popular ou fazer avaliações cuidadosas. Essa especificidade corresponde à forma como acionadores *bem-sucedidos* operam para um comunicador. Os acionadores canalizam pré-suasivamente a atenção dos receptores somente quando os conceitos estão associados favoravelmente ao objetivo particular do comunicador.

Mas não existirá um objetivo global comum a todos os persuasores em potencial: a anuência? Afinal, qualquer comunicador persuasivo deseja direcionar sua audiência para o "Sim". Existem conceitos que se alinham especialmente bem ao objetivo mais amplo de obter a concordância? Acredito que sim. Em meu livro *As armas da persuasão*, argumentei que existem seis desses conceitos que fortalecem os grandes princípios da influência social humana. São eles: reciprocidade, afeição, aprovação social, autoridade, escassez e coerência. Esses princípios são promotores *gerais* ultraeficientes da aceitação porque em geral aconselham as pessoas corretamente quanto a quando dizer sim às tentativas de influência.

Tomemos o princípio da autoridade como um exemplo: as pessoas reconhecem que, na maioria das circunstâncias, tendem a ser conduzidas a uma boa escolha se ela está de acordo com os pontos de vista de especialistas no assunto. Esse reconhecimento lhes proporciona um atalho valioso na tomada de decisões: quando elas deparam com dados sólidos e abalizados, podem parar de refletir e seguir a liderança das autoridades na questão. Portanto, se uma mensagem aponta para indícios baseados na autoridade da informação, as chances do sucesso persuasivo aumentam.

Em reconhecimento aos indícios crescentes da ciência comportamental a favor da pré-suasão, porém, gostaria de estender minha argumentação anterior. Permaneçamos com o princípio da autoridade para ilustrar o argumento expandido: comunicadores costumam ser mais eficazes quando enfatizam a ideia de autoridade não apenas na sua mensagem, como no momento antes dela. Dessa forma pré-suasiva, os públicos serão sensibilizados (e, portanto, preparados) para a prova que virá na mensagem, tornando-se mais propensos a prestar atenção a ela, atribuir-lhe importância e, consequentemente, ser influenciados por ela.[73]

OS CAMINHOS GERALMENTE SEGUIDOS

Se for realmente verdade que voltar a atenção (tanto antes como durante a mensagem) aos conceitos de reciprocidade, afeição, aprovação social, autoridade, escassez e coerência pode influenciar os receptores rumo à anuência, faz sentido que revisemos e atualizemos as informações de como funciona cada conceito. Dessa forma, este capítulo não visa enfocar basicamente o *processo* da pré-suasão. Em vez disso, damos um passo atrás e exploramos os detalhes da razão de esses seis conceitos possuírem uma força psicológica tão arrebatadora.

Reciprocidade

As pessoas dizem sim para aquelas a quem devem algo. Nem sempre, é claro – nada na interação social humana funciona assim –, mas com frequência suficiente para que os cientistas do comportamento tenham rotulado essa tendência de *regra da reciprocidade*. Segundo ela, aqueles que nos beneficiaram têm direito a benefícios nossos em troca. Esta regra é tão valiosa para a saúde funcional das sociedades que todas as culturas humanas a ensinam desde a infância e atribuem nomes socialmente punitivos – *aproveitador, egoísta, parasita* – aos que não retribuem após receber.

Como resultado, as crianças reagem a ela antes dos 2 anos de idade. Quando adultas, o poder pré-suasivo da regra influencia todos os aspectos de sua vida, incluindo os padrões de compra. Em um estudo, clientes em uma loja de doces tornaram-se 42% mais propensos a fazer uma compra quando receberam um pedaço de chocolate de presente na entrada. De acordo com as cifras de vendas do gigante varejista americano Costco, amostras grátis de outros tipos de produtos – cerveja, queijo, pizza congelada, batom – elevam consideravelmente as vendas entre os compradores que aceitam esses brindes.

Bem mais preocupante é o impacto da regra sobre as ações eleitorais dos legisladores. Nos Estados Unidos, empresas que fazem contribuições significativas às campanhas de legisladores que participam de comitês de política fiscal beneficiam-se de fortes reduções nas alíquotas de seus impostos. Os legisladores negam qualquer troca de favores. Mas as empresas sabem das coisas. E nós também deveríamos saber.[74]

Quem espera aproveitar a força pré-suasiva da regra da reciprocidade precisa fazer algo que parece ousado: deve se arriscar e dar primeiro. Precisa começar uma interação oferecendo presentes, favores, vantagens ou concessões iniciais, sem uma garantia formal de compensação. Mas como a tendência à reciprocidade está entranhada na mente da maioria das pessoas, a estratégia costuma funcionar melhor do que a abordagem tradicional à troca comercial, em que aquele que oferece o produto ou serviço proporciona benefícios somente *após* uma ação ter sido realizada: um contrato assinado, uma compra feita, uma tarefa realizada. Holandeses que receberam uma carta antecipada perguntando se gostariam de participar de uma longa pesquisa mostraram-se bem mais propensos a concordar quando o pagamento proposto foi enviado antes de decidirem participar (o dinheiro acompanhou a carta) do que quando foi combinado que seria entregue, como é normal, após participarem. De forma semelhante, os hóspedes de um hotel nos Estados Unidos encontraram um cartão no quarto pedindo que reutilizassem as toalhas. Além disso, o cartão trazia também a informação de que o hotel já havia feito uma contribuição financeira para uma organização de proteção ambiental em nome de seus hóspedes ou que daria essa contribuição depois que os hóspedes reutilizassem as toalhas. A doação antes do ato mostrou-se 47% mais eficaz do que a posterior.[75]

Ainda assim, fornecer recursos logo de cara sem a garantia tradicional da compensação consensual talvez seja arriscado. Os retornos podem não surgir nos níveis adequados – ou nem sequer surgir –, porque certos receptores podem se ressentir de receber algo que não pediram, enquanto outros considerariam que o que receberam não lhes foi benéfico. Outros ainda (os "aproveitadores" entre nós) podem não se sentir obrigados por essa regra. Faz sentido indagar, então, se existem características específicas de um presente ou favor inicial que aumentem significativamente as chances de que será retribuído em níveis altos de recompensa. Existem três fatores principais desse tipo: a fim de otimizar o retorno, o que damos primeiro deve ser percebido como significativo, inesperado e personalizado.

Significativo e inesperado. Um experimento provou que as duas primeiras dessas características otimizadoras afetam o tamanho das gorjetas que garçons e garçonetes recebem. Alguns fregueses num restaurante de Nova Jersey receberam um pedaço de chocolate ao fim da refeição, um por pessoa, em uma cesta levada à mesa pela garçonete. Suas gorjetas subiram 3,3% comparadas àquelas dos fregueses que não receberam chocolate. Porém, quando outros fregueses foram convidados a pegar dois chocolates da cesta, a gorjeta da garçonete aumentou 14,1%. O que poderia justificar a grande diferença? Uma explicação é que o segundo chocolate representou um aumento significativo no tamanho da oferta – o dobro. Claramente, *significativo* não é o mesmo que *caro*, já que o segundo chocolate custou apenas uns centavos. Fornecer um presente caro pode ser significativo, mas preço alto não é necessário.

Claro que receber dois chocolates foi não apenas o dobro de um chocolate, mas também mais inesperado. O impacto claro da imprevisibilidade de um presente tornou-se evidente quando a garçonete testou uma terceira técnica.

Após oferecer aos fregueses um chocolate de sua cesta e fazer meia-volta para se afastar, ela inesperadamente retornou à mesa e ofereceu um segundo chocolate aos fregueses. Como resultado, sua gorjeta média aumentou 21,3%. Existe uma lição nessas várias descobertas que vai bem além de informar a garçons e garçonetes como aumentar suas gratificações: em diferentes tipos de situações de influência podemos elevar as chances de se receber altos níveis de benefícios de outras pessoas se primeiro forem fornecidos benefícios vistos por essas pessoas como significativos e inesperados. Mas, além dessas características, existe um terceiro elemento no triunvirato da otimização da reciprocidade que, na minha opinião, é mais influente que os outros dois combinados.

Personalizado. Quando um primeiro brinde é personalizado conforme as necessidades, preferências e circunstâncias atuais do receptor, ele ganha alavancagem. Vejamos como prova o que aconteceu num restaurante de fast-food em que os clientes foram saudados ao entrar e receberam um dentre dois presentes de mesmo preço. Se o presente não fosse ligado à comida (um chaveiro), a quantia gasta no restaurante aumentava 12% em comparação com clientes que foram saudados sem receber presente. Mas, se o presente fosse ligado à comida (um copo de iogurte), a despesa subia 24%. De uma perspectiva puramente econômica, essa descoberta é intrigante. Oferecer aos clientes de um restaurante alimentos grátis antes de fazerem seu pedido deveria levá-los a comprar *menos*, porque não precisarão gastar tanto com a refeição. Embora o resultado obtido não faça muito sentido lógico, faz todo o sentido *psico-lógico*: os clientes foram ao restaurante porque estavam com fome. Um presente inicial de comida ativou não apenas a regra da reciprocidade, mas uma versão mais forte dela, que afirma que as pessoas devem se sentir particularmente obrigadas a retribuir um presente que visa satisfazer a suas necessidades específicas.

Se um presente, brinde ou serviço incorpora todas as três características – significativo, inesperado e personalizado –, pode se tornar uma fonte formidável de mudança. Mas será que estaríamos pedindo demais ao esperar que faça uma diferença na luta contra terroristas violentos? Talvez não, por duas razões. Primeira: a regra da reciprocidade é um conceito cultural universal ensinado em todas as sociedades, inclusive aquelas de onde vêm os terroristas. Segunda, relatos de dentro dessa luta lançam luz no poder singular dos brindes que combinam as três características otimizadoras.

Vejamos o caso de Abu Jandal, o ex-chefe dos guarda-costas de Osama bin Laden, que, após sua captura, foi interrogado em uma prisão iemenita nos dias que se seguiram ao 11 de Setembro. As tentativas de fazer com que revelasse informações sobre a estrutura de liderança da Al-Qaeda pareciam inúteis, pois suas respostas se resumiam a discursos contra os costumes do Ocidente. Mas, quando os interrogadores notaram que ele nunca comia os biscoitos servidos com a comida e descobriram que era diabético, fizeram algo para ele que foi significativo, inesperado e personalizado: na sessão de interrogatório seguinte, levaram biscoitos sem açúcar para acompanhar o chá. Segundo um dos interrogadores, *aquele* foi o ponto da virada: "Mostramos respeito por ele, por meio daquela gentileza. Assim ele começou a conversar conosco, em ver de nos dar sermões." Em sessões subsequentes, Jandal forneceu dados amplos sobre as operações da Al-Qaeda, bem como os nomes de sete dos sequestradores dos aviões do 11 de Setembro.

Mas como qualquer veterano das batalhas contra o terrorismo sabe, às vezes para vencer é preciso conquistar aliados para a causa. Agentes secretos americanos no Afeganistão costumavam visitar territórios rurais para ganhar o apoio de chefes tribais contra o Talibã. Essas interações eram desafiadoras porque os líderes com frequência não estavam dispostos a colaborar, fosse por aversão aos ocidentais, medo de retaliação por parte do Talibã, ou ambos. Em uma dessas visitas, um agente da CIA notou a exaustão de um patriarca com os deveres de liderar a tribo e a família imediata, que incluía quatro esposas mais jovens. Na visita seguinte, o homem da CIA veio preparado com um presente: quatro pílulas de Viagra, uma por mulher. A "potência" desse brinde significativo, inesperado e personalizado tornou-se evidente na viagem seguinte do agente, quando o líder, radiante, o recebeu com uma profusão de informações sobre os movimentos e rotas de suprimento do Talibã.[76]

Biscoitos como gentileza. A recusa de Abu Jandal em revelar informações aos seus interrogadores mudou depois que lhe deram um presente inesperado e significativo, personalizado segundo seu problema de saúde: o diabetes.
Brent Stirton/Getty Images

Afeição

Na época em que eu estava me infiltrando nos programas de treinamento de várias organizações de vendas, ouvi uma afirmação feita repetidamente com grande confiança: "A regra número um dos vendedores é fazer com que seu cliente goste de você." O motivo, asseguravam a nós, *trainees*, era que as pessoas dizem sim àquelas de quem gostam – algo que era tão óbvio que não me pareceu interessante. O que me interessou, porém, foram as dicas para fazer os clientes gostarem de nós. Ser amigável, atraente e bem-humorado foi mencionado com frequência. Assim, costumávamos receber aulas de como sorrir, dicas de beleza e piadas para contar. Mas, de longe, duas formas específicas de gerar sentimentos positivos recebiam mais atenção. Éramos instruídos a realçar semelhanças e fazer elogios. Existem bons motivos para essas duas práticas serem enfatizadas: ambas aumentam a afeição e a anuência.

Semelhanças. Gostamos daqueles que são semelhantes a nós. Trata-se de uma tendência que faz parte da experiência humana quase desde o início: bebês sorriem mais para adultos cuja expressão facial corresponde à deles. E a afinidade pode ser ativada por semelhanças aparentemente triviais com capacidade, mesmo assim, de gerar grandes efeitos. Semelhanças no estilo de linguagem (os tipos de palavras e expressões verbais usados por parceiros de conversa) aumentam a atração romântica, a estabilidade dos relacionamentos e, o que é um tanto surpreendente, a probabilidade de que negociações de libertação de reféns terminem pacificamente. Além disso, essa influência ocorre ainda que a coincidência de estilos costume passar despercebida pelos parceiros de conversa.

Ademais, as consequências dessa tendência básica são visíveis nas decisões de ajudar. As pessoas estão predominantemente mais dispostas a ajudar uma vítima de emergência se são da mesma nacionalidade ou torcem para o mesmo time de futebol. A tendência também funciona em ambientes educacionais. O fator que desempenha o maior papel no sucesso de programas de aconselhamento de jovens é a semelhança inicial de interesses entre estudante e orientador. Mas é na área dos negócios que o impacto na anuência parece mais direto. Garçonetes instruídas a imitar o estilo verbal dos clientes dobraram suas gorjetas. Negociadores instruídos a fazer o mesmo obtiveram resultados finais bem melhores. Vendedores que imitaram os estilos de linguagem e comportamentos não verbais (gestos, posturas) dos clientes venderam mais dos equipamentos eletrônicos que recomendavam.[77]

Elogios. "Consigo viver dois meses embalado por um bom elogio", confessou Mark Twain. Uma metáfora apropriada, pois elogios nos alimentam e sustentam emocionalmente. Também fazem com que gostemos de quem os oferece e os beneficiemos. E isso ocorre quer o elogio seja à nossa aparência, ao gosto, à personalidade, aos hábitos de trabalho ou à inteligência. Na primeira dessas categorias, vejamos o que aconteceu em um salão quando os cabeleireiros elogiaram as clientes dizendo: "Qualquer estilo de cabelo ficaria bem em você." Suas gorjetas aumentaram 37%. De fato, ficamos tão encantados pela adulação que ela pode funcionar mesmo quando parece ter uma motivação velada. Estudantes universitárias chinesas que receberam um folheto *pré-impresso* de uma loja de roupas dizendo "Estamos entrando em contato porque você é elegante e estilosa" desenvolveram atitudes positivas em relação à loja e estiveram mais propensas a comprar ali. Outros pesquisadores descobriram que indivíduos que trabalharam numa tarefa de computador e receberam feedback adulador da máquina desenvolveram sentimentos mais favoráveis a ela, mesmo tendo sido informados de que o feedback havia sido *pré-programado* e não refletia seu desempenho real na tarefa. Ainda assim, ficaram mais orgulhosos de seu desempenho após receber essa forma vazia de elogio.[78]

A verdadeira regra número um dos vendedores. Hesito em discordar dos profissionais experientes de que a regra número um para vendedores é fazer com que o cliente goste de você, e que semelhanças e elogios são os melhores caminhos para esse fim. Mas já vi pesquisas que me fazem repensar essas afirmações. A versão que ouvi em sessões de treinamento de vendas tradicionais sempre foi esta: semelhanças e elogios fazem as pessoas gostarem de você, e uma vez que reconheçam essa afeição, vão querer fazer negócio.

Embora esse tipo de processo pré-suasivo sem dúvida funcione até certo grau, estou convencido de que um mecanismo pré-suasivo mais influente está em andamento. Semelhanças e elogios fazem as pessoas sentirem que você gosta *delas*, e uma vez que reconheçam essa afeição da sua parte, vão querer fazer negócio. Isto se deve ao fato de as pessoas terem confiança de que quem gosta delas tentará orientá-las corretamente. Assim, ao que me parece, a regra número um para vendedores é mostrar aos clientes que você de fato gosta deles. Existe um sábio adágio que satisfaz essa lógica: as pessoas não se importam com quanto você sabe até saberem quanto você se importa.[79]

Aprovação social
Em sua canção "Imagine", John Lennon propõe um mundo sem fome, ganância, posses ou países – caracterizado pela fraternidade universal, paz e

unidade. Trata-se de um mundo diferente do de hoje e, de fato, de qualquer época na história da humanidade. Embora admitindo que sua visão pareça a de um sonhador, ele tenta convencer os ouvintes a aceitarem seu ponto de vista com um único fato subsequente: "Mas eu não sou o único."

A confiança de Lennon nesse argumento isolado é uma prova do poder projetado do princípio da aprovação social. O princípio sustenta que as pessoas acham que é *adequado* acreditar, sentir ou fazer na medida em que outras pessoas, especialmente suas semelhantes, também estejam acreditando, sentindo ou fazendo o mesmo. Dois componentes dessa adequabilidade percebida – validade e viabilidade – podem impelir a mudança.

Validade. Após recebermos informações de que muitas pessoas semelhantes reagiram de uma forma específica, a reação parece mais válida, mais correta para nós, do ponto de vista moral e prático. Quanto à primeira dessas dimensões, quando temos provas da maior frequência de uma ação, isso melhora nosso julgamento da correção moral do ato. Em um estudo, depois de saberem que a maioria de seus colegas apoiou o uso da tortura pelas forças armadas para extrair informações, 80% dos membros de um grupo acharam a prática mais aceitável e demonstraram maior apoio a ela em seus pronunciamentos públicos e, o que é mais revelador, em suas opiniões privadas. Felizmente, além de aumentarem a aceitabilidade do que poderia ser indesejável, as reações dos outros podem fazer o mesmo para o comportamento desejável. Profissionais informados de que a maioria das pessoas tenta superar estereótipos tornaram-se mais resistentes aos estereótipos sobre mulheres em sua conduta profissional.

Além de esclarecer o que é moralmente certo, a aprovação social reduz a incerteza sobre o que é pragmaticamente correto. Embora a massa nem sempre esteja certa a respeito da sensatez de ações, tornando a popularidade de uma atividade um indicador de seu bom senso. Como resultado, costumamos seguir a liderança daqueles à nossa volta que são como nós. Os resultados podem ser notáveis, criando soluções simples, quase gratuitas, para desafios tradicionais da influência. Gerentes de restaurantes podem aumentar a demanda por pratos específicos em seus cardápios sem a despesa de incrementar as receitas com ingredientes mais caros, o pessoal da cozinha com novos funcionários ou o cardápio com descrições floreadas desses pratos. Basta que rotulem os pratos como os "mais populares". Quando essa tática honesta, mas raramente empregada, foi testada em um conjunto de restaurantes em Pequim, na China, cada prato tornou-se de 13% a 20% mais popular.

Donos de restaurantes não são os únicos que podem usar a aprovação social para influenciar na escolha de seus pratos. Em vez de arcar com o custo de reunir e comunicar extensas informações nutricionais sobre os benefícios à saúde de comer frutas, uma escola pode aumentar o consumo de frutas por parte dos alunos afirmando, ao contrário do que os alunos acreditam, que a maioria de seus colegas *procura* comer frutas para se manter saudável. Esse tipo de informação aumentou o consumo de frutas entre os alunos de ensino médio holandeses em 35% – embora, como é comum entre os adolescentes, eles alegassem não ter a menor intenção de mudar.

Muitos governos aplicam recursos significativos regulamentando, monitorando e punindo empresas que poluem o ar e a água. Essas despesas parecem um desperdício no caso de alguns infratores, que ignoram totalmente os regulamentos ou preferem pagar as multas, que são menores que o custo de cumpri-los. Mas certas nações desenvolveram programas econômicos que funcionam utilizando-se da aprovação social. Elas avaliam o desempenho ambiental de empresas poluidoras dentro de um setor e depois divulgam as avaliações, de modo que todas as empresas daquele setor possam ver em que posição estão em relação a seus congêneres. As melhorias gerais têm sido substanciais – mais de 30% – e quase todas vieram de mudanças implementadas pelos maiores poluidores, que reconheceram quanto vinham se saindo mal comparados a empresas semelhantes.[80]

Viabilidade. Com um grupo de estimáveis colegas, certa vez fiz um estudo para ver o que poderíamos dizer mais eficazmente para induzir as pessoas a poupar energia doméstica. Enviamos uma de quatro mensagens às casas pesquisadas, uma vez por semana durante um mês, pedindo que reduzissem seu consumo de energia. Três das mensagens continham uma razão bastante citada para poupar energia: o meio ambiente se beneficiará; trata-se da coisa socialmente responsável a fazer; você economizará na próxima conta. A quarta mensagem apostou na aprovação social, afirmando (honestamente) que a maioria dos moradores da vizinhança procura poupar energia em casa. Ao final do mês, registramos o consumo de energia e constatamos que a mensagem baseada na aprovação social gerou uma economia de energia 3,5 vezes maior do que qualquer outra. A diferença surpreendeu quase todos no estudo – eu, por exemplo, mas também meus colegas pesquisadores, e mesmo uma amostra de proprietários das casas pesquisadas. Estes, na verdade, esperavam que a mensagem da aprovação social fosse a menos eficaz.

Quando comento com executivos de empresas de energia elétrica sobre essa pesquisa, eles com frequência não acreditam em razão da crença arraigada de que o motivador mais forte da ação humana é o interesse econômico em seu próprio benefício. Eles dizem algo como: "Espere aí. Está querendo que eu acredite que dizer às pessoas que seus vizinhos estão economizando energia é três vezes mais eficaz do que dizer que podem reduzir significativamente suas contas de luz?" Embora existam várias respostas possíveis a esta pergunta legítima, uma delas quase sempre se mostrou persuasiva para mim. Envolve o segundo motivo, além da validade, pelo qual informações de aprovação social funcionam tão bem: a viabilidade. Se informo a proprietários de casas que economizando energia eles *podem* também economizar muito dinheiro, não significa que eles sejam capazes de fazer isso. Afinal, eu *poderia* reduzir minha próxima conta de luz a zero se desligasse toda a eletricidade em casa e me enroscasse no chão no escuro durante um mês. Mas isto não é razoável. Uma grande força da informação de aprovação social é que ela destrói o problema da exequibilidade incerta. Se as pessoas ficam sabendo que muitas outras como elas estão poupando energia, resta pouca dúvida sobre a sua viabilidade. Aquilo passa a parecer realista e, portanto, implementável.[81]

Autoridade

Para a maioria das pessoas, o meio de tornar uma mensagem persuasiva é oferecer o conteúdo certo: para assegurar que a comunicação contenha evidências fortes, raciocínio sensato, bons exemplos e relevância clara. Embora esta visão ("O *mérito* é a mensagem") seja até certo ponto correta, alguns acadêmicos argumentam que outras partes do processo podem ser igualmente importantes. A mais famosa dessas alegações está corporificada em uma afirmação do teórico da comunicação Marshall McLuhan de que "O *meio* é a mensagem" – a ideia de que o canal pelo qual a informação é enviada é ele próprio uma forma de mensagem consequente, que afeta como os receptores experimentam o conteúdo. Além disso, cientistas da persuasão apontam para indícios convincentes de uma terceira afirmação: "O *mensageiro* é a mensagem."

Dos vários tipos de mensageiros – positivos, sérios, bem-humorados, enfáticos, modestos, críticos –, existe um que merece atenção especial em razão de seu profundo e amplo impacto sobre o público: o comunicador abalizado. Quando um legítimo especialista em um tema fala, as pessoas costumam ser persuadidas. De fato, às vezes a informação torna-se persuasiva apenas porque uma autoridade é sua fonte. Isso é especialmente verdadeiro quando o receptor está em dúvida sobre o que fazer.

Como prova, veja os resultados de um estudo em que indivíduos tiveram que tomar uma série de decisões econômicas difíceis enquanto estavam conectados a um equipamento de tomografia cerebral. Quando tomaram decisões sozinhos, a atividade disparou nas áreas do cérebro associadas à avaliação de opções. Mas, quando receberam conselho especializado sobre as decisões (de um economista acadêmico de renome), não apenas seguiram seu conselho, como o fizeram sem refletir sobre os méritos intrínsecos das opções. A atividade nos setores de avaliação do cérebro dele cessou. Significativamente, nem todas as regiões cerebrais foram assim afetadas. Os setores associados à compreensão das intenções de outra pessoa foram ativados pelos conselhos do especialista. O mensageiro havia se tornado a mensagem focal.

Como esse exemplo deve ter deixado claro: o tipo de autoridade a que nos referimos aqui não é necessariamente alguém que ocupe um posto hierárquico superior – que possa, por isso, ordenar a anuência –, mas alguém que é *uma* autoridade e tem capacidade de assim induzir a anuência mediante sua expertise reconhecida. Além disso, dentro desta última categoria, existe um tipo – a autoridade confiável – que é particularmente produtiva. Uma autoridade confiável possui a combinação de duas qualidades altamente persuasivas: expertise e confiabilidade. Já examinamos os efeitos da primeira. Agora vamos nos concentrar na segunda.[82]

Confiabilidade. Se existe uma qualidade que queremos ver mais do que qualquer outra naqueles com quem interagimos, é a confiabilidade. E isso ocorre mesmo em comparação com outros traços altamente valorizados como atratividade, inteligência, cooperação, compaixão e estabilidade emocional. Em uma interação voltada para a persuasão, desejamos estar confiantes de que as informações são apresentadas de forma honesta e imparcial – ou seja, retratando a realidade de forma precisa, sem visar o interesse próprio.

Através dos anos, compareci a muitos cursos que buscavam ensinar habilidades de influência. Quase todos enfatizavam que ser percebido como confiável é um meio eficaz de aumentar a influência e que o desenvolvimento dessa percepção leva tempo. Embora o primeiro desses pontos permaneça confirmado, um corpo crescente de pesquisas indica que existe uma exceção notável ao segundo. De acordo com essas pesquisas, é possível adquirir confiabilidade instantânea empregando uma estratégia astuta. Em vez de sucumbir à tendência de descrever de início todos os aspectos mais favoráveis de uma oferta ou ideia e reservar a menção a quaisquer desvantagens para o fim da apresentação (ou nunca mencioná-las), um comunicador que cita uma fraqueza no princípio é imediatamente visto como mais honesto. A vantagem dessa sequência é que, com a confiabilidade percebida já em ação, quando os pontos fortes são defendidos, o público tem maior probabilidade de acreditar neles. Afinal, foram transmitidos por uma fonte confiável, cuja honestidade foi comprovada (pré-suasivamente) por uma disposição em apontar não apenas os aspectos positivos, mas também os negativos.

A eficácia dessa abordagem foi documentada (1) em ambientes legais, em que um advogado que admite uma fraqueza antes que o advogado oponente a aponte é visto como mais confiável e vence com mais frequência; (2) em campanhas políticas, em que um candidato que começa dizendo algo positivo sobre um adversário ganha confiabilidade e intenções de voto; e (3) em mensagens publicitárias, em que anunciantes que reconhecem uma desvantagem antes de realçarem as virtudes costumam ver grandes aumentos nas vendas. A tática pode ser particularmente bem-sucedida se o público já está consciente da fraqueza. Assim, quando um comunicador a menciona, pouco dano adicional é infligido, já que nenhuma informação nova é acrescentada – exceto, decisivamente, a informação de que o comunicador é um indivíduo honesto. Outro ganho acontece quando o falante usa uma palavra de transição – como *contudo*, ou *mas*, ou *no entanto* – que desvia a atenção da fraqueza e a canaliza para uma força compensatória. Um candidato a emprego pode dizer: "Não tenho experiência nesta área, *mas* aprendo rápido." Um vendedor de um sistema de informações pode afirmar: "Nossos custos de instalação não são os menores; *contudo*, vocês recuperarão rapidamente esse valor graças ao nosso desempenho superior."

Elizabeth I da Inglaterra empregou ambos os recursos para otimizar o impacto dos dois discursos mais célebres de seu reinado. O primeiro ocorreu em Tilbury, em 1588, quando, ao se dirigir às suas tropas reunidas contra uma esperada invasão naval da Espanha, dissipou a preocupação dos soldados de que, como mulher, não estivesse à altura dos rigores da batalha: "Sei que tenho o corpo de uma mulher fraca e frágil; *mas* tenho o coração de um rei, e um rei da Inglaterra, também!" Relata-se que tão prolongadas e altas foram as aclamações após aquele pronunciamento que os oficiais tiveram de cavalgar entre seus homens pedindo que se contivessem para que a rainha pudesse continuar.

Treze anos depois, talvez lembrando o sucesso daquele dispositivo retórico, ela voltou a usá-lo em suas observações formais aos membros do Parlamento, muitos dos quais não confiavam nela. Quando estava quase concluindo aquelas observações, proclamou: "E talvez vocês tenham tido, e talvez ainda venham a ter, muitos príncipes mais poderosos e sábios sentados neste trono, *no entanto* nunca tiveram, nem terão, um que os ame mais." De acordo com o historiador britânico Richard Cavendish, os membros do público deixaram o salão "transfigurados, muitos deles em lágrimas", e, naquele mesmo dia, rotularam sua alocução de o "Discurso Dourado" da rainha – um rótulo que perdura até hoje.

Observe que os termos de conexão de Elizabeth, *mas* e *no entanto*, levaram os ouvintes das fraquezas percebidas para forças *contrárias*. O fato de sua líder ter o coração de um rei, uma vez aceito, encheu as tropas da confiança que lhes faltava – e de que necessitavam – antes da batalha. De forma semelhante, o fato de amar profundamente seus súditos, uma vez aceito, desarmou até seus oponentes no Parlamento. Esse aspecto das afirmações pré-suasivas da rainha concorda com pesquisas científicas que mostram que a tática da fraqueza antes da força funciona melhor quando a força não apenas acrescenta algo positivo à lista de prós e contras, mas desafia a importância da fraqueza. Por exemplo, Elizabeth não tentou encorajar as tropas em Tilbury dizendo que não havia ninguém "que os amasse mais", já que seus combatentes tinham de contar com um comandante de coração destemido, não um de coração mole. Ela entendeu que, para maximizar seu efeito, uma fraqueza inicialmente revelada deveria ser escolhida não apenas para preestabelecer a confiança nas afirmações posteriores, mas também para ser negada por aquelas afirmações. Seu corpo de mulher "fraco e frágil" se tornaria irrelevante para a liderança no campo de batalha se, na mente de seus homens, ela abrigasse "o coração de um rei".[83]

Escassez

Queremos mais do que só podemos ter menos. Por exemplo, quando o acesso a um produto desejado é restrito, sabe-se que as pessoas ficam loucas para obtê-lo. Depois que a rede de confeitarias Crumbs anunciou, em 2014, que fecharia todas as suas lojas, os cupcakes que eram sua marca registrada, e cujo preço estava em torno de quatro dólares, começaram a ser vendidos por até 250 dólares na internet. O efeito não se limita a cupcakes. Na manhã do lançamento no varejo do mais novo iPhone, um repórter foi entrevistar indivíduos que haviam esperado a noite inteira para garantir um aparelho. Uma mulher que era a 23ª da fila revelou algo que bate com esse fato comprovado, mas que mesmo assim me surpreendeu. Ela começara sua espera como a 25ª na fila, mas havia puxado conversa durante a noite com a 23ª – uma mulher que elogiou sua bolsa Louis Vuitton de 2.800 dólares. Aproveitando a oportunidade, a primeira mulher propôs e fechou um negócio: "Minha bolsa por seu lugar na fila." Ao fim do relato entusiasmado da mulher, o entrevistador, compreensivelmente surpreso, gaguejou: "Mas... por quê?" e recebeu uma resposta reveladora: "Porque ouvi dizer que esta loja não tem um grande suprimento", respondeu a nova 23ª, "e eu não queria *perder* a chance de comprar um aparelho."

Embora existam vários motivos para a escassez gerar desejo, nossa aversão a perder algo valioso é um fator-chave. Afinal, a perda é a suprema forma de escassez, tornando indisponível o item valorizado ou a oportunidade. Em uma conferência de serviços financeiros, ouvi o CEO de uma grande corretora defender o poder motivador da perda descrevendo uma lição que recebeu certa vez de seu mentor: "Se você acordar um cliente multimilionário às cinco da manhã e disser 'Se agir agora, ganhará 20 mil dólares', ele vai gritar com você e desligar o telefone na sua cara. Mas se você disser 'Se não agir agora, perderá 20 mil dólares', ele agradecerá."

A escassez de um artigo, porém, faz mais do que aumentar a possibilidade de perda. Aumenta também o julgamento do valor daquele artigo. Quando fabricantes de automóveis limitam a produção de um modelo novo, seu valor se eleva entre compradores potenciais. Outras restrições em ambientes diferentes geram resultados semelhantes. Em uma grande rede de supermercados, promoções de marcas que incluíram um limite de compras ("Somente *x* por cliente") mais do que dobraram as vendas de sete diferentes tipos de produtos quando comparadas com promoções dos mesmos produtos que não incluíram limite de compras. Estudos posteriores mostraram a razão. Na mente do consumidor, qualquer limitação ao acesso aumentava o valor do que estava sendo oferecido.[84]

Coerência

Normalmente queremos ser coerentes (e ser vistos como tal) com nossos compromissos – como declarações que fizemos, posições que adotamos e ações que realizamos. Portanto, os comunicadores que conseguem nos levar a dar um passo pré-suasivo, ainda que pequeno, na direção de uma ideia ou entidade específica aumentarão nossa disposição em dar um passo bem maior e congruente quando solicitados. O desejo de coerência provocará isso. Essa força poderosa em direção ao alinhamento pessoal é usada em uma grande variedade de ambientes de influência.

Os psicólogos nos advertem de que a infidelidade sexual dentro de relacionamentos românticos é fonte de grande conflito, muitas vezes levando à raiva, à dor e ao fim do relacionamento. Felizmente, eles também identificaram uma atividade pré-suasiva que pode ajudar a impedir que isso aconteça: a oração – não qualquer oração, mas um tipo particular. Se um parceiro romântico concorda em orar *pelo bem-estar do outro* diariamente por um longo período, torna-se menos propenso a ser infiel durante esse período. Afinal, tal comportamento seria incompatível com o compromisso diário e ativo com o bem-estar do parceiro.

Os profissionais da influência têm constatado a utilidade da tendência humana de coerência com as palavras e ações (pré-suasivas) anteriores. Seguradoras de automóveis podem reduzir leituras mentirosas do hodômetro dos segurados transferindo a promessa de honestidade do fim do formulário para o início. Partidos políticos podem aumentar as chances de que os partidários votem na eleição seguinte se tiverem providenciado que (por meio de várias atividades estimuladoras do voto) votassem na anterior. Marcas podem aumentar a fidelidade dos clientes fazendo com que as recomendem a um amigo. Organizações podem aumentar a probabilidade de que um indivíduo apareça em uma reunião ou evento se, em vez de dizerem ao fim de um telefonema de lembrete "Marcaremos então que você virá. Obrigado!", disserem "Marcaremos então que você virá, ok? [*Pausa para confirmação.*] Obrigado." Uma organização de serviços de sangue que fez essa pequena mudança indutora do compromisso na frase aumentou a participação de prováveis doadores numa campanha de 70% para 82,4%.[85]

Profissionais podem alavancar a força do princípio da coerência sem criar nenhum compromisso novo. Às vezes tudo de que se necessita é lembrar a outros um compromisso já assumido que concorda com os objetivos em questão. Vejamos como a equipe legal que defendia o casamento entre pessoas do mesmo sexo diante da Suprema Corte americana em 2013 estruturou uma campanha nacional de marketing que durou meses tendo *um homem* como o alvo principal, o juiz da Suprema Corte Anthony Kennedy. (A opinião pública já se tornara favorável ao casamento entre pessoas do mesmo sexo.) Apesar do alcance nacional da operação antes das audiências no tribunal, o que a campanha mais queria era influenciar Kennedy, por duas razões.

Primeiro, ele era considerado por muitos como aquele que daria o voto decisivo nos dois processos concomitantes que a corte estava avaliando sobre a questão. Segundo, ele costumava ficar em cima do muro em questões ideológicas. Por um lado, era um tradicionalista, sustentando que a lei não deveria ser interpretada de uma forma que fugisse muito de sua linguagem original. Por outro, acreditava que a lei era viva e tinha significados que evoluíam com o tempo. Essa posição ambígua fazia de Kennedy um bom candidato para uma abordagem de comunicação que não pretendia mudar um de seus pontos de vista contrastantes, mas conectar apenas um deles à questão do casamento entre pessoas do mesmo sexo. A campanha na mídia proporcionou exatamente essa abordagem ao empregar um conjunto de conceitos, e até expressões, que Kennedy usara em opiniões anteriores no tribunal: "dignidade humana", "liberdade individual" e "liberdades/direitos pessoais". Em consequência, onde quer que Kennedy fosse nas semanas e meses que antecederam as discussões nos processos, ele provavelmente ouviria as questões relevantes associadas, na campanha da mídia, àquele conjunto selecionado de três de seus pontos de vista declarados. A intenção foi fazê-lo perceber suas posições legais anteriores como associadas à posição pró-casamento entre pessoas do mesmo sexo.

A intenção foi encenada bem mais explicitamente depois de iniciadas as audiências. Membros da equipe legal exibiram seus argumentos repetidamente no tribunal a partir da mesma linguagem e temas ligados a Kennedy. Será que essa tática contribuiu para a votação de 5 a 4 do tribunal a favor do casamento homoafetivo? É difícil saber. Mas membros da equipe legal pensam que sim, e apontam para um indício confirmatório: nas opiniões escritas, Kennedy valeu-se fortemente dos conceitos de dignidade, liberdade e direitos – que eles haviam se esforçado em priorizar dentro do pensamento do juiz relacionado ao casamento homoafetivo antes e durante as audiências formais. Talvez seja um testemunho da durabilidade dos compromissos corretamente evocados que, em outro processo de casamento entre pessoas do mesmo sexo dois anos depois, aqueles mesmos três conceitos de novo figuraram proeminentemente no parecer do juiz Kennedy.[86]

O QUE MAIS PODE SER DITO SOBRE OS PRINCÍPIOS UNIVERSAIS DA INFLUÊNCIA?

Após apresentar os seis princípios da influência social a um público de negócios, eu costumo ouvir duas perguntas. A primeira diz respeito à questão do momento ideal: "Os diferentes estágios de uma relação comercial são mais adequados especificamente a alguns dos princípios?" Graças ao meu colega Dr. Gregory Neidert, tenho uma resposta, que é sim. Além disso, tenho uma explicação, que vem do que o Dr. Neidert desenvolveu como o *modelo dos motivos centrais da influência social.* Claro que qualquer candidato a influenciador quer efetuar mudanças nos outros, mas, de acordo com o modelo, o estágio do relacionamento faz com que alguns princípios da influência tenham mais chance de sucesso.

No primeiro estágio, a meta principal envolve *cultivar uma associação positiva*, já que as pessoas estão mais favoráveis a uma comunicação se são favoráveis ao comunicador. Dois princípios da influência, reciprocidade e afeição, parecem particularmente apropriados à tarefa. Oferecer primeiro (de forma significativa, inesperada e personalizada), realçando pontos genuinamente em comum, e fazendo elogios reais cria um relacionamento que facilita todas as interações futuras.

No segundo estágio, *reduzir a incerteza* torna-se uma prioridade. Um relacionamento positivo com um comunicador não assegura o sucesso persuasivo. Antes que as pessoas se mostrem propensas a mudar, elas querem ver a decisão em questão como sensata. Sob tais circunstâncias, os princípios da aprovação social e da autoridade oferecem a melhor combinação. Apontar a prova de que uma escolha é bem-vista por colegas ou especialistas aumenta fortemente a confiança em sua sensatez. Mas mesmo com uma associação positiva cultivada e a incerteza reduzida, ainda resta um passo a ser dado.

Nesse terceiro estágio, a *ação motivadora* é o objetivo principal. Ou seja, um amigo me mostra provas suficientes de que os especialistas recomendam (e quase todos os meus colegas acreditam) que faz bem praticar exercícios todos os dias, mas isso pode não ser suficiente para que eu comece a praticá-los. O amigo faria bem em incluir no apelo os princípios da coerência e da escassez, lembrando-me do que falei em público no passado sobre a importância da saúde e dos prazeres únicos dos quais me privaria se a perdesse. Essa é a mensagem que mais provavelmente me faria me levantar de manhã para ir à academia.

A segunda pergunta que me fazem com frequência sobre os princípios é se identifiquei algum novo desde o último livro. Até recentemente, eu sempre respondi que não. Mas agora acredito que existe um sétimo princípio universal que eu não havia percebido – não porque algum novo fenômeno cultural ou mudança tecnológica o trouxe à minha atenção, mas porque estava oculto sob a superfície dos meus dados o tempo todo. Explicarei a seguir o que é e como passei a vê-lo.

11
União 1: Estar juntos

Durante anos, em uma de minhas aulas na universidade, eu falava sobre um estudo que dizia que mandar cartões de boas-festas para pessoas completamente estranhas gerava um número surpreendente de cartões de resposta. Na aula, eu atribuía a descoberta ao princípio da reciprocidade, que obriga as pessoas a retribuir àqueles que lhes deram algo primeiro – mesmo, aparentemente, sob essas circunstâncias intrigantes. Eu gostava de falar sobre aquele estudo em aula, porque ele ilustrava o argumento que eu queria destacar sobre o poder do princípio. Além disso, os alunos achavam graça, aumentando minha popularidade como professor.

Após uma dessas aulas, uma aluna mais velha (que voltou à faculdade depois de ter criado os filhos) parou e me agradeceu por ter solucionado um mistério de uma década em sua família. Ela disse que, 10 anos antes, eles haviam recebido um cartão de Natal dos Harrison de Santa Bárbara, Califórnia. Mas nem ela nem o marido se lembravam de ter conhecido quaisquer Harrison em Santa Bárbara. Ela estava certa de que havia um equívoco e que os Harrison deviam ter errado o endereço no envelope. No entanto, sua família *havia* recebido um cartão de boas-festas deles. Assim, fiel ao princípio da reciprocidade, ela enviou um cartão em retribuição. "Estamos há 10 anos trocando cartões com essas pessoas", ela confessou, "e *ainda* não sei quem são. Mas agora ao menos sei por que lhes enviei o primeiro cartão."

Vários meses depois, ela veio à minha sala, dizendo que precisava me atualizar sobre o caso. Seu filho mais novo, Skip, estava prestes a começar a estudar na Universidade da Califórnia em Santa Bárbara. Mas, por causa de uma obra, seu quarto no alojamento não estava pronto, e ele precisava de um lugar para ficar por uns dias até que o problema fosse resolvido. Embora a universidade oferecesse estadia temporária em um motel, a mãe não gostou da ideia. Em vez disso, ela pensou: "Quem é que conhecemos em Santa Bárbara? Os Harrison!" Ela ligou para eles e sentiu-se aliviada ao saber que eles ficariam contentes em receber Skip como hóspede. E deixou minha sala declarando estar mais surpresa do que nunca pela influência do princípio da reciprocidade sobre a conduta humana – nesse caso, sua própria e a dos Harrison.

Mas eu estava menos convencido. Com certeza conseguia ver que a decisão inicial de minha aluna de enviar um cartão se encaixava na obrigação da reciprocidade. Mas a decisão dos Harrison de receber Skip em casa não se inseria nem um pouco naquela obrigação. Não havia nenhuma dívida pendente para ser quitada pelos Harrison quando eles concordassem. Cartões de boas-festas haviam sido enviados por ambas as partes. Assim, em termos de obrigações, as duas famílias estavam quites. Após refletir, concluí que, embora a regra da reciprocidade pudesse ter desencadeado o processo, foi o *relacionamento* de 10 anos resultante entre as famílias que compeliu os Harrison a abrir sua casa para um rapaz de 18 anos que eles nem conheciam. Aquela percepção me fez entender o poder autossuficiente das conexões sociais de gerar anuência – à parte dos seis outros princípios da influência. Os relacionamentos não apenas intensificam a disposição em ajudar, mas também a geram.

Existe uma lição aqui. Nossa capacidade de criar mudança nos outros costuma ter como uma base importante os relacionamentos pessoais compartilhados, que criam um contexto pré-suasivo para a anuência. É uma decisão ruim, então, para a influência social quando permitimos que as atuais forças de separação – mudanças sociais distanciadoras, tecnologias modernas isoladoras – privem nossas trocas de um sentimento de conexão humana.[87]

UNIÃO

Quais tipos de relacionamentos existentes ou percebidos maximizam o tratamento favorável a membros da mesma organização? A resposta requer uma distinção sutil porém crucial. Os relacionamentos que levam as pessoas a favorecerem outra mais eficazmente não são aqueles que lhes permitem dizer: "Ah, essa pessoa é como nós." São os que permitem às pessoas dizerem: "Ah, essa pessoa é um *de* nós." Por exemplo, eu poderia ter muito mais em comum com um colega no trabalho do que com uma irmã, mas não há dúvida sobre qual dos dois eu consideraria "um *de* nós" e qual eu consideraria meramente *como* eu – e qual, por consequência, eu mais provavelmente ajudaria num momento de necessidade. A experiência da *união* não envolve simples semelhanças (embora estas possam funcionar também, mas num grau menor, por meio do princípio da afeição). Envolve identidades compartilhadas. Envolve as categorias que os indivíduos usam para definir a si e seus grupos, como raça, etnia, nacionalidade e família, bem como afiliações políticas e religiosas. Uma característica-chave dessas categorias é que seus membros costumam se sentir unidos. São as categorias em que a conduta de um membro influencia a autoestima dos outros. Em termos simples, *nós* é o *eu* compartilhado.

A evidência da sobreposição do eu com outras identidades dentro dos grupos baseados no nós é variada e impressionante. As pessoas com frequência vão perdendo a capacidade de distinguir entre elas mesmas e os membros do grupo: atribuindo de maneira indevida suas próprias características aos outros, deixando de lembrar quais traços pessoais haviam avaliado anteriormente para membros do grupo ou para elas, e levando bem mais tempo para identificar traços que diferenciavam os demais membros delas mesmas – tudo isso refletindo uma confusão do eu com o outro. Os neurocientistas oferecem uma explicação para essa confusão: representações mentais dos conceitos de *eu* e dos *outros próximos* emergem dos mesmos circuitos cerebrais. Ativar qualquer um desses conceitos pode levar à *estimulação cruzada* dos dois conceitos e à consequente confusão de identidades.[88]

Bem antes de as provas neurocientíficas estarem disponíveis, cientistas sociais já mediam o sentimento da sobreposição eu-outros e identificavam suas causas. No processo, descobriram duas categorias de fatores que levavam a uma sensação do nós – aqueles envolvendo formas específicas de estar juntos e formas particulares de agir juntos. Vejamos cada um deles.

Indique a figura abaixo que melhor descreve o relacionamento com seu parceiro.

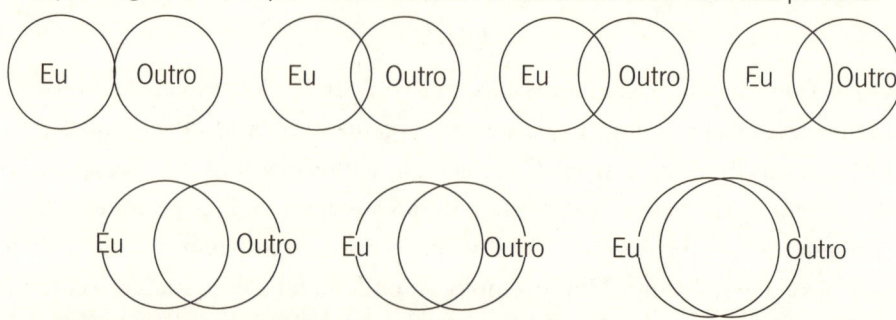

Círculos sobrepostos, eus sobrepostos. Desde sua publicação, em 1992, cientistas vêm usando a Escala de Inclusão do Outro no Self para ver quais fatores promovem a sensação de estar "unido" com outro indivíduo. *Cortesia de Arthur Aron e da Associação Americana de Psicologia*

ESTAR UNIDO

Parentesco

De um ponto de vista genético, ser da mesma família – da mesma linhagem – é a suprema forma da unidade eu-outro. De fato, o conceito amplamente aceito da "aptidão inclusiva" dentro da biologia evolucionária solapa a distinção entre eu e outros aparentados especificamente, afirmando que os indivíduos, mais do que tentarem assegurar a própria sobrevivência, procuram assegurar a sobrevivência de cópias de seus genes. A implicação crucial é que o *auto* do autointeresse pode se referir a outro que compartilhe uma boa quantidade de material genético. Por essa razão, as pessoas se mostram particularmente dispostas a ajudar parentes próximos, sobretudo em decisões ligadas à sobrevivência, como doar um rim, salvar alguém de um prédio em chamas ou intervir numa briga. Pesquisas baseadas em imagens do cérebro identificaram uma causa: as pessoas experimentam um estímulo anormalmente alto nos centros da autorrecompensa do cérebro após ajudarem um membro da família. É quase como se, ao fazê-lo, estivessem ajudando a si próprias – e isso vale até para adolescentes!

De uma perspectiva evolucionária, quaisquer vantagens à própria família deveriam ser promovidas, inclusive as relativamente pequenas. Considere como confirmação a técnica de influência mais eficaz que já empreguei em minha carreira. Certa vez quis comparar as atitudes de estudantes universitários com as de seus pais em uma série de temas, o que implicava fazer com que ambos os grupos respondessem a um longo questionário. Fazer com que os universitários cumprissem a tarefa não foi difícil: submeti o questionário como um exercício em uma grande turma de psicologia da qual eu era professor. Achar um meio de fazer os pais participarem era mais difícil, visto que eu não tinha dinheiro a oferecer e sabia que a participação de adultos nessas pesquisas é desanimadora – geralmente inferior a 20%. Um colega sugeriu que eu apelasse para o trunfo do parentesco oferecendo um ponto extra a cada aluno cujo pai ou mãe respondesse ao questionário.

O efeito foi espantoso. Todos os meus 163 alunos enviaram o questionário ao pai ou à mãe, e 159 (97%) enviaram de volta pelo correio uma cópia respondida. Para um ponto, em um teste, em um curso, em um semestre, para um de seus filhos. Como pesquisador da influência, nunca vi nada semelhante.

Mas existe um meio de indivíduos sem nenhuma ligação genética conosco empregarem o poder do parentesco para obter o nosso favor? Uma possibilidade é usar linguagem e imagística pré-suasivamente para trazer o conceito de parentesco à nossa consciência. Por exemplo, coletividades que criam uma sensação de nós entre seus membros são caracterizadas pelo uso de imagens e rótulos familiares – *irmãos, irmandade, ancestrais, terra mãe, herança* – que levam a uma maior disposição em sacrificar os próprios interesses pelo bem-estar do grupo. Como os seres humanos são criaturas simbolizadoras, uma equipe internacional de pesquisadores descobriu que essas "famílias fictícias" imaginadas produzem níveis de autossacrifício associados tipicamente a clãs aparentados. Dois estudos demonstraram que lembrar a espanhóis a semelhança de seus laços nacionais com a família fez com que aqueles que se sentiram "unidos" a seus concidadãos mostrassem, imediatamente, uma disposição bem maior em lutar e morrer pela Espanha.[89]

Agora façamos uma pergunta semelhante sobre alguém fora de nossas coletividades existentes. Um comunicador sozinho, sem qualquer ligação genética, poderia se valer do conceito de parentesco para obter concordância? Quando falo em conferências de empresas de serviços financeiros, às vezes pergunto: "Quem vocês diriam que é o mais bem-sucedido investidor financeiro de nossa época?" A resposta, emitida em uníssono, é sempre "Warren Buffett". O Sr. Buffett, em colaboração perfeita com seu sócio Charlie Munger, levou a Berkshire Hathaway Inc. – uma holding que investe em outras empresas – a níveis incríveis de valor para seus acionistas desde que assumiu o comando em 1965.

Vários anos atrás, ganhei ações da Berkshire Hathaway. É um presente que não para de render, e não apenas monetariamente. Ele me proporcionou uma posição privilegiada para observar as abordagens de Buffett e Munger ao investimento estratégico, sobre o qual sei pouco, e à comunicação estratégica, sobre a qual sei alguma coisa. Restringindo-me ao processo que conheço, posso dizer que me sinto impressionado com o grau de habilidade que tenho visto. Ironicamente, as conquistas financeiras da Berkshire Hathaway têm sido tão notáveis que geraram um problema de comunicação: como dar aos acionistas atuais e potenciais a confiança de que a empresa manterá tal sucesso no futuro. Sem essa confiança, seria razoável esperar que os acionistas vendessem suas ações, enquanto compradores potenciais optariam por outras empresas.

Não se engane: com base em um excelente modelo de negócios e diversas vantagens de escala únicas, a Berkshire Hathaway tem argumentos convincentes para justificar sua valorização futura. Mas ter argumentos convincentes não é o mesmo que defendê-los de forma convincente – algo que Buffett faz invariavelmente nos relatórios anuais da empresa. Por exemplo, para de cara consolidar sua credibilidade (geralmente logo nas duas primeiras páginas de texto), ele descreve um erro que cometeu ou um problema que a empresa encontrou durante o último ano e examina as implicações para os resultados futuros. Em vez de soterrar, minimizar ou disfarçar as dificuldades, que parece ser o caminho seguido com frequência em outros relatórios anuais, Buffett demonstra que está, primeiro, plenamente informado dos problemas da empresa e, segundo, disposto a revelá-los. A vantagem resultante é que, quando ele descreve as forças formidáveis da Berkshire Hathaway, os leitores já foram pré-suadidos a confiar nelas ainda mais do que antes. Afinal, estão vindo de uma fonte manifestamente confiável.

Essa prática não é a única flecha na aljava da persuasão do Sr. Buffett. Mas, em fevereiro de 2015, algo mais influente pareceu necessário, porque chegara a hora, no cinquentenário, de sintetizar para os acionistas, em uma carta especial, os resultados da empresa naquela impressionante metade de século e defender a continuação da vitalidade da Berkshire Hathaway nos próximos anos. Implícita no caráter comemorativo dos 50 anos estava uma preocupação que já existia havia algum tempo, mas estava se reafirmando nos comentários on-line: depois de meio século na empresa, Buffett e Munger já não eram jovens, e, caso um deles não estivesse mais presente para encabeçar a empresa, suas perspectivas futuras e o preço da ação poderiam despencar. Lembro que li o comentário e me preocupei. O valor de minhas ações, que havia mais que quadruplicado sob a gestão Buffett-Munger, se sustentaria se um dos dois partisse devido à idade avançada? Estaria na hora de vendê-las e colher os lucros extraordinários antes que evaporassem?

Em sua carta, o Sr. Buffett abordou a questão sem rodeios – especificamente, na seção intitulada "Os próximos 50 anos na Berkshire", em que expôs as consequências afirmativas, futuras, do modelo de negócios comprovado da Berkshire Hathaway, de seu baluarte quase sem precedente de ativos financeiros e da identificação, já concluída, da "pessoa certa" para assumir como CEO quando chegasse o momento. No entanto, mais revelador para mim como cientista da persuasão sintonizado com abordagens pré-suasivas foi como Buffett começou aquela seção tão importante. De forma característica, ele restabeleceu sua credibilidade sendo franco sobre uma fraqueza potencial: "Agora examinemos a estrada à frente. Lembrem-se de que, se eu tivesse tentado avaliar 50 anos atrás o que viria pela frente, algumas de minhas previsões estariam bem erradas." Depois fez algo que nunca o vi ou ouvi fazendo em nenhum fórum público. Ele acrescentou: "Com essa advertência, eu lhes direi o que responderia à minha família hoje se me perguntassem sobre o futuro da Berkshire."

O que se seguiu foi uma argumentação cuidadosa afirmando a saúde econômica projetada da Berkshire Hathaway: o modelo de negócios comprovado, o baluarte de ativos financeiros, o futuro CEO cuidadosamente escolhido. Por mais convincentes que fossem esses componentes de seus argumentos, o Sr. Buffett havia pré-suasivamente dito algo que me fez considerá-los ainda mais convincentes: ele afirmou que me aconselharia sobre eles como faria com um membro da família. Levando em conta tudo que eu sabia sobre aquele homem, acreditei naquela afirmação. Como resultado, desde então jamais pensei seriamente em vender minhas ações da Berkshire Hathaway. Existe um momento memorável no filme *Jerry Maguire, a grande virada* em que o personagem que dá nome ao filme, interpretado por Tom Cruise, irrompe em uma sala, saúda os que lá estão (inclusive Dorothy, sua mulher, de quem se afastou), e começa um longo solilóquio em que lista as razões pelas quais ela deveria continuar sendo sua parceira na vida. No meio da lista, Dorothy olha para cima e interrompe o monólogo com uma frase que ficou famosa: "Você me ganhou quando disse *oi*." Na carta do Sr. Buffett, ele me ganhou quando disse *família*.

Ainda que sua carta do cinquentenário comece na página 24 do relatório, talvez como prova do reconhecimento por parte do Sr. Buffett do valor da pré-suasão, no alto da primeira página do texto do relatório, ele recomenda aos acionistas que pulem as páginas e leiam aquela carta esclarecedora antes de qualquer outra coisa. O Sr. Munger também escreveu uma carta do 50º aniversário publicada dentro do relatório. Embora não criasse um contexto familiar para suas observações, antes de prever a continuação de resultados excepcionalmente bons para a empresa, ele empregou um procedimento de realce da confiabilidade de descrever certos erros cometidos pela gerência no passado. Terei mais a dizer sobre o tema da ética da persuasão no Capítulo 13. Mas, por ora, posso afirmar que de forma alguma vejo o emprego dessa abordagem pelo Sr. Munger (ou Sr. Buffett) como uma forma de trapaça. Pelo contrário, considero-o um exemplo de como comunicadores genuinamente confiáveis podem ser também inteligentes o suficiente (no caso daqueles dois sujeitos, inteligentes *demais*) para reconhecer os benefícios de obter a confiança fundamental mediante revelações pré-suasivas sinceras.

É sintomático que, na onda de reações favoráveis à sua carta do cinquentenário (com manchetes tipo "Warren Buffett acaba de escrever o melhor relatório anual de sua vida" e "Você seria um tolo se não investisse na Berkshire Hathaway"), ninguém tenha observado a moldura familiar em que Buffett tão habilmente enquadrou seus argumentos. Não posso dizer que tenha me surpreendido com essa falta de percepção. No mundo dos investimentos financeiros objetivos e factuais, o normal é enfocar o mérito da mensagem. E claro que o *mérito* (dos argumentos) pode ser a mensagem. Mas, ao mesmo tempo, existem outras dimensões da comunicação eficaz que podem se tornar a mensagem essencial. Aprendemos com Marshall McLuhan que o *meio* pode ser a mensagem; com o princípio da aprovação social, que a *multidão* pode ser a mensagem; com o princípio da autoridade, que o *mensageiro* pode ser a mensagem; e agora, com o conceito da unidade, que a *fusão* (entre o eu e o outro) pode ser a mensagem. Vale a pena examinar, então, quais aspectos adicionais de uma situação, além do parentesco direto, se prestam à fusão percebida de identidades.

Digno de nota é quantos desses aspectos podem ser associados a sinais de maior parentesco. Obviamente, ninguém consegue olhar dentro do outro e saber a porcentagem de genes que os dois compartilham. Por isso, para operar de forma evolucionariamente prudente, as pessoas precisam confiar em certos aspectos de outra que sejam ao mesmo tempo detectáveis e associados à sobreposição genética – os mais evidentes sendo as semelhanças físicas e pessoais. Dentro das famílias, os indivíduos são mais prestativos com parentes com os quais se parecem. Fora da unidade familiar, as pessoas usam a semelhança facial para julgar (com uma precisão razoável) seu grau de afinidade genética com estranhos. Entretanto, podem ser induzidas a um favoritismo equivocado. Observadores de uma fotografia de alguém com rosto digitalmente modificado para que se pareça com eles passam a confiar mais nessa pessoa. Se o rosto agora mais semelhante for de um candidato político, tornam-se mais dispostas a votar nele.[90]

Lugar
Existe outro sinal geralmente confiável de maior compartilhamento genético. Tem menos a ver com semelhança física do que com proximidade física.

É a percepção de ser do mesmo lugar que outro, e seu impacto na conduta humana pode ser impressionante. Não conheço nenhuma forma melhor de documentar esse impacto do que resolvendo alguns enigmas do comportamento humano que vieram à tona durante uma das épocas mais angustiantes de nossa era: os anos do Holocausto. Comecemos pela instalação fisicamente menor da casa de uma pessoa e depois avancemos para espaços maiores.

Lar. Os seres humanos, assim como os animais, reagem àqueles presentes em seu lar enquanto crescem como se fossem parentes. Embora esse sinal de parentesco possa ser enganador de vez em quando, em geral é preciso porque as pessoas no lar tipicamente são membros da família. Além disso, quanto mais tempo as pessoas residem juntas, maior o efeito sobre a noção de família dos indivíduos e, portanto, sua disposição em se sacrificar uns pelos outros. Mas existe um fator relacionado que produz essas mesmas consequências sem um longo tempo juntos. Quando as pessoas observam seus pais cuidando das necessidades de outra pessoa no lar, também experimentam uma sensação de família e tornam-se mais dispostas a favorecer aquela outra pessoa. Um resultado intrigante desse processo é que crianças que veem seus pais receberem em casa uma série de pessoas diferentes costumam, quando adultas, ajudar estranhos. Para elas, o sentimento de nós se expande além de sua família imediata ou estendida, aplicando-se também à família humana.

— ——— -

Como essa percepção ajuda a solucionar um grande mistério do Holocausto? A história registra os nomes de homens que mais ajudaram na época: Raoul Wallenberg, o corajoso sueco cujos incansáveis esforços de resgate acabaram custando-lhe a vida, e o industrial alemão Oskar Schindler, cuja "lista" salvou 1.100 judeus. Mas o que foi talvez a ação de ajuda concentrada mais eficaz durante a época do Holocausto quase não é reconhecida desde então.

Tudo começou perto do amanhecer de um dia de verão em 1940 quando 200 judeus poloneses se aglomeraram diante do consulado japonês na Lituânia para pedir ajuda em suas tentativas de fugir do implacável avanço nazista pela Europa Oriental. O fato de optarem por pedir ajuda às autoridades japonesas já representa um mistério. Na época, os governos da

Alemanha nazista e do Japão Imperial tinham laços estreitos e interesses compartilhados. Na verdade, apenas alguns meses depois, em setembro de 1940, Japão, Alemanha e Itália assinaram o Pacto Tripartite em que se declararam formalmente aliados. Por que então aqueles judeus, alvos odiados do Terceiro Reich, recorreram à misericórdia de um dos parceiros internacionais de Adolf Hitler? Que ajuda possível poderiam esperar do Japão?

Antes que suas associações estratégicas estreitas com a Alemanha nazista se desenvolvessem no fim da década de 1930, o Japão havia permitido a judeus refugiados fácil acesso aos territórios japoneses como forma de adquirir alguns dos recursos financeiros e boa vontade política que a comunidade judaica internacional poderia fornecer em troca. Como o apoio ao plano permaneceu forte dentro de alguns círculos no Japão, o governo nunca revogou por completo a política de conceder vistos a judeus europeus. O resultado paradoxal foi que, nos anos pré-guerra, à medida que os países do mundo (os Estados Unidos inclusive) foram dando as costas às vítimas desesperadas da Solução Final de Hitler, foi o Japão – um aliado de Hitler – que lhes forneceu refúgio na colônia judaica controlada pelos japoneses em Xangai, na China, e na cidade de Kobe, no Japão.

Em julho de 1940, então, quando 200 vítimas da perseguição se aglomeraram diante do consulado japonês na Lituânia, sabiam que o homem atrás daquelas portas oferecia a melhor e talvez última chance de segurança. Seu nome era Chiune Sugihara e, ao que tudo indicava, ele era um candidato improvável para oferecer-lhes a salvação. Um diplomata em meio de carreira, Sugihara havia se tornado cônsul-geral do Japão na Lituânia em virtude de 16 anos de serviço dedicado e obediente em uma variedade de cargos anteriores. As credenciais certas facilitaram sua ascensão dentro do corpo diplomático: era filho de uma autoridade do governo e membro de uma família de samurais. Havia fixado metas profissionais ambiciosas, tornando-se proficiente na língua russa na esperança de um dia vir a ser embaixador japonês em Moscou. Como seu colega mais conhecido, Oskar Schindler, Sugihara era um apreciador de jogos, música e festas. Na superfície, porém, poucos eram os sinais de que aquele diplomata, que ambicionava conforto e prazer, arriscaria a carreira, a reputação e o futuro para tentar salvar os estranhos que o despertaram de um sono profundo certa manhã. Mas foi o que fez – com pleno conhecimento das potenciais consequências para si e para sua família.

Após falar com membros da multidão que aguardava diante do portão, Sugihara reconheceu a grave situação e telegrafou para Tóquio pedindo permissão para lhes conceder vistos. Embora aspectos das políticas lenientes do Japão em relação aos vistos e imigração ainda vigorassem para os judeus, os superiores de Sugihara no Ministério do Exterior temeram que dar prosseguimento àquelas políticas prejudicasse as relações diplomáticas do Japão com Hitler. Em consequência, seu pedido foi negado, assim como sua segunda e terceira petições, mais insistentes. Foi àquela altura da vida – aos 40 anos, sem nenhum sinal de deslealdade ou desobediência anterior – que aquele funcionário de carreira, pessoalmente indulgente e profissionalmente ambicioso, fez o que ninguém suspeitaria. Começou a redigir os documentos de viagem necessários em um desafio aberto às ordens enunciadas e duas vezes reiteradas.

Aquela escolha destruiu sua carreira. Um mês depois, Sugihara foi transferido de seu posto como cônsul-geral para um cargo bem inferior fora da Lituânia, onde já não podia operar de forma autônoma. Acabou sendo expulso do Ministério do Exterior por insubordinação. Desonrado após a guerra, passou a vender lâmpadas para sobreviver. Mas nas semanas antes de ser obrigado a fechar o consulado na Lituânia, Sugihara permaneceu fiel à escolha que fizera, entrevistando os solicitantes do início da manhã até altas horas da noite e preenchendo os papéis necessários para a fuga. Mesmo depois que o consulado foi fechado e ele teve de se instalar num hotel, continuou redigindo vistos. Mesmo depois que a fadiga da tarefa o havia deixado magro e exausto, mesmo depois que a fadiga incapacitara também sua mulher, impedindo-a de amamentar o bebê, ele continuou redigindo sem parar. Mesmo na plataforma do trem que o levaria para além do alcance de seus solicitantes, mesmo no próprio trem, redigiu e lançou documentos salvadores para mãos sôfregas, poupando milhares de inocentes no processo. E enfim, quando o trem começou a levá-lo dali, fez uma mesura profunda e pediu desculpas para aqueles que teria de deixar desamparados – implorando perdão por suas deficiências como salvador.

Sugihara e família. Após redigir milhares de vistos para judeus em seu escritório como cônsul do Japão na Lituânia (acima), Chiune Sugihara foi transferido para cargos menores na Europa ocupada pelos nazistas. Na Tchecoslováquia (abaixo), fotografou sua família (esposa, filho e cunhada) *do lado de fora* de um parque cuja placa na entrada dizia: "Proibida a entrada de judeus", em alemão. Seria aquela placa uma casualidade da foto ou uma amarga ironia conscientemente incluída? Como sugestiva evidência, veja se consegue localizar a mão direita da cunhada. *United States Holocaust Memorial Museum. Cortesia de Hiroki Sugihara (ambas as fotos)*

A decisão de Sugihara de ajudar milhares de judeus a escapar para o Japão provavelmente não é atribuível a um fator isolado. Normalmente, várias forças agem e interagem para provocar esse tipo de benevolência extraordinária. Mas no caso de Sugihara, um fator *baseado no lar* se destaca. Seu pai, um coletor de impostos que havia sido enviado à Coreia por um tempo, transferiu a família para lá e abriu uma hospedaria. Sugihara recordava de ter sido fortemente afetado pela disposição dos pais de aceitarem uma ampla diversidade de hóspedes, cuidando de suas necessidades básicas de alimento e abrigo na casa da família, até oferecendo banho e lavando suas roupas, apesar do fato de alguns serem pobres demais para pagar. Dessa perspectiva, podemos ver um motivo – um sentimento expandido de família fluindo da exposição a uma diversidade de indivíduos em casa – para os esforços posteriores de Sugihara em ajudar milhares de judeus europeus. Como ele afirmou em uma entrevista 45 anos após os acontecimentos, a nacionalidade e a religião dos judeus não tiveram importância. O que contou foi apenas o fato de serem membros, junto com ele, da família humana e precisarem de sua ajuda. Sua experiência sugere um conselho para pais que desejam que os filhos desenvolvam uma natureza amplamente caridosa: proporcionem a eles contato *em casa* com indivíduos de um amplo espectro de procedências e tratem esses indivíduos como se fossem da família.[91]

Localidade. Uma vez que os seres humanos evoluíram como uma espécie a partir de grupamentos pequenos, mais estáveis, de indivíduos geneticamente aparentados, desenvolvemos também o hábito de favorecer pessoas que, fora de casa, vivem muito próximas de nós. Existe até um "ismo" – localismo – para descrever essa tendência. Sua influência às vezes enorme pode ser vista do nível da comunidade ao do bairro. Um olhar em um par de incidentes do Holocausto oferece uma arrebatadora confirmação.

O primeiro vem do sociólogo Ronald Cohen, que relatou uma forma horrenda de localismo perpetrada por um guarda num campo de concentração nazista. Naqueles campos de trabalho, quando um prisioneiro violava uma regra, não era incomum que todos ficassem em fila e um guarda a percorresse contando até 10, parando para fuzilar cada décima pessoa. No relato de Cohen, um guarda veterano incumbido dessa tarefa a vinha realizando rotineiramente quando, de forma inexplicável, fez algo diferente: chegando a um décimo prisioneiro aparentemente desafortunado, mostrou-se surpreso e executou o décimo primeiro. É possível imaginar várias razões potenciais para sua ação. Talvez tivesse sido contemplado no passado com um bom trabalho do prisioneiro poupado ou houvesse notado um alto nível de força, inteligência ou saúde que vaticinava um futuro de trabalho produtivo. Mas quando outro guarda (o informante de Cohen nesse caso) pediu que se explicasse, ficou claro que sua opção não era resultado de nenhuma dessas considerações práticas. A simplicidade da justificativa atesta sua suficiência: ele havia reconhecido o homem como sendo de sua cidade natal.

Após descrever o incidente em um artigo acadêmico, Cohen comentou um aspecto profundamente contraditório: "Embora estivesse engajado no assassinato em massa, o guarda foi misericordioso e solidário com um membro particular do grupo vitimizado." Embora Cohen não examinasse essa questão relacionada, é importante identificar o fator tão poderoso a ponto de transformar um matador frio em um personagem "misericordioso e solidário" (com um foco específico). Foi a mutualidade de lugar.

Agora examinemos como o mesmo fator unificador, durante o mesmo período da história, produziu um resultado radicalmente diferente. Vários relatos históricos de salvadores de judeus na época do Holocausto revelam um fenômeno pouco analisado, mas digno de menção: na maioria dos casos, os salvadores que optaram por abrigar, alimentar e ocultar alvos da perseguição nazista não procuraram espontaneamente esses alvos para oferecer a ajuda necessária. Ainda mais notável, em geral não foram as vítimas que pediram ajuda. Pelo contrário, o solicitante direto era com mais frequência um parente ou vizinho que pedia ajuda em favor de um indivíduo ou família perseguida. Na realidade, então, aqueles salvadores não disseram sim a estranhos necessitados, mas a seus próprios parentes e vizinhos.

Não é que não tenha havido salvadores que tenham agido basicamente por compaixão pelas vítimas. O pastor protestante André Trocmé, após recolher um primeiro refugiado solitário em sua porta, persuadiu outros moradores da pequena cidade francesa de Le Chambon-sur-Lignon a sustentar, abrigar, esconder e evacuar milhares de judeus durante a ocupação nazista. O aspecto instrutivo da história extraordinária de Trocmé não é a forma como ele conseguiu cuidar daquele primeiro refugiado, mas como conseguiu cuidar dos muitos que vieram depois: ele começou pedindo ajuda a pessoas que teriam dificuldade em lhe dizer não – seus parentes e vizinhos – e depois os pressionou a fazer o mesmo entre seus parentes e vizinhos. Foi essa alavancagem estratégica de *unidades* existentes que o tornou mais que um herói compassivo. Tornou-o um herói extraordinariamente bem-sucedido também.[92]

Região. Até o simples fato de ser da mesma região geográfica pode levar ao sentimento de nós. Ao redor do mundo, campeonatos esportivos estimulam sentimentos de orgulho pessoal nos habitantes dos estados ou países ao qual pertencem os times, como se os moradores do local tivessem vencido. Nos Estados Unidos, por exemplo, dados de pesquisas reforçam esse ponto de formas adicionais e variadas: cidadãos concordaram em participar de uma pesquisa em maior grau quando ela vinha da universidade de seu estado; leitores de uma notícia sobre uma baixa militar no Afeganistão opuseram-se mais à guerra ali depois de saberem que o soldado morto era de seu estado; e, voltando dois séculos até a Guerra Civil, soldados de infantaria vindos da mesma região tendiam a desertar menos, permanecendo fiéis aos companheiros em suas unidades "mais unificadas". De torcedores a combatentes, podemos ver o impacto considerável das identidades regionais nas respostas aos "semelhantes a nós". Mas é outro evento aparentemente desconcertante do Holocausto que oferece o exemplo mais revelador.

Embora os vistos de Chiune Sugihara tenham salvado milhares de judeus, quando estes chegaram ao território controlado pelos japoneses, tornaram-se parte de um contingente ainda maior de refugiados judeus concentrados em Kobe, Japão, e na cidade de Xangai, na China, controlada pelos japoneses. Após o ataque japonês de 1941 contra Pearl Harbor, que lançou os Estados Unidos na Segunda Guerra Mundial, a entrada e a saída de refugiados no Japão foram interrompidas, e a segurança da comunidade judaica tornou-se precária. O Japão, afinal, era então um conspirador totalmente coligado a Adolf Hitler e tinha de proteger a solidez de sua aliança. Além disso, em janeiro de 1942, o plano de Hitler de aniquilar os judeus foi formalizado na Conferência de Wannsee, em Berlim. Com a Solução Final instalada como política do Eixo, autoridades nazistas começaram a pressionar Tóquio para estender a "solução" aos judeus do Japão. Propostas envolvendo campos de extermínio, experimentos médicos e afogamentos em massa no mar foram entregues a Tóquio após a conferência. Porém, apesar do impacto potencialmente danoso sobre suas relações com Hitler, o governo japonês resistiu àquelas pressões no início de 1942 e manteve a resistência até o fim da guerra. Por quê?

A resposta pode estar ligada a um conjunto de eventos ocorridos vários meses antes. Os nazistas haviam enviado a Tóquio Josef Meisinger, um coronel da Gestapo conhecido como o "Açougueiro de Varsóvia" por ordenar a execução de 16 mil poloneses. Ao chegar em abril de 1941, Meisinger começou a pressionar por uma política de brutalidade contra os judeus que viviam em solo japonês – uma política que ele adoraria ajudar a planejar e aplicar. Sem saberem de início como reagir e querendo ouvir todos os lados, membros do alto escalão do governo militar do Japão solicitaram à comunidade de refugiados judeus que enviasse dois líderes para uma reunião que seria determinante para seu futuro. Ambos os representantes escolhidos eram líderes religiosos respeitados, porém de formas diferentes. Um deles, o rabino Moses Shatzkes, era renomado como estudioso, um dos mais brilhantes especialistas talmúdicos na Europa antes da guerra. O outro, o rabino Shimon Kalisch, era bem mais velho e conhecido pela notável capacidade de entender o funcionamento básico da mente humana – uma espécie de psicólogo social.

Depois que os dois adentraram a sala de reuniões, eles e seus tradutores postaram-se diante de um tribunal de membros poderosos do Alto Comando japonês, que decidiriam pela sobrevivência ou não da comunidade e que foram direto ao fatídico par de perguntas: por que nossos aliados nazistas odeiam vocês tanto assim? E por que deveríamos ficar do lado de vocês em vez de tomar partido deles? O rabino Shatzkes, o erudito, compreendendo a alta complexidade das questões históricas, religiosas e econômicas envolvidas, não tinha uma resposta pronta. Mas o conhecimento do rabino Kalisch da natureza humana o havia preparado para fazer a comunicação persuasiva mais impressionante que já analisei em mais de 30 anos estudando esse processo: "Porque", disse ele calmamente, "somos asiáticos, *como vocês*."

Embora breve, a afirmação foi inspirada. Mudou a identidade de grupo dominante das autoridades japonesas, antes baseada em uma aliança de guerra temporária, para uma identidade baseada em uma mutualidade regional geneticamente relacionada. Fez isso usando a própria alegação racial dos nazistas de que a raça dominante ariana "superior" era naturalmente diferente dos povos da Ásia. Em uma única e incisiva observação, eram os judeus que estavam alinhados com os japoneses, e os nazistas que (autoproclamadamente) não estavam. A resposta do rabino mais velho teve um efeito poderoso sobre as autoridades japonesas. Após um momento de silêncio, consultaram-se mutuamente e anunciaram um intervalo. Quando retornaram, o oficial militar veterano ergueu-se e comunicou a decisão tranquilizadora que os rabinos esperavam levar de volta à sua comunidade: "Voltem ao seu povo. Digam que cuidaremos de sua segurança e paz. Vocês nada têm a temer enquanto estiverem em território japonês." E assim foi.[93]

Rabinos no Japão. Durante a Segunda Guerra Mundial, os japoneses não sucumbiram à pressão nazista de tratar os judeus com violência. Uma razão pode ter sido a afirmação de um dos dois rabinos (retratados com escolta no dia de uma reunião crucial) que incluiu seu povo no sentimento de "nós" das autoridades japonesas e excluiu os nazistas. *Cortesia de Marvin Tokayer.*

Não há dúvida de que os poderes unificadores da família e do local podem ser utilizados por um comunicador hábil – vide a eficácia de Warren Buffett e do rabino Kalisch. Ao mesmo tempo, outro tipo de efeito unificador está disponível àqueles que querem uma maior influência. Ele advém não de estar na mesma genealogia ou geografia, mas de *agir* sincrônica ou colaborativamente. É o que vem a seguir.

12
União 2: Agir juntos

Minha colega professora Wilhelmina Wosinska recorda-se, com sentimentos ambíguos, dos anos vividos na Polônia controlada pelos soviéticos durante as décadas de 1950 e 1960. Do lado negativo, além da escassez constante de produtos básicos, havia limitações desanimadoras em todos os tipos de liberdades pessoais, inclusive de expressão, privacidade, informação, divergência e viagem. Entretanto, ela e seus colegas de escola foram levados a registrar as limitações positivamente – como necessárias à criação de uma ordem social justa e igualitária. Esses sentimentos positivos eram exibidos com regularidade e alimentados por celebrações, em que os participantes cantavam e marchavam juntos enquanto agitavam bandeiras em sincronia. Os efeitos, ela diz, eram impressionantes: fisicamente empolgantes, emocionalmente edificantes e psicologicamente validadores. Ela nunca se sentiu tão impelida ao conceito de "Um por todos, todos por um" do que em meio àqueles eventos minuciosamente coreografados e poderosamente coordenados. Sempre ouvi a professora Wosinska falar sobre aquelas atividades em apresentações acadêmicas sérias sobre psicologia de grupo. Apesar do contexto acadêmico, a descrição de sua participação traz volume à sua voz, sangue ao seu rosto e luz aos seus olhos. Existe algo indelevelmente visceral em tais experiências *sincronizadas* que as marca como primitivas e centrais à condição humana.

De fato, os registros arqueológicos e antropológicos são claros sobre esse ponto: todas as sociedades humanas desenvolveram meios de reagir juntos, em uníssono ou sincronia, em canções, marchas, rituais, cânticos, orações e danças. Além disso, elas vêm fazendo isso desde tempos pré-históricos: danças coletivas, por exemplo, são representadas com extraordinária frequência nos desenhos, na arte rupestre e nas pinturas de cavernas dos períodos Neolítico e Calcolítico. Os registros da ciência comportamental são igualmente claros quanto ao motivo. Quando as pessoas agem juntas, permanecem juntas. O sentimento resultante – de solidariedade de grupo – serve bem aos interesses das sociedades, produzindo graus de lealdade e abnegação em geral associados a unidades familiares bem menores. Dessa forma, as sociedades humanas, mesmo as antigas, parecem ter descoberto "tecnologias" de união do grupo envolvendo respostas coordenadas. Os efeitos assemelham-se aos do parentesco: sentimentos de nós, fusão e a confusão entre o eu e os outros.

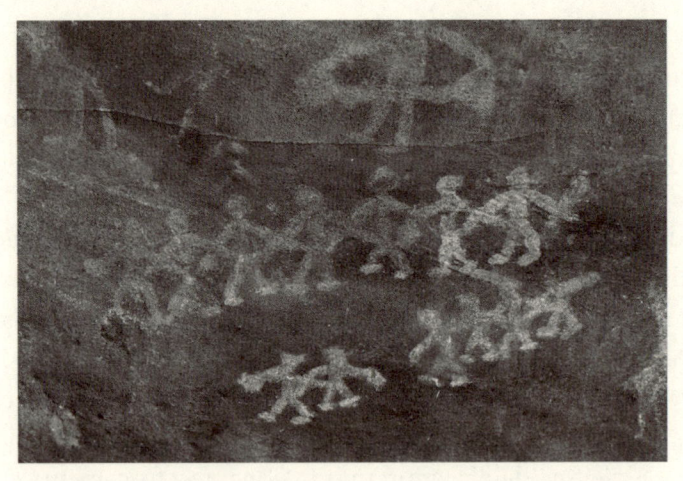

Dança sincronizada neolítica? De acordo com o arqueólogo Yosef Garfinkel, representações de interações sociais na arte pré-histórica eram quase sempre de danças. Uma pintura numa caverna em Bhimbetka, Índia, oferece um exemplo. © *Arindam Banerjee/Dreamstime.com*

A sensação de se fundir com os outros parece rara, mas não é. Pode ser produzida facilmente e de várias maneiras. Em um conjunto de estudos, os integrantes participaram de um jogo no qual, para ganhar dinheiro, tinham de fazer ou a mesma escolha do parceiro ou uma escolha diferente. Comparados com os participantes que, para vencer, tinham de fazer uma escolha diferente, aqueles que tiveram de fazer a mesma escolha passaram a ver seus parceiros como mais semelhantes a eles. Algo em agir da mesma maneira que outra pessoa aumentou a afinidade percebida.

Outro estudo mostrou que não é necessário que as reações sejam baseadas em movimento para que duas pessoas se sintam ligadas. Podem envolver respostas sensoriais também. Os participantes assistiram a um vídeo de um estranho cujo rosto era acariciado com um pincel macio, enquanto seu próprio rosto era acariciado (no caso de alguns participantes) de forma semelhante ou (no caso de outros participantes) de forma diferente, em termos da direção e sequência das pinceladas. Os resultados foram notáveis: aqueles que receberam a experiência sensorial igualada julgaram-se mais semelhantes ao estranho do vídeo, tanto na aparência quanto na personalidade. Ainda mais notável, uma sensação indistinta de identidade eu-outro emergiu, com os participantes semelhantes relatando mais intensamente: "Tive a sensação de que meu rosto havia se transformado no rosto do vídeo", "Às vezes, tinha a impressão de que, se eu movimentasse meus olhos, os olhos da pessoa no vídeo se movimentariam também" e "Parecia que o toque que senti era causado pelo pincel do filme".

Se *agir* juntos – de forma motora, vocal e sensorial – pode servir de substituto para *estar* juntos em uma unidade de parentesco, deveríamos ver consequências semelhantes das duas formas de unidade. E vemos. Duas dessas consequências são especialmente importantes para indivíduos que buscam se tornar mais influentes: maior afeição e maior apoio de outros, ambos podendo ser obtidos pré-suasivamente.[94]

AFEIÇÃO

Quando as pessoas agem em sincronia, não apenas se veem como mais semelhantes, como depois avaliam-se umas às outras mais positivamente. Sua afinidade elevada transforma-se numa afeição elevada. As ações podem envolver tamborilar em um laboratório, sorrir numa conversa ou ajustar o corpo numa interação professor-aluno – todas, se sincronizadas, levam as pessoas a se avaliarem entre si mais favoravelmente. Mas um grupo de pesquisadores canadenses quis saber se poderiam perguntar algo socialmente mais significativo sobre o movimento coordenado: sua capacidade de converter afinidade em afeição poderia ser empregada para reduzir o preconceito racial? Os pesquisadores observaram que, embora normalmente tentemos nos harmonizar com membros de nossos grupos, *não* costumamos fazê-lo com membros de fora do grupo. Eles especularam que as diferenças consequentes nos sentimentos de unidade poderiam ser ao menos parcialmente responsáveis por uma tendência humana automática de favorecer os membros do grupo. Nesse caso, fazer com que as pessoas sincronizem suas ações com as de membros de fora do grupo poderia reduzir o preconceito.

Para testar a ideia, realizaram um experimento em que voluntários brancos assistiram a sete vídeos de indivíduos negros tomando um gole d'água de um copo que depois colocavam em uma mesa. Alguns dos voluntários apenas observaram os vídeos e as ações. A outros foi pedido que imitassem as ações tomando um gole d'água de um copo diante delas em perfeita coordenação com os movimentos que observavam nos vídeos. Mais tarde, em um procedimento concebido para medir suas preferências raciais ocultas, os voluntários que haviam meramente observado os atores negros mostraram o típico e racista favoritismo por brancos em detrimento dos negros. Mas os que haviam sincronizado suas ações com as dos atores negros não apresentaram esse favoritismo.

No entanto, antes de tirarmos conclusões exageradas do experimento, devemos reconhecer que a mudança positiva nas avaliações foi medida poucos minutos após o procedimento unificador do estudo. Os pesquisadores não apresentaram quaisquer indícios de que as mudanças persistiriam além do momento e lugar do estudo. Mesmo assim, com essa ressalva em mente, existe espaço para otimismo, pois uma abordagem menos preconceituosa das preferências dentro e fora do grupo pode ser tudo de que precisamos para fazer a diferença dentro dos limites de uma situação específica, como uma entrevista de emprego, apelo de venda ou primeiro encontro.[95]

APOIO

Muito bem, existem bons indícios de que agir junto com outros, mesmo com estranhos, gera sentimentos de unidade e maior afeição. Mas serão as formas de unidade e afeição que fluem das reações coordenadas fortes o suficiente para alterar de maneira significativa o padrão ouro da influência social: o comportamento consequente? Dois estudos ajudam a responder a essa pergunta. Um examinou a ajuda dada a um indivíduo isolado, previamente unificado, e o outro examinou a cooperação com uma equipe previamente unificada. Em ambos os casos, o comportamento requerido exigia abnegação.

No primeiro estudo, os participantes escutaram em fones de ouvido uma série de áudios musicais gravados, enquanto batucavam numa mesa os compassos ouvidos. Alguns escutaram os mesmos áudios de um parceiro e, portanto, viram-se batucando em sincronia com aquela pessoa. Outros ouviram sons diferentes e assim as duas pessoas não agiram em sincronia. Depois, todos os participantes ficaram sabendo que estavam livres para abandonar o estudo, mas seus parceiros teriam de permanecer para responder a uma longa série de problemas de matemática e lógica. Eles, porém, poderiam optar por ficar e ajudar os parceiros, assumindo algumas das tarefas. Os resultados não deixaram dúvida quanto à capacidade da atividade coordenada pré-suasiva de aumentar a conduta abnegada, solidária. Enquanto apenas 18% dos participantes que não batucaram em sincronia com seus parceiros optaram por ficar e ajudar, 49% dos que batucaram em sincronia abriram mão do tempo livre para oferecer ajuda aos parceiros.

Um grupo diferente de pesquisadores realizou o segundo estudo que nos interessa aqui, empregando uma tática militar consagrada para inculcar uma sentimento de coesão. Após distribuir os participantes em equipes, os pesquisadores pediram que algumas delas caminhassem com todos os membros *em sincronia*, durante um tempo. Outras equipes foram instruídas a caminhar pelo mesmo período de tempo, mas de forma normal, cada um no próprio ritmo. Mais tarde, todos os membros das equipes participaram de um jogo econômico em que poderiam maximizar as chances de aumentar o próprio ganho financeiro ou abrir mão dessa oportunidade para garantir que seus colegas de equipe se saíssem bem financeiramente. Os membros das equipes que haviam pré-suasivamente marchado juntos foram 50% mais cooperativos com seus colegas de equipe do que os que caminharam juntos normalmente. Um estudo posterior ajudou a explicar o porquê: a atividade em sincronia preliminar levou a uma sensação de unidade, que, por sua vez, levou a uma maior disposição em sacrificar o ganho pessoal pelo bem maior do grupo.[96]

Parece então que, ao providenciar primeiro uma resposta sincrônica, é possível promover unidade, afeição e o comportamento solidário subsequente nos grupos em uma variedade de situações. Mas as táticas que examinamos até agora – batucar na mesa, beber água e esfregar um pincel no rosto – não parecem prontamente implementáveis, ao menos não em larga escala. Marchar em sincronia poderia ser melhor nesse sentido, mas só ligeiramente. Existe algum mecanismo *amplamente* aplicável que entidades sociais possam empregar para promover tal sincronia capaz de influenciar membros em prol das metas do grupo? Existe. É a música. E felizmente para os comunicadores individuais, ela também pode ser cooptada para impelir outras pessoas rumo às metas de um único agente de influência.

MÚSICA NA LUTA PELA INFLUÊNCIA: O PODER DOS JINGLES

Existe uma boa explicação para a presença da música desde os primórdios da história registrada da humanidade e por toda a gama das sociedades humanas. Graças a um conjunto único de elementos regulares detectáveis (ritmo, métrica, intensidade, pulsação e compasso), a música possui um raro poder sincronizador. Os ouvintes conseguem facilmente se alinhar uns com os outros ao longo das dimensões motora, sensorial, vocal e emocional – um estado de coisas que leva a marcadores familiares de unidade, como a fusão eu-outro, a coesão social e a conduta solidária.

Nesse último aspecto, vejamos os resultados de um estudo na Alemanha com crianças de 4 anos. Como parte de um jogo, algumas das crianças caminharam ao redor de um círculo com um parceiro enquanto cantavam e acompanhavam com seus movimentos o ritmo de música gravada. Outras crianças fizeram quase o mesmo, com exceção da música como acompanhamento. Mais tarde, quando as crianças tiveram oportunidade de se mostrar prestativas, as que haviam cantado e caminhado juntas ao ritmo da música mostraram-se três vezes mais dispostas a ajudar o parceiro do que as que não tiveram uma experiência musical conjunta pré-suasiva.

Os autores do estudo ressaltaram dois pontos esclarecedores sobre a ajuda. O primeiro é que ela foi abnegada: quem oferecia a ajuda tinha que abrir mão de parte do seu tempo de brincadeira para auxiliar um parceiro. Que a música e o movimento experimentados em conjunto aumentassem depois a abnegação de forma tão impressionante só pode ser uma revelação para qualquer pai ou mãe que já tentou alterar as escolhas tipicamente egoístas de uma criança de 4 anos ao brincar. O segundo comentário digno de nota dos autores me parece ao menos tão importante quanto o primeiro: o sacrifício pessoal das crianças não resultou de nenhuma avaliação racional dos motivos a favor e contra fornecer auxílio. A ajuda não se baseou absolutamente na racionalidade. Foi espontânea, intuitiva e baseada em um sentimento de conexão que naturalmente acompanha o envolvimento musical compartilhado. As implicações desse fato na gestão do processo de influência social são significativas.[97]

ENGENHARIA DE SISTEMAS

Cientistas do comportamento há muito afirmam a existência de duas formas de avaliar e saber. A mais recente dessas afirmações a receber atenção generalizada é o tratamento que Daniel Kahneman dá à distinção entre o pensamento de Sistema 1 e de Sistema 2. O primeiro é rápido, associativo, intuitivo e muitas vezes emocional, enquanto o segundo é mais lento, deliberativo, analítico e racional. A separação das duas abordagens é respaldada por indícios de que ativar um sistema inibe o outro. Assim como é difícil pensar bem sobre uma ocorrência enquanto a experimentamos emocionalmente, é difícil experimentar de forma plena a ocorrência enquanto a analisamos logicamente. Esses fatos trazem implicações para a influência: persuasores fariam bem em tornar compatível a orientação Sistema 1 versus 2 de qualquer apelo com a orientação correspondente do receptor. Assim, se você está examinando a compra de um carro basicamente do ponto de vista de seus aspectos de caráter emocional (aparência e aceleração), um vendedor faria bem em convencê-lo usando argumentos ligados aos sentimentos. Pesquisas indicam que o simples comentário "*Sinto* que este é o melhor para você" terá mais êxito. Mas, se você está avaliando a compra essencialmente numa base racional (economia de combustível e valor de revenda), "*Penso* que este é o melhor para você" terá mais chances de fechar negócio.[98]

A influência da música faz parte do Sistema 1. Em suas reações sensoriais e viscerais, as pessoas cantam, dançam, serpenteiam e se balançam em alinhamento rítmico com ela – e, se estiverem juntas, umas com as outras. Raramente pensam de modo analítico enquanto a música está proeminente na consciência. Sob a influência da música, a rota deliberativa, racional rumo ao conhecimento torna-se difícil de acessar e, portanto, praticamente indisponível. Dois comentários referem-se a esse fato de maneira lamentável. O primeiro, uma frase de Voltaire, é desdenhoso: "Tudo que é estúpido demais para ser falado é cantado." O segundo, um adágio citado por profissionais da publicidade, é tático: "Se você não consegue apresentar seu argumento com fatos, cante-o." Assim, comunicadores cujas ideias têm pouco poder de fogo racional não precisam desistir da luta: podem realizar uma manobra diversionista. Por meio da música, podem levar sua campanha a um campo de batalha onde a racionalidade possui pouca força, e onde sensações de harmonia, sincronia e unidade vencem.

Esse reconhecimento me ajudou a resolver um velho mistério, que foi particularmente incômodo para mim, um jovem sem talento musical: por que as jovens são atraídas de forma tão intensa por músicos? Não há lógica aqui, certo? Precisamente. Não importa que as probabilidades de um relacionamento bem-sucedido com a maioria dos músicos sejam notoriamente baixas; estas são probabilidades *racionais*. Não importa ainda que as perspectivas econômicas atuais e futuras da maioria dos músicos sejam igualmente baixas; estas são razões *econômicas*. A música não diz respeito a esses detalhes práticos, e sim a harmonias melódicas que levam a harmonias emocionais e relacionais.

Além disso, por causa de sua base comum na emoção e na harmonia, a música e o romance estão fortemente associados. Qual é, na sua opinião, a porcentagem de canções contemporâneas que têm o amor como tema? De acordo com uma contagem sistemática recente, é 80%, ou seja, a ampla maioria. Isso é incrível. O amor não está em questão na maior parte do tempo em que falamos, pensamos ou escrevemos, mas está quando cantamos.

Assim, agora entendo por que mulheres jovens, que estão no auge do interesse no amor e na música, têm uma fraqueza pelos músicos. Vínculos poderosos entre os dois tipos de experiências fazem com que seja difícil resistir a eles.

Para os interessados em maximizar o sucesso persuasivo, a lição crítica desta seção não deve ser meramente que a música está aliada às reações do Sistema 1 ou que as pessoas agem de forma imprudente quando canalizadas para esse tipo de reação. A lição bem mais ampla envolve a importância de tornar compatível o caráter de Sistema 1 ou 2 da comunicação persuasiva com a mentalidade de Sistema 1 ou 2 do público visado. A receptores com objetivos hedonistas, não racionais, devemos dirigir mensagens contendo elementos não racionais, como um acompanhamento musical, enquanto àqueles com objetivos pragmáticos, racionais, devemos endereçar mensagens contendo elementos racionais, como fatos. Em seu livro extraordinário *Persuasive Advertising: Evidence-Based Principles* (Publicidade persuasiva: princípios baseados em evidências), o especialista em marketing J. Scott Armstrong informou que, em uma análise de comerciais de TV de 30 segundos de duração, realizada em 2008, 87% incluíam música. Mas esse acréscimo rotineiro de música à mensagem pode ser ineficiente, pois Armstrong também analisou as pesquisas relevantes e concluiu que a música deveria ser usada somente para divulgar produtos familiares, baseados em sentimentos (guloseimas, perfumes) em um contexto emocional – ou seja, quando o raciocínio é improvável. Para produtos com altas consequências pessoais e fortes argumentos de apoio (equipamentos de segurança, pacotes de software) – ou seja, para os quais o pensamento racional é provável e esclarecedor –, a música de fundo reduz a eficácia do anúncio.[99]

TROCA RECÍPROCA CONTÍNUA

No início de 2015, um artigo do *The New York Times* provocou uma explosão de interesse e comentários dos leitores e tornou-se uma das matérias da plubicação mais disseminadas de todos os tempos. Para um veículo de notícias como o *The New York Times*, essa ocorrência poderia não parecer extraordinária, dado seu elevado padrão jornalístico sobre temas de grande importância nacional e internacional. Mas aquele artigo específico não apareceu nas páginas de Política, Negócios, Tecnologia, Ciência ou Saúde, mas na seção de Moda & Estilos. Como deixa claro o título, "Para se apaixonar por qualquer um, faça isto", sua autora, Mandy Len Catron, afirmava ter achado um meio maravilhosamente eficaz de produzir a intimidade emocional intensa e os laços sociais do amor – no espaço de 45 minutos! Ela garantia que funcionava porque funcionara com ela.

A técnica veio de um programa de pesquisa iniciado por um casal de psicólogos, Arthur e Elaine Aron, que deparou com ela em suas investigações de relacionamentos próximos. A técnica consiste em uma forma específica de ação coordenada, em que parceiros se envolvem em uma sequência de trocas recíprocas, alternadamente. Outros psicólogos demonstraram que um histórico de favores recíprocos leva os indivíduos a prestarem favores adicionais ao seu parceiro de troca, não importando quem prestou o último. É uma tendência compatível com meu relato dos Harrison, que concordaram em receber em sua casa um estudante de 18 anos que nunca tinham visto, não porque devessem um favor à sua família, mas por causa de um histórico de décadas de troca de cartões de boas-festas. O processo de troca recíproca havia provocado a anuência dos Harrison ao criar um relacionamento em vez de uma obrigação não cumprida.

Os Arons e seus colegas ajudaram a explicar essa espécie de anuência voluntária mostrando como trocas recíprocas prolongadas ligam os negociadores. Fizeram-no empregando um tipo de troca recíproca particularmente unificador e forte o suficiente para "unir" pessoas no amor: a revelação de informações pessoais. O procedimento não foi complicado: em pares, os participantes revezaram-se fazendo perguntas ao parceiro, que respondia e então ouvia a resposta do parceiro ao mesmo item. Avançar pelas 36 perguntas exigiu dos participantes que revelassem progressivamente informações sobre si mesmos e, por sua vez, tomassem conhecimento de informações sobre seus parceiros. Uma das perguntas iniciais era: "O que constituiria um dia perfeito para você?", ao passo que mais tarde na sequência vinha: "O que você valoriza mais numa amizade?" E, perto do fim da lista, a pergunta: "De todas as pessoas da sua família, a morte de quem seria a mais perturbadora?"

Os relacionamentos se aprofundaram além de todas as expectativas. O procedimento gerou sentimentos de proximidade emocional e unidade interpessoal sem precedentes em um intervalo de 45 minutos, sobretudo tratando-se de completos estranhos em um ambiente emocionalmente estéril: um laboratório. Além disso, o resultado não foi uma ocorrência fortuita. Segundo uma entrevista com Elaine Aron, centenas de estudos usando o método confirmaram o efeito desde então, e, como resultado, alguns participantes chegaram a se casar. Naquela mesma entrevista, a Dra. Aron descreveu dois aspectos do procedimento que ela achou fundamentais para sua eficácia. Primeiro, os itens da revelação pessoal *vão se intensificando*. Assim, ao responderem, os participantes aos poucos se abrem, com a confiança representativa de casais com fortes vínculos. Segundo, e compatível com o tema geral deste capítulo, os participantes fazem isso *agindo* juntos – ou seja, de uma forma coordenada, harmoniosa, tornando a interação intrínseca e continuamente sincrônica.[100]

COCRIAÇÃO

Bem antes que a preservação da vida selvagem fosse valorizada por muitos, um homem chamado Aldo Leopold vinha defendendo a causa. Principalmente durante as décadas de 1930 e 1940, quando ocupou a primeira cátedra de gestão da vida selvagem nos Estados Unidos, na Universidade de Wisconsin, ele desenvolveu uma abordagem ética singular para o tema. Como detalhado em seu best-seller *A Sand County Almanac*, ela desafiava o modelo dominante de conservação ambiental, no qual ecologias naturais deviam ser geridas visando ao uso humano. Sua abordagem defendia uma alternativa baseada no direito de todas as espécies de plantas e animais à existência em seu estado natural sempre que possível. Dotado de uma posição tão clara e sincera, ele ficou mais do que surpreso um dia ao se ver, machado na mão, agindo de forma contraditória a ela: derrubando uma bétula-vermelha em sua propriedade para que um de seus pinheiros-brancos pudesse obter mais luz e espaço para crescer.

Por que, ele se perguntou, agiria para favorecer o pinheiro em detrimento da bétula, que, de acordo com sua ética declarada, tinha tanto direito de existir naturalmente como qualquer árvore em seu terreno? Perplexo, Leopold vasculhou sua mente, em busca da "lógica" por trás daquela parcialidade e, ao examinar as várias diferenças entre os dois tipos de árvores que pudessem explicar a preferência, encontrou somente uma que considerou um possível fator básico. Não tinha nada a ver com lógica, mas se baseava inteiramente em sentimentos: "Bem, em primeiro lugar, eu plantei o pinheiro com minhas mãos, enquanto a bétula avançou sob a cerca e se plantou sozinha. Minha inclinação é assim, até certo ponto, paterna..."[101]

Leopold não foi o único a sentir uma afinidade especial com algo de cuja criação participou. Trata-se de uma ocorrência humana comum. Por exemplo, no que os pesquisadores denominaram efeito Ikea, pessoas que construíram coisas sozinhas passaram a ver "suas criações amadoras como semelhantes em valor a criações de especialistas". Como convém ao nosso foco atual nos efeitos de agir em conjunto, vale a pena investigar duas possibilidades adicionais. Será que pessoas que participam da criação de algo com outra passam a ter uma afinidade especial não apenas com sua criação, mas também com o cocriador? E mais: essa afinidade excepcional pode resultar de um sentimento de unidade com o outro, detectável nas típicas consequências de afeição elevada e apoio abnegado ao parceiro?

Busquemos as respostas a essas perguntas respondendo a uma anterior: por que eu comecei esta seção sobre *co*criação com a descrição de Aldo Leopold do efeito de plantar um pinheiro com as próprias mãos? Simplesmente porque, como estou certo de que ele concordaria, ele não foi um protagonista solitário no processo. Foi um cocriador, com a natureza, do pinheiro adulto que certa vez plantou no solo como uma muda. A possibilidade intrigante que surge é se, como resultado da ação conjunta com a Mãe Natureza, ele passou a se sentir mais fundido com ela – e, em consequência, ainda mais apaixonado e respeitoso por sua parceira na colaboração. Em caso positivo, teríamos uma indicação de que a cocriação pode ser uma rota para a unificação.

Parte dessa minha convicção vem dos resultados de um estudo que ajudei a realizar para investigar os efeitos do grau de envolvimento pessoal dos gerentes na criação de um produto de sua empresa. Eu esperava que, quanto mais envolvidos os gerentes se sentissem em gerar o produto final em conjunto com um funcionário, melhor avaliariam sua qualidade, que é o que descobrimos: gerentes levados a acreditar que tiveram um papel importante no desenvolvimento do produto final (um anúncio para um relógio de pulso) avaliaram o anúncio 50% mais favoravelmente do que gerentes levados a acreditar que tiveram pouco envolvimento no processo de desenvolvimento – embora o anúncio final que viram fosse o mesmo em todos os casos. Além disso, descobrimos que os gerentes com notável maior envolvimento avaliaram-se como mais responsáveis pela qualidade do anúncio em razão de o próprio controle gerencial sobre o funcionário ser muito maior, o que eu também havia esperado.

Mas eu não esperava nem um pouco a terceira descoberta. Quanto mais os gerentes atribuíam o sucesso do projeto a si próprios, mais o atribuíam também à capacidade de seu funcionário. Lembro que, com a tabela de dados na mão, experimentei um momento de surpresa – talvez não tão impressionante quanto o momento do machado na mão de Leopold, mas mesmo assim um momento de surpresa. Como supervisores com um maior envolvimento percebido no desenvolvimento de um produto poderiam ver a si mesmos e um único outro funcionário envolvido no projeto como *cada um* sendo mais responsável por sua forma final e bem-sucedida? Somente 100% da responsabilidade pessoal pode ser distribuída, certo? E se a contribuição pessoal percebida de um protagonista aumenta, pela lógica simples, a do parceiro de trabalho deveria diminuir, *não aumentar. Eu simplesmente não entendi* esse fato na época, mas agora acho que entendo. Se a cocriação causa uma fusão ao menos temporária de identidades, o que se aplica a um parceiro se aplica ao outro, não obstante a lógica distributiva.

Pedir conselho é um bom conselho

A cocriação não apenas reduz o problema de levar os supervisores a darem mais crédito aos funcionários que trabalharam produtivamente em um projeto, ela pode amenizar uma série de outras dificuldades tradicionalmente difíceis de conter. Crianças com menos de 6 ou 7 anos costumam ser egoístas quando se trata de compartilhar recompensas, raras vezes distribuindo-as igualmente entre os amigos – a não ser que tenham obtido essas recompensas por um esforço colaborativo, caso em que mesmo crianças de 3 anos compartilham igualmente na maior parte das vezes. Na sala de aula comum, os alunos costumam se aglutinar dentro de moldes raciais, étnicos e socioeconômicos, encontrando amigos e companheiros sobretudo dentro dos próprios grupos. Entretanto, esse padrão declina fortemente depois de se envolverem cocriativamente com alunos dos outros grupos em exercícios de "aprendizado cooperativo", em que cada aluno deve ensinar parte da informação aos outros para que possam todos obter uma boa pontuação. As empresas lutam para levar os consumidores a se sentirem ligados às suas marcas e, portanto, fiéis a elas. Trata-se de uma batalha que elas vêm vencendo ao convidar clientes atuais e prospectivos a cocriarem com elas produtos e serviços novos ou atualizados, muitas vezes ao fornecer à empresa informações sobre aspectos desejáveis.

No entanto, dentro de tais parcerias de marketing, a contribuição do consumidor precisa ser enquadrada como *conselho* à empresa, não como opiniões sobre a companhia ou expectativas em relação a ela. A formulação diferente pode parecer pouco importante, mas é fundamental para a obtenção do objetivo de unificação da empresa. Dar conselhos põe uma pessoa em um estado mental de fusão que estimula uma ligação da própria identidade com a de outra parte. Fornecer uma opinião ou expectativa, por sua vez, põe uma pessoa em um estado mental introspectivo que envolve concentrar-se em si mesmo. Essas formas apenas ligeiramente diferentes de feedback do consumidor – e as vitalmente distintas atitudes mentais que produzem e que podem ser resumidas na polarização fusão versus separação – têm um forte impacto sobre o envolvimento do consumidor com uma marca.

Foi o que aconteceu com um grupo de participantes de uma pesquisa on-line em todos os Estados Unidos: foi apresentada uma descrição de um plano de negócios de um novo restaurante de fast-food, Splash!, que esperava se distinguir dos concorrentes pelos pratos saudáveis. Após lerem a descrição, todos os participantes da pesquisa foram solicitados a dar feedback. Mas a alguns foi pedido qualquer "conselho" que pudessem dar sobre o restaurante, enquanto a outros foi pedido que escrevessem quaisquer "opiniões" ou "expectativas" que pudessem ter. Por fim, eles indicaram quais as chances de serem clientes de um restaurante Splash!. Os participantes que forneceram conselhos informaram que gostariam de comer num Splash! bem mais do que os participantes que forneceram um dos outros dois tipos de feedback. E, como seria de esperar, se dar conselho é de fato um mecanismo de unificação, o maior desejo de apoiar o restaurante veio de se sentir mais ligado à marca.

Outra descoberta da pesquisa decide a questão da unificação para mim: os participantes avaliaram todos os três tipos de feedback como igualmente úteis aos donos do restaurante. Portanto aqueles que deram conselhos não se sentiram ligados à marca porque acharam que haviam ajudado mais. Em vez disso, ter que dar conselhos pôs os participantes num estado mental de união, não de separação, antes que tivessem de refletir sobre o que diriam a respeito da marca – uma descoberta que, tenho que admitir, me agrada porque implica o caráter *pré-suasivo* do processo psicológico agindo nos participantes que deram conselhos.

Esse conjunto de resultados também conclui para mim a sabedoria (e ética, se feita uma busca autêntica de informações úteis) de pedir conselhos em interações face a face com amigos, colegas e clientes. Essa estratégia deve se mostrar eficaz mesmo em nossas interações com superiores. Claro que é razoável e racional se preocupar com um inconveniente potencial: que, ao pedir conselho ao chefe, você possa parecer incompetente, dependente ou inseguro. Embora eu entenda a lógica de tal preocupação, vejo-a também como equivocada, porque, como indicou o estudo da avaliação da contribuição dos colaboradores pelos supervisores, os efeitos da cocriação não são bem captados pela razão, racionalidade ou lógica. Mas são muito bem captados por um *sentimento* socialmente promotor na situação: o estado (altamente benéfico para você) de unidade. O romancista Saul Bellow certa vez observou: "Quando pedimos conselho, estamos em geral buscando um cúmplice." Eu apenas acrescentaria, com base em provas científicas, que, se obtemos o conselho, quase sempre obtemos o cúmplice. E haverá um aliado melhor em um projeto do que alguém no comando?[102]

FICAR JUNTOS

Está na hora de olhar de novo e – mais ousadamente – além do que vimos como as consequências mais favoráveis de *estar* juntos e *agir* juntos. Nós aprendemos, por exemplo, que, ao aplicar pré-suasivamente uma ou outra dessas duas experiências unificadoras às pessoas, podemos reforçar o apoio dos acionistas de uma empresa, bem como de seus clientes, e ajudar a assegurar que soldados resistirão e lutarão, em vez de fugirem, em tempos de guerra. Além disso, descobrimos que podemos usar essas mesmas experiências unificadoras para fazer com que companheiros de brincadeiras, colegas de turma e de trabalho gostem uns dos outros e se ajudem e cooperem; com que quase todo pai ou mãe responda a uma longa pesquisa sem nenhuma remuneração; e até que o amor surja em um laboratório. Mas eis uma pergunta não respondida: será possível aplicar as lições dessas arenas a palcos bem maiores, como aqueles envolvendo inimizades internacionais milenares, choques religiosos violentos e antagonismos raciais latentes? Poderão essas lições do que sabemos sobre estar juntos e agir juntos aumentar nossas chances de nos unir como espécie?

Essa é uma pergunta difícil de responder, em grande parte por causa das muitas complicações inerentes a tais questões. Ainda assim, mesmo nesses campos turbulentos, acredito que procedimentos que criam um sentimento pré-suasivo de unidade geram um contexto para a mudança desejável. Além disso, contanto que ambas as partes compartilhem o sentimento, a mudança desejável tende a ser mútua, reduzindo a probabilidade de que uma das partes se sinta explorada, aprofundando uma sensação de unidade e aumentando a probabilidade de interação positiva contínua. Embora essa ideia pareça esperançosa em tese, seria ingênuo, dadas as complicações procedimentais e culturais, presumir que a teoria funcionaria tranquilamente na prática. Os detalhes dos procedimentos unificadores teriam de ser projetados e aplicados com essas complexidades em mente – algo com que os especialistas concordariam e que seria o tema valioso de outro livro. Desnecessário dizer que eu com certeza acolheria as opiniões – ou melhor, os *conselhos* – desses especialistas nesse sentido.[103]

13
Uso ético: Uma consideração pré-pré-suasiva

Um argumento central deste livro é que nossa escolha do que dizemos ou a forma como agimos imediatamente antes de fazermos um pedido afeta de modo significativo seu sucesso persuasivo. Mas existe uma escolha relacionada que ocorre ainda antes dessa. É se, sob o aspecto ético, devemos tentar alcançar o sucesso dessa maneira. Não sou o único a considerar isso parte importante da equação, pois questões éticas surgem regularmente sempre que falo sobre o tema da persuasão eficaz. Porém, existe um tipo de questão específica, enunciada por um tipo específico de receptor, que é especialmente pertinente a este livro e ao tema da pré-suasão: ao revelar os "segredos da influência social", estarei fazendo mais mal do que bem por dotar certos profissionais não éticos dos meios de induzir consumidores a comprar mais do que estejam tentando vender? Os indivíduos que mais me fazem esta pergunta são os representantes da mídia.

Embora a experiência geral tenha sido na maior parte confusa, recordo um fluxo constante de tal questionamento da mídia durante a única turnê de divulgação de livro que concordei em fazer. O circuito percorreu 10 cidades em 10 dias, cada uma incluindo várias entrevistas aos meios de comunicação, conduzidas por jornalistas da mídia impressa ou apresentadores de rádio ou TV que tinham poucas informações sobre mim e, em quase todos os casos, não haviam lido o livro. As conversas variavam em certos detalhes: algumas ocorreram bem cedo de manhã, quando eu ainda estava meio sonolento, outras durante o dia; algumas duraram poucos minutos, outras até uma hora; algumas foram entrevistas feitas por uma só pessoa, outras foram conduzidas por um par de apresentadores; e algumas incluíram perguntas telefônicas do público, muitas vezes da variedade desagradavelmente pessoal e profissionalmente irrespondíveis: "Então, *doutor da influência,* como faço para a besta do meu cunhado parar de pedir minhas ferramentas emprestadas e depois 'esquecer' de devolver? Além disso, acho que ele está traindo minha irmã... O que devo fazer a respeito?" Mas um aspecto não variou muito: a certa altura, o entrevistador levantava a ideia de "mais mal do que bem", pedindo que eu respondesse sobre a possibilidade de que meu livro estivesse prestando um desserviço à sociedade ao mostrar a vendedores mal-intencionados como usar a psicologia para nos enganar.

Em geral era possível contrapor essa preocupação apontando para alguns aspectos do livro que os entrevistadores, por não o terem lido, não conheciam. Primeiro, ele foi escrito *para* consumidores, a fim de lhes dar as informações necessárias para reconhecerem e rejeitarem tentativas de influência indesejadas ou injustas. Segundo, grande parte das informações vieram dos próprios profissionais. Com frequência, sobretudo em seus programas de treinamento, eram eles que estavam *me* informando sobre quais procedimentos levam os consumidores a dizer sim. Embora pudessem não compreender os fatores psicológicos que faziam suas práticas funcionarem, a maioria dos profissionais da influência sabia muito bem o que funcionava para eles. Logo, eu argumentava, o material em meu livro não estava oferecendo nenhuma técnica nova para os profissionais adotarem. Pelo contrário, estava equilibrando a equação, ao fornecer informações aos consumidores sobre as táticas rotineiramente empregadas com eles.

Com este livro, porém, estas duas respostas não cabem. As conclusões extraídas foram principalmente sobre como aproveitar a influência, em vez de rechaçá-la, portanto o argumento da "defesa do consumidor" não se aplica. Além disso, a prática da pré-suasão, como descrita aqui, não é amplamente empregada na comunidade dos profissionais da influência. Não posso alegar desta vez que estou somente revelando táticas já conhecidas pela maioria dos profissionais. Apenas uns poucos entendem os processos da pré-suasão a ponto de utilizá-los de forma sistemática a seu favor. A preocupação de que a publicação das informações possa esclarecer certas organizações antiéticas sobre como enganar as pessoas e levá-las a aquiescerem mais facilmente é portanto legítima. Essa possibilidade torna-se ainda mais preocupante com a percepção de que muitos processos pré-suasivos funcionam inconscientemente e, portanto, não são reconhecidos.

Como resultado dessas considerações, sempre que me dirigi a organizações comerciais abordando práticas pré-suasivas, tive que mudar de direção e apresentar uma argumentação tradicional contra táticas comerciais enganosas. É assim: embora essas táticas possam aumentar o lucro a curto prazo, uma vez desmascaradas, produzirão custos inaceitavelmente altos – a maioria em forma de danos graves à reputação da empresa e à confiança subsequente e a lucros futuros. Por um tempo, achei esse argumento razoável por duas razões. Primeira, desenrola-se na dimensão da vitalidade econômica, que líderes empresariais precisam levar em conta para manter o crescimento e, de fato, a sobrevivência. Essa me parece uma lógica mais motivadora para a ação recomendada em ambientes comerciais do que a acusação de falta de virtude.

Assim, estou certo de que nunca haverá uma lei contra gritar "Ética!" numa sala da diretoria lotada, porque – ao contrário de "Fogo!" em um teatro lotado – o termo não possui força mobilizadora suficiente ali para incitar um movimento urgente. Isso não significa que, como grupo, executivos não prefiram ser éticos. Em condições normais, a maioria optaria sem hesitar pela ação moralmente certa. Mas as condições são normais em situações hipotéticas. E com frequência vemos que fatores com mais poder motivacional – cotas de vendas, relatórios financeiros, preocupações competitivas, promoções na carreira – prevalecem sobre opções moralmente elevadas nas decisões comerciais.

Além disso, agir para promover a rentabilidade corporativa através de meios às vezes pouco éticos pode ser visto como honrado por líderes que sentem uma responsabilidade moral pelo bem-estar econômico de seus funcionários. Quando vista por essas lentes (confessadamente tendenciosas), uma decisão de manipular a verdade para beneficiar a estabilidade fiscal da empresa poderia ser julgada como eticamente apropriada. Portanto, disse a mim mesmo, quaisquer argumentos mostrando como práticas enganosas de fato *ameaçam* o resultado financeiro seriam convincentes.

A segunda razão pela qual achei que o argumento do dano à reputação seria eloquente para tomadores de decisões nas empresas é que os indícios que o respaldam são sólidos. O tamanho do prejuízo financeiro resultante de danos à reputação pode ser substancial, já que grandes perdas econômicas comprovadamente fluem do impacto à reputação causado por publicidade falsa, práticas de licitação desonestas e deturpação de dados financeiros. Por exemplo, um estudo de 2005 realizado com 585 empresas sujeitas aos controles da US Securities and Exchange Commission (SEC) – a comissão americana de valores mobiliários – contra dados financeiros deturpados descobriu que, na média, as empresas perdiam 41% de seu valor de mercado após a má conduta ser revelada e que quase dois terços do prejuízo resultavam de danos à reputação. De fato, 80% dos participantes do estudo afirmaram que sua percepção da ética das práticas comerciais de uma empresa específica exerce um efeito direto sobre suas decisões de comprar seus produtos ou serviços. Tais efeitos receberam uma validação mais recente em 2015, quando, pouco depois de revelada a trapaça das emissões de óleo diesel da Volkswagen, suas vendas caíram para 1/16 da média do setor, a empresa sofreu o maior prejuízo anual de sua história e sua reputação entre os donos de veículos caiu de 70% favoráveis para 80% desfavoráveis. Além disso, o dano é particularmente difícil de desfazer. Pesquisas indicam que uma empresa de má reputação tentando recuperar a perda de confiança precisaria demonstrar sua nova integridade sistematicamente e em muitas ocasiões para convencer os desconfiados de que os valores da empresa mudaram. Tal processo de recuperação pode levar anos, e a essa altura os antigos clientes da empresa provavelmente já terão criado vínculos com produtos e serviços concorrentes.

Certo de que este forte argumento econômico convenceria líderes empresariais a evitar práticas maliciosas, eu me sentia feliz em descrever o funcionamento das estratégias de influência pré-suasiva para eles, contanto que invariavelmente alertasse para o "desastre da reputação" também. Até que li os resultados de algumas pesquisas globais que me forçaram a mudar de ideia. Elas revelaram que líderes empresariais experientes estavam bem conscientes das provas a favor do argumento baseado na reputação que eu defendia, mas que um número preocupantemente alto desses líderes estava disposto a adotar uma conduta imprópria mesmo assim. Apesar de entenderem os riscos, quase metade dos executivos de alto escalão informaram que agiriam antieticamente para conquistar ou conservar negócios. Além disso, o pessoal de vendas e marketing, que tendia mais a aceitar uma conduta eticamente duvidosa para assegurar uma vitória, tinha menos chances de ser questionado a esse respeito pela empresa. Enfim, funcionários daquelas companhias viam poucas ações da alta liderança para impedir as violações éticas promotoras do lucro ou punir os envolvidos após o fato. Como resultado, o nível de atividades antiéticas por parte das organizações comerciais permanece desanimadoramente alto.

Ao que parece, muitos altos líderes estão cientes das potenciais consequências desastrosas da má conduta ética quando descoberta, mas não se deixam dissuadir. Isso parece claro. O que não está claro é o motivo. É concebível que esses líderes estejam passando por uma forma de compartimentalização psicológica, isolando mentalmente seu conhecimento dos riscos que a participação ativa em transgressões ou a permissão tácita a elas representa à reputação. Mas não acredito nisso. Quem ocupa os níveis superiores de uma organização não chega a essa posição proeminente ignorando sistematicamente perigos claros e presentes. Eu optaria por uma explicação mais simples: eles simplesmente não acreditam que serão descobertos. Não se envolveriam em transgressões se achassem que elas se tornariam visíveis a clientes e autoridades regulamentadoras e aplicadoras de penalidades. Esta explicação está de acordo com resultados de estudos sobre dissuasão do crime que demonstram que indivíduos que cometem transgressões com fortes consequências negativas não acreditam que serão descobertos.[104]

O dilema é fácil de ver. Por um lado, muitos líderes empresariais seriam provavelmente dissuadidos da atividade antiética por considerações econômicas alarmantes. Por outro, o argumento econômico acautelador contra tal atividade não consegue reduzir a má conduta, porque envolve uma expectativa de descoberta que não passa pela cabeça da maioria dos transgressores quando decide agir. Como podemos nos desembaraçar desse dilema? Uma possibilidade seria reconhecer a tendência dos líderes empresariais de pesarem fortemente os fatores econômicos nas decisões de negócios e depois documentar diversas penalidades financeiras onerosas que resultam da conduta antiética *mesmo quando não detectada pelo público*. Junto das minhas colegas Jessica Li e Adriana Samper, recentemente realizei uma pesquisa para fornecer indícios de tais custos advindos das reações dos indivíduos dentro, não fora, da organização. Também tentamos detalhar como esses custos nocivos podem se desenvolver e como podem escapar, sem ser diagnosticados, do radar da maioria dos sistemas empresariais.

A ESTRUTURA DE TRIPLO TUMOR DA DESONESTIDADE ORGANIZACIONAL

> Não busque ganhos desonestos. Ganhos desonestos são prejuízos.
> – **Hesíodo**

Eis o que tentamos mostrar: uma organização que regularmente aprova, encoraja ou permite o uso de táticas enganosas em seus negócios externos (com clientes, acionistas, fornecedores, distribuidores, autoridades regulamentadoras e outros) experimentará um conjunto desagradável de consequências internas comparáveis a tumores, que não apenas se tornarão malignos – crescendo, se espalhando e solapando progressivamente a saúde e o vigor da organização –, como se tornarão difíceis de rastrear e identificar, pelos métodos contábeis típicos, como as verdadeiras causas da rentabilidade inferior. Assim, podem facilmente levar a esforços caros e equivocados que não serão capazes de atingir os verdadeiros culpados da disfunção.

Três fatores que sabidamente destroem a saúde de uma organização comercial são o mau desempenho, a alta rotatividade e fraudes e atos ilícitos comuns entre os funcionários. Os custos de cada um deles podem ser impressionantes. Nosso argumento é que organizações com uma cultura de trabalho antiética – em que funcionários participam de transgressões regulares ou simplesmente as observam – sofrerão com esses três fatores. Não os estamos atribuindo a infrações éticas localizadas ou infrequentes, mas a uma cultura organizacional dominante que permite ou promove práticas empresariais desonestas.

O mau desempenho no trabalho é provavelmente o maior sabotador da rentabilidade. Comecemos por ele.

Mau desempenho dos funcionários

Locais de trabalho podem ser estressantes. Sabemos disso. O que talvez não saibamos, porém, é quanto esse estresse pode custar. Uma análise recente descobriu que o preço é alto nas dimensões pessoal e econômica, pois diferentes tipos de estresse ocupacional, quando combinados, levam anualmente a umas 120 mil mortes e 200 bilhões de dólares em despesas adicionais de assistência médica somente nos Estados Unidos, onde os empregadores arcam com grande parte desse custo. Entretanto, outro tipo dispendioso de estresse no local de trabalho não foi examinado nessa análise mas está diretamente relacionado à questão da má conduta organizacional. Podemos chamá-lo de estresse moral, e advém de um conflito entre os valores éticos de um funcionário e os valores éticos percebidos da organização. Para o desempenho do funcionário, esse tipo de estresse pode ser ainda mais nocivo do que outros estressores reconhecidamente prejudiciais.

Por exemplo, um estudo com atendentes de clientes em um *call center* de serviços financeiros comparou o estresse moral com outras formas de estresse ali presentes – inclusive problemas com clientes difíceis, falta de apoio dos supervisores e/ou colegas, tarefas conflitantes e cargos sem perspectivas de progresso. Somente o estresse moral predisse dois resultados degradantes do desempenho: a fadiga (pouca energia emocional e física) e o esgotamento profissional (perda do entusiasmo e interesse no trabalho) dos funcionários. Esses dois resultados não foram escolhidos para o estudo casualmente pelos pesquisadores. Cada um deles é um grave problema gerencial. Combinados, são um pesadelo gerencial, privando os trabalhadores do vigor, do desejo e da capacidade de executar bem suas tarefas. Será que, ao criar um ambiente de trabalho antiético, uma organização involuntariamente cria esse pesadelo para si? Será que um ambiente de trabalho antiético reduz o desempenho dos funcionários que não se comportam de forma antiética e apenas observam essa conduta entre os colegas?

Para descobrir, organizamos uma situação experimental que nos permitiu testar os efeitos da atividade desonesta no local de trabalho não apenas na realização das tarefas, mas em nossos outros tumores organizacionais especificados. Convidamos estudantes universitários da área de negócios para se sentarem diante de um computador interligado aos de membros da mesma equipe em diversas outras universidades. Eles foram informados de que as equipes iriam competir em tarefas de resolução de problemas contra outras do país inteiro. Se sua equipe se saísse bem na primeira tarefa, receberia uma vantagem competitiva na tarefa seguinte. Finalmente, eles foram informados de que, em razão de certos problemas técnicos no computador deles, não conseguiriam enviar informações aos colegas de equipe, embora fossem capazes de ver as interações on-line deles.

Depois que os membros da equipe realizaram a primeira tarefa de resolução de problemas, foram informados pelo líder de que a equipe só conseguira acertar 67% das perguntas, mas que, apesar disso, ele pretendia informar um índice de 80% de respostas certas ao pesquisador para aumentar o desempenho percebido do grupo – porque, como o líder da equipe confidenciou, não havia como a mentira ser descoberta. Nenhum membro da equipe fez qualquer objeção.

Claro que essa sequência de eventos foi algo que forjamos para os participantes de nosso estudo. As informações que receberam do líder e dos membros da equipe foram programadas por nós para aparecerem nas telas de seus computadores como as projetamos. O mesmo ocorreu com um segundo conjunto de participantes, que receberam as mesmas informações com uma diferença crucial: eles viram o líder de equipe relatar que pretendia submeter o escore de 67% do grupo *honestamente* ao pesquisador e, de novo, não viram nenhum dos outros membros da equipe fazer qualquer objeção. A essa altura, então, metade de nossos participantes fazia parte de uma unidade de trabalho que aprovara e se envolvera numa fraude para obter vantagem competitiva, enquanto a outra metade não. Desse modo, estávamos em condições de descobrir como as duas experiências afetavam as consequências onerosas que havíamos previsto.

Primeiro veio um exame do desempenho subsequente relevante para o trabalho. Todos os participantes foram informados de que a tarefa seguinte seria individual: cada participante leria sobre uma situação de negócios e depois responderia a perguntas de raciocínio crítico associadas. Pegamos a situação de negócio e as perguntas de um teste bem validado de inteligência empresarial para assegurar que o desempenho envolveria os tipos de julgamento que afetam o sucesso empresarial. Os dados subsequentes mostraram diferenças drásticas. Aqueles participantes cuja equipe de trabalho havia sido desonesta tiveram um resultado 20% pior no teste. Outra descoberta nos deu uma indicação da causa do desempenho fraco do primeiro grupo: após analisarem o problema de negócios por um tempo, os membros simplesmente pararam – bem antes que os demais participantes –, uma indicação de que não tinham a mesma energia ou motivação para prosseguir.

Embora esses resultados fossem encorajadores para ao menos um aspecto de nosso pensamento, podíamos nos imaginar ouvindo os "nãos" de um frustrante grupo de céticos, declarando-se não convencidos porque indícios sobre problemas do local de trabalho vindos de (1) um experimento de laboratório (2) com estudantes universitários que (3) depararam com um ambiente antiético artificialmente construído são inadequados. Na verdade, o aspecto mais frustrante daquelas críticas imaginadas foi que elas tinham certa razão. Reconhecíamos que, para confirmar que nossos padrões de dados se aplicavam a situações de trabalho reais, precisávamos descobrir de uma amostra de trabalhadores como fatores do local de trabalho ligados à ética os afetavam. Resolvemos fazer uma pesquisa nacional com adultos que estavam no emprego atual – ou estiveram no mais recente – por cerca de três anos.

A pesquisa continha uma série de perguntas sobre esses indivíduos e os lugares onde trabalhavam ou trabalharam. Mas três tipos de itens tinham um peso especial: os que pediam que avaliassem o clima ético da organização conforme fixado por seus gerentes e líderes, o nível de estresse que sentiam ali e a qualidade de seu desempenho profissional. Quando analisamos as respostas, descobrimos resultados que se enquadravam e até excediam as constatações de nosso experimento de laboratório na universidade. De acordo com seus relatos, primeiro, quanto menos ético o clima, pior o desempenho dos trabalhadores; segundo, quanto menos ético o clima, mais estresse sentiam; e terceiro, aquele estresse especificamente causava o mau desempenho. Com esses indícios em mãos, em nossas argumentações contra atividades antiéticas centradas no aspecto econômico e dirigidas a líderes empresariais, achamos que tínhamos marcado o primeiro gol.[105]

Rotatividade dos funcionários

Para os líderes empresariais, os custos de rotatividade dos funcionários têm um ponto positivo: podem ser avaliados com certa precisão. Mas o lado bom acaba aí. Dependendo do tipo de funcionário perdido no processo, as mudanças no resultado financeiro variam de grandes a dolorosamente grandes. Estimativas de despesas diretas associadas à rotatividade (pagamento de indenização, recrutamento, contratação e treinamento do substituto) podem variar de 50% do pacote de remuneração anual do funcionário em cargos de nível mais baixo até mais de 200% do pacote total para cargos de nível executivo. Esses custos ficam ainda mais altos quando são levados em conta os impactos indiretos (perda da memória institucional, problemas nas vendas e na produtividade, moral baixo entre os demais membros da equipe). Mas, para obtermos uma estimativa conservadora dos custos da rotatividade voluntária, suponhamos que, em média, as despesas diretas e indiretas combinadas fossem iguais a apenas a remuneração total em um ano. As taxas de rotatividade voluntária nos Estados Unidos são agora superiores a 15% ao ano. Mas para uma empresa de tamanho médio com mil funcionários, ainda que apenas 10% deles (com salário e benefícios anuais totais médios de 40 mil dólares) se desligassem da empresa, levariam consigo 4 milhões de dólares a cada ano em custos de rotatividade.

Como esse ônus se relaciona a práticas profissionais antiéticas? Achamos que seria através do estresse moral vivenciado por funcionários cujos valores pessoais conflitassem com transgressões regulares. Um motivo para uma pessoa honesta querer deixar um emprego seria se a permanência significasse se envolver na fraude dominante. Para testar essa possibilidade, desenvolvemos outro experimento com estudantes universitários da área de negócios, bem parecido com nosso primeiro estudo: metade deles fazia parte de uma equipe comandada por um líder que perseguia seus objetivos por meio da desonestidade, e a outra metade estava em uma equipe que não agiu desonestamente. Depois, todos foram informados de que, antes de começar uma segunda tarefa de grupo, poderiam optar entre permanecer na equipe ou mudar para outra. Quando contamos os votos, constatamos que 51% daqueles que estiveram em um grupo ético decidiram deixar a equipe, enquanto no grupo antiético esse número era de 80%.

Para adquirir confiança de que esses resultados se aplicavam além de nosso ambiente de laboratório, recorremos aos dados de nossa pesquisa nacional de trabalhadores, que revelou claros padrões relacionados à rotatividade. Não apenas os funcionários de organizações consideradas pouco éticas estavam mais propensos a se sentir estressados e a querer deixar a empresa, como era o estresse que os levava a sair – e a, em consequência, deixar seus empregadores com custos de rotatividade financeiramente extenuantes. Segundo gol, pensamos.[106]

Fraudes e atos ilícitos de funcionários

Observe que, de acordo com nosso raciocínio, a evasão de pessoal de uma empresa eticamente comprometida não deve incluir a todos. Pelo contrário, como o êxodo é provocado pelo estresse resultante de valores morais *conflitantes*, será específico aos funcionários com altos padrões éticos. Aqueles à vontade com o uso de trapaça para a obtenção de ganhos financeiros devem ficar felizes em permanecer. E aí reside a fonte de nosso terceiro tumor da desonestidade organizacional. Enunciado em termos de um alerta para qualquer líder responsável por moldar o clima ético de uma organização, é o seguinte: aqueles que trapaceiam a seu favor trapacearão contra você. Se você encoraja a primeira forma de logro, encorajará a segunda, o que lhe custará muito caro.

Graças à tendência de os funcionários deixarem organizações onde o padrão ético é fraco, uma empresa com uma cultura permanente de má conduta afastará muitos funcionários honestos, deixando um grupo crescente de indivíduos dispostos à transgressão e que, tendo oportunidade, prejudicarão a empresa. De acordo com nosso argumento, então, tal empresa abrigará sob seu manto uma víbora cuja picada será venenosa do ponto de vista fiscal, posto que os custos das fraudes e atos ilícitos de funcionários são avaliados em trilhões de dólares mundialmente. Além disso, esses prejuízos (resultantes de desfalques, furtos de estoques ou equipamentos, inflação de despesas, relatórios de compras falseados e negócios por baixo dos panos com fornecedores e parceiros) raramente são recuperados.

Esse argumento parece bom, com sua lógica proclamada, implicações fiscais sérias, floreio metafórico associado ao veneno e tudo o mais, mas onde estão as provas? Para encontrá-las, recorremos de novo ao nosso ambiente experimental e a um procedimento final. Recorde que, em nosso segundo estudo, os voluntários tornaram-se parte de uma unidade de trabalho que adotava ou não a desonestidade, e quando lhes demos a chance de permanecer na equipe ou trocá-la por outra, um número bem maior de voluntários optou por deixar a equipe que havia agido de forma antiética. A essa altura, informamos a todos que, em razão de dificuldades logísticas imprevistas, não seria possível mudar. Portanto, eles trabalhariam na próxima tarefa com seus colegas originais. Na verdade, a tarefa seguinte consistia em trabalhar *contra* aqueles colegas, testando quem conseguia resolver rapidamente uma série de problemas verbais. Quem terminasse dentro de um minuto aumentaria sua probabilidade de ganhar um prêmio de 100 dólares. Antes que os participantes fornecessem suas soluções, fizemos com que "sem querer" pudessem ver o gabarito dos problemas com a garantia de que não seriam descobertos. Mediante testes preliminares, descobrimos que, em média, o estudante típico conseguia resolver 3,17 dos problemas em um minuto. Assim, comparando o número de problemas resolvidos pelos participantes com o padrão 3,17, pudemos ver quais participantes tendiam a trapacear a favor de seus próprios interesses econômicos, e contra seus colegas.

Os resultados foram claros. Entre os participantes que haviam feito parte de uma unidade de trabalho honesta *e* haviam optado por permanecer nela, a desonestidade foi inexistente ou desprezível, o que sugere que devemos tirar o chapéu para os muitos líderes que têm a integridade e sabedoria organizacional para criar uma cultura ética. Os participantes que optaram por deixar uma unidade de trabalho honesta ou desonesta trapacearam um pouco, mas não num grau estatisticamente significativo. A boa notícia, porém, veio das ações daqueles que, quando foi dada a chance, haviam optado por permanecer em um ambiente desonesto. Estes trapacearam 77% mais do que a média. Lembre-se de que essas trapaças não apenas melhoravam as próprias perspectivas financeiras, como também solapavam as das pessoas à sua volta. Seria duro demais rotular essas ações de venenosas, mas elas pareceram suficientemente tóxicas para justificar um exame atento dos números de nossa pesquisa a fim de avaliar os indícios relacionados às experiências naturalmente ocorridas no local de trabalho.

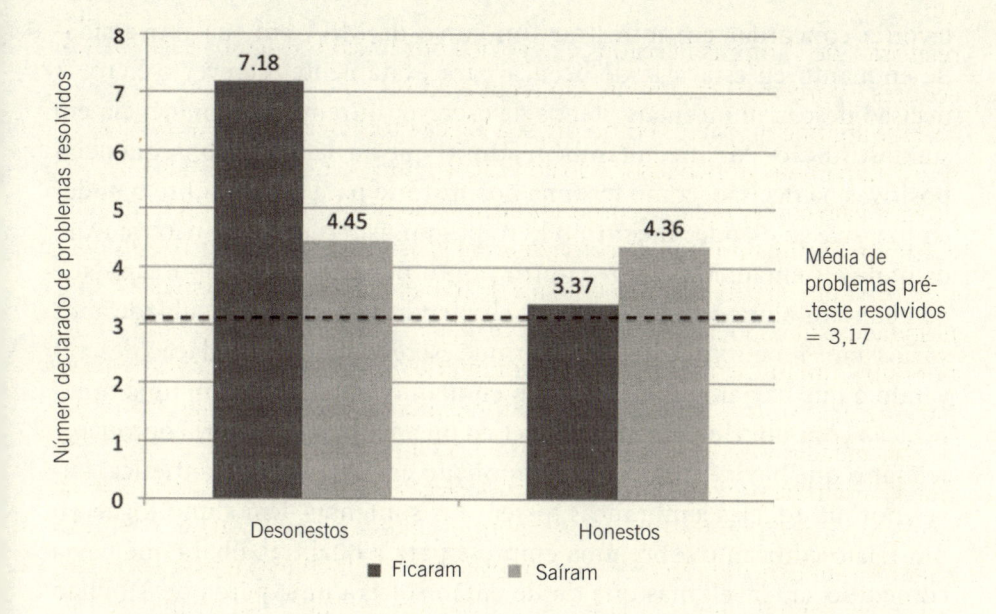

```
            8
            7      7.18
            6
            5            4.45              4.36
            4                                        Média de
                                  3.37              problemas pré-
            3   - - - - - - - - - - - - - - - -     -teste resolvidos
            2                                       = 3,17
            1
            0
              Desonestos           Honestos
              ■ Ficaram    ■ Saíram
```

Barganha diabólica. Indivíduos que se sentem suficientemente à vontade em meio a trapaças a ponto de querer permanecer em uma unidade de trabalho desonesta mostraram-se especialmente dispostos a enganar os membros daquela unidade. *Cortesia de Robert Cialdini*

Examinamos os relacionamentos entre itens ao medir as avaliações pelos funcionários da ética de seus locais de trabalho conforme fixada por seus líderes, seu desejo de deixar aquele local de trabalho e suas admissões de atos ilícitos no emprego (isto é, ações economicamente prejudiciais contra seus empregadores, como alterar relatórios de despesas, sabotar equipamentos para não precisar trabalhar e usar recursos da empresa para fins particulares). A descoberta-chave foi que funcionários de organizações pouco éticas que prefeririam permanecer nelas mostraram uma propensão exagerada a se envolver em tais atividades fraudulentas e financeiramente onerosas no local de trabalho. Como em nosso experimento de laboratório, os indivíduos satisfeitos em permanecer em locais de trabalho antiéticos se mostraram satisfeitos em conspurcar aqueles locais.

— ——— —

No início deste livro, admiti que sua conclusão atrasou vários anos porque o administrador de uma universidade, usando uma tática pré-suasiva, me levou a concordar em ministrar um curso de MBA em sua universidade enquanto eu estava lá de licença para exatamente escrever o livro. A decisão descarrilhou meus planos de escrever durante a permanência em sua instituição. Porém, eu também admiti que havia certas consequências positivas na decisão, como ter uma boa história para contar sobre o poder da pré-suasão e poder incluir no livro pesquisas recentes que não estavam disponíveis então. Mas houve outro ponto positivo: tive a oportunidade de pedir aos alunos do curso, todos eles tendo retornado à faculdade após vários anos no mercado de trabalho, que escrevessem uma redação descrevendo o que haviam experimentado enquanto empregados em uma organização com um clima de trabalho ético ou antiético. A maioria optou por relatar o que havia sentido e testemunhado em uma cultura antiética, talvez porque aquelas lembranças fossem mais intensas. Um aluno forneceu um relato edificante sobre uma empresa para a qual trabalhara que havia começado saudável, mas que desde então sofrera uma perda de 1 bilhão de dólares:

> *O CEO abusava dos princípios da influência regularmente: alegava escassez quando havia abundância, usava a autoridade para fazer os outros agirem contra a própria vontade e criava exemplos de aprovação social que não existiam. As pessoas acreditavam nele a curto prazo, mas, conforme a verdade aparecia, a reputação da empresa se deteriorava. Poucas empresas estão dispostas a fazer negócios com ele agora – e as que estão só o fazem sob condições onerosas.*
>
> *A cultura da desonestidade disseminou-se por toda a organização. O departamento de marketing era obrigado a exagerar a verdade, o departamento de relações públicas escrevia comunicados à imprensa geralmente enganosos e os vendedores coagiam os clientes. A insatisfação no emprego e a rotatividade eram incrivelmente altos. As pessoas eram atraídas à empresa pelos altos salários (que o CEO via como justificativa para tratar mal os funcionários), mas iam embora assim que conseguiam achar trabalho em outro local. Seguindo o exemplo dos executivos, os funcionários roubavam da empresa sempre que podiam, em geral mediante relatórios de viagens e de despesas. Alguns fechavam negócios paralelos com fornecedores. Quando a visitei uns meses atrás, quase metade do pessoal tinha ido embora, e o moral estava mais baixo do que nunca.*

"Terceiro gol"?

Estou fortemente inclinado a acreditar que sim. Claro que isso depende do grau em que os líderes aceitam o argumento financeiro contra a fraude e optam por agir de acordo. A menos que os líderes definam o rumo organizacional adequado, esse argumento não decolará e voará só porque o restante de nós *realmente* acredita nele. A concordância daqueles no topo é necessária. Ainda bem que, se eles quiserem, podem desenvolver e conservar uma cultura no local de trabalho eticamente louvável tão rápido quanto uma eticamente objetável. O que poderia ser feito para lançar os altos líderes com mais entusiasmo pela trilha virtuosa? Para um grande grupo, nenhuma mudança de rumo parece necessária. Eles já decidiram por aquela trilha e devem ser admirados por segui-la. Mas, para a quase metade que acha que questões econômicas justificam a conduta desonesta, será preciso expor certos custos concomitantes (do mau desempenho, da rotatividade e dos atos ilícitos dos funcionários), ainda que a má conduta não seja detectada pelo observador externo.

Como um conjunto de recomendações gerais que todas as organizações comerciais talvez queiram adotar, três parecem valer o esforço. Avaliações de honestidade dos funcionários feitas pelos clientes com quem interagem deveriam fazer parte das estruturas de incentivo aos funcionários. Além disso, o ideal seria que a reputação ética da empresa como um todo fosse medida e incluída em avaliações do desempenho anual. Finalmente, avaliações pelos funcionários da orientação ética da empresa deveriam ser um componente do pacote de remuneração da alta direção (e especialmente dos CEOs). O efeito dessas medidas não apenas incentivaria a conduta ética, mas também traria uma atenção constante e maior aos padrões éticos. A atenção consequente focada nessas questões elevaria (justificadamente) sua importância percebida e seu papel causal nos negócios organizacionais.[107]

14
Pós-suasão: Efeitos posteriores

Vimos neste livro que a pré-suasão bem-sucedida pode ocorrer quando a atenção do público é canalizada temporariamente para um conceito psicológico favorável a uma mensagem subsequente. Entretanto, se a pré-suasão se baseia de fato na atenção temporariamente direcionada, existe uma questão importante que todos os pré-suasores devem confrontar: quando comunicadores concorrentes ou mesmo os acontecimentos do dia a dia desviam essa atenção para algum outro conceito, o que pode ser feito para impedir que a favorabilidade se dissipe? Trata-se de uma preocupação válida, pois agentes de mudança em geral estão interessados em mais do que movimento de curto prazo – embora, como capítulos anteriores atestam, mudanças limitadas no tempo podem ser extraordinariamente produtivas quando administradas de forma inteligente. Não obstante, para um impacto ótimo, a esperança é ter um efeito duradouro. Duas estratégias eficazes estão disponíveis, cada uma resultante de uma abordagem diferente da influência social – uma da velha escola e outra da nova.

CRIAR UMA MUDANÇA DURADOURA POR MEIO DE COMPROMISSOS SÓLIDOS

Tradicionalmente, os cientistas do comportamento oferecem uma resposta direta à questão de como fazer com que a reação inicialmente afirmativa de uma pessoa persista: levar o indivíduo a assumir um compromisso com essa reação, em geral em forma de uma providência ativa. Vejamos como essa recomendação pode reduzir um problema social oneroso. Pacientes que deixam de comparecer a consultas médicas ou dentárias são mais do que uma inconveniência. Representam uma grande despesa para o sistema de saúde. Uma prática comum para reduzir essas faltas é telefonar para os pacientes no dia anterior a fim de lembrar da consulta. Em um estudo liderado por meu colega Steve J. Martin e conduzido em clínicas médicas britânicas, tais esforços reduziram as faltas às consultas em 3,5%. Mas as ligações de confirmação requeriam tempo e dinheiro e nem sempre atingiam seus objetivos. Vamos compará-las com a sabedoria de empregar um procedimento de comprometimento. Quando marcamos uma consulta futura após uma ida ao consultório, sabemos o que acontece. A recepcionista anota a hora e a data da próxima consulta num cartão e o entrega aos pacientes. Se, em vez disso, ela pedir aos *pacientes* que preencham o cartão, essa providência ativa os deixa mais comprometidos em comparecer à consulta. Quando esse procedimento sem custos foi testado no estudo das clínicas médicas britânicas, a taxa de faltas caiu 18%.

Embora o efeito de reduzir as faltas às consultas não seja pequeno (um declínio de 18% poderia representar o equivalente a uma economia de 180 milhões de dólares por ano só no Reino Unido), é possível que compromissos comportamentais provocados tenham um impacto social bem maior, influenciando as eleições políticas. Em 2008, pouco antes da eleição presidencial entre Barack Obama e John McCain, foi feita uma pesquinsa on-line com americanos de diversos estados sobre suas atitudes e crenças políticas. Metade viu uma pequena bandeira americana no canto superior esquerdo do questionário ao começar a responder às perguntas. A outra metade não viu nenhuma bandeira. A exposição à bandeira americana dessa forma sutil tornou os participantes mais favoráveis ao Partido Republicano de McCain e sua ideologia politicamente conservadora. Além disso, num novo estudo realizado após a eleição, os pesquisadores constataram que aqueles que tinham visto a bandeira americana no questionário anterior haviam votado em McCain em um grau bem maior que os outros participantes. Finalmente – e talvez mais notável –, oito meses após a eleição, os participantes que haviam visto a bandeira durante a pesquisa, agora distante no tempo, continuavam adotando mais atitudes, crenças e julgamentos orientados para o Partido Republicano.

Poderia aquela exposição isolada realmente explicar efeitos tão duradouros e importantes? Resultados como esse pedem uma explicação – explicações, na verdade, porque mais de um processo está envolvido. A primeira é pré-suasiva em seu caráter. A exposição sutil à bandeira americana fez os participantes pensarem no Partido Republicano. De fato, um estudo piloto realizado pelos pesquisadores mostrou que, em 2008 pelo menos, os americanos sem dúvida fizeram aquela associação entre a bandeira e o republicanismo. Assim como já vimos que a música francesa em uma loja predispôs as pessoas temporariamente aos produtos franceses (como o vinho) e uma imagem de nuvens fofinhas em um site de loja de móveis deixou as pessoas temporariamente mais propensas a produtos macios (como sofás confortáveis), a bandeira americana deixou as pessoas temporariamente mais favoráveis aos candidatos e posições do Partido Republicano.

Tudo certo em relação aos efeitos imediatos da bandeira. Mas como explicar sua persistência surpreendente? Os pesquisadores acreditam que sabem: após depararem com a bandeira americana e se tornarem temporariamente mais inclinados ao republicanismo, solicitou-se aos participantes que *agissem* segundo aquela inclinação, registrando-a na pesquisa e, assim, se comprometendo com ela de maneira comportamental. Isso levou a uma forma ainda mais comprometida de atividade quando subsequentemente votaram na eleição, o que, por sua vez, levou a uma orientação consolidada pró-Partido Republicano na avaliação feita oito meses depois. Essa sequência lembra os resultados de pesquisas que examinaram o efeito de uma experiência pré-suasiva diferente (estado de espírito feliz) em um tipo diferente de preferência (por arte). Depois que pessoas leram uma história feliz, seu estado de espírito temporariamente elevado fez com que gostassem de uma pintura. Cinco dias mais tarde, porém, apenas aquelas que haviam avaliado ativamente a pintura enquanto estavam no estado eufórico ainda mantinham o mesmo ponto de vista. Aqueles que não a haviam avaliado – e, portanto, não haviam "internalizado" comportamentalmente aquela avaliação – não mostraram nenhuma preferência especial por ela depois que o estado de espírito feliz havia se dissipado.[108]

A implicação para a pré-suasão eficaz é clara: acionadores pré-suasivos podem produzir mudanças substanciais e imediatas nas pessoas, mas para fazê-las durar, é necessário firmar um compromisso com elas, geralmente em forma de um comportamento relacionado. Mas nem todos os compromissos são iguais nesse aspecto. Os mais eficazes se estendem ao futuro ao incorporar comportamentos que afetam a identidade pessoal. Fazem-no quando asseguram que o compromisso seja assumido de forma *ativa*, *esforçada* e *voluntária*, porque cada um desses elementos comunica preferências pessoais profundas. Por exemplo, se por uma manobra pré-

-suasiva de alguém que me mostra imagens de pessoas de pé juntas eu me torno temporariamente inclinado a uma política social inclusiva – digamos, aumentar o salário mínimo para todos os trabalhadores – e me vejo agindo conforme essa preferência (contribuindo financeiramente para a causa), logo me comprometerei mais com a ideia. Além disso, se a ação foi voluntária (uma escolha minha) e foi difícil ou custosa de realizar (o montante de minha doação foi substancial), fico ainda mais inclinado a vê-la como algo relacionado à minha personalidade. É essa autopercepção comportamentalmente influenciada que ancoraria e alinharia minhas reações posteriores. E isso se daria ainda que a sequência fosse instigada pré-suasivamente por uma mudança momentânea de atenção – neste caso, para a ideia de proximidade.[109]

CRIAR UMA MUDANÇA DURADOURA POR MEIO DO CONTROLE DE SINAIS

Na época em que eu tentava aprender tudo que me era possível sobre as práticas de persuasão dos profissionais da influência, recebi um convite por e-mail para "uma oportunidade incrível de adquirir riqueza, prosperidade e independência financeira além dos seus sonhos". Tinha certeza de que aquilo envolvia algum tipo de esquema de pirâmide, o que asseguraria o fim do meu interesse. Mas, como eu estava curioso na época sobre como os promotores planejavam vender o esquema, liguei e reservei uma vaga. O aspecto mais intrigante do evento foi o local. Embora eu e uns 50 outros indivíduos – variando de economicamente interessados a desesperados – tivéssemos nos reunido numa manhã de sábado em um restaurante de Phoenix, não ficamos lá por muito tempo. Fomos conduzidos para um ônibus velho, com as singulares cores amarela e azul, por um percurso de duas horas até Tucson, onde, ao que fomos informados, o evento aconteceria. Era mentira. Quando chegamos a Tucson, nenhuma informação nova foi dada. No almoço, um orador apenas revisou brevemente os pontos que havíamos ouvido na viagem de ônibus.

Por que os organizadores do programa gastariam um bom dinheiro naquela viagem incomum? Àquela altura, eu sabia: as informações do programa não foram previstas para Tucson. Tinham sido concebidas para o ônibus. Eu tinha certeza de que isso era verdade porque, no caminho para Tucson, olhei pela janela e observei outro ônibus velho, com as cores amarela e azul, levando um grupo de passageiros de Tucson para Phoenix. Aquela visão me proporcionou uma epifania imediata e esclarecedora: desde o princípio, os organizadores pretendiam nos expor aos detalhes de seu programa de riqueza (um esquema de pirâmide, como eu havia suspeitado) em um ônibus percorrendo a estrada entre as duas cidades. Acredito que isso se devia a duas razões de base psicológica. Primeira, *era difícil raciocinar* naquele ambiente veloz, barulhento, sacolejante, lotado, emocionalmente agitado, e o pensamento profundo é o maior inimigo de sistemas de venda de pirâmides.

Segunda: quando as pessoas não conseguem ponderar com calma nem se concentrar plenamente, costumam reagir de forma automática a quaisquer sinais para a tomada de decisões que estejam presentes na situação. Em nosso ônibus, os organizadores do programa controlavam esses sinais. Eles conseguiram encher o espaço com uma série de aspectos que, para onde quer que olhássemos, nos preparavam para sermos receptivos à sua mensagem. Cartazes ligados à realização adornavam as laterais e o teto, slogans ligados à riqueza estavam colados atrás de nossos assentos e músicas que falavam de sucesso precediam a apresentação de cada novo orador. A mensagem básica do orador era sempre uma versão de "Você é capaz, você é capaz, você é capaz, você é capaz... desde que use o sistema." Essa afirmação universal era acompanhada por uma série de sinais de apoio: um terno caro, feito sob medida, trajado por um orador; um cheque de uma comissão de 11 mil dólares "somente deste mês" agitado no ar por outro; uma carta de testemunho elogiosa, lida por um terceiro, de um indivíduo que antes de entrar no programa era "exatamente como vocês, pessoal". No momento em que retornamos a Phoenix, dois terços dos participantes haviam aderido.

A vida moderna está se tornando cada vez mais como aquele ônibus correndo pela rodovia: veloz, turbulenta, saturada de estímulos e móvel. Como resultado, somos cada vez menos capazes de pensar profundamente e bem sobre a melhor ação em muitas situações. Daí, mesmo a pessoa mais cautelosa tende a reagir automaticamente aos sinais para a ação que existem em tais ambientes. Então, dado o ritmo acelerado e a natureza perturbadora da atenção do mundo atual, estaremos todos fadados a sermos palhaços naquele ônibus? Não se, em vez de protestarmos contra o automatismo invasor, nós o convidarmos, mas controlando sistematicamente sua ação sobre nós. Devemos nos tornar designers de interiores de nossos espaços de vida normais, provendo-os com os aspectos que nos enviarão irrefletidamente nas direções em que mais queremos ir. Essa abordagem fornece outro meio (além de compromissos imediatos e poderosos) de fazer com que as preferências inicialmente formadas orientem nossas ações futuras: ao assegurarmos que sempre encontraremos os sinais que automaticamente se vinculam com essas preferências e as ativam, podemos aproveitar o maquinário a nosso favor.

Os capítulos anteriores ofereceram alguns exemplos de como poderíamos fazer isso: se você quer escrever de forma a se conectar com um público específico, ao preparar um relatório ou apresentação, cerque-se de sinais ligados a esse grupo: por exemplo, rostos de membros típicos do público. Se você quer atacar uma tarefa no trabalho com uma forte orientação para a realização, entre em contato com imagens de sucesso, esforço e realização, como a de um corredor passando em primeiro lugar pela linha de chegada. Se você quer abordar uma tarefa diferente com uma orientação analítica, talvez ao avaliar um orçamento, tenha acesso a imagens de contemplação, reflexão e análise: por exemplo, *O pensador*, de Rodin. E assim por diante. Talvez você seja capaz de otimizar o desempenho de cada um desses tipos de tarefas no mesmo lugar no mesmo computador mudando o papel de parede para mostrar uma série de imagens apropriadas à orientação que você quer imprimir a uma tarefa específica.

Planos se/quando-então fornecem outro meio de aproveitar o poder das ligações associativas ao associar metas e ações desejáveis com sinais que experimentaremos no futuro em situações que ocorrem regularmente: "*Se/quando*, após um almoço de negócios, o garçom perguntar se quero sobremesa, *então* pedirei chá de hortelã", ou "*Quando* for oito da manhã, e eu terminar de escovar os dentes, *então* tomarei meu remédio". Embora cada uma dessas táticas sugeridas seja compatível com pesquisas já apresentadas neste livro, existe outra tática válida que obtém seu respaldo de pesquisas e que ainda não vimos sobre o papel de meros lembretes.[110]

GEOGRAFIAS PERSUASIVAS 2: QUEM SOMOS É ONDE ESTAMOS

Sempre que falo para grupos de gestão de assistência médica sobre o processo de influência, pergunto: "Quais são as pessoas do sistema mais difíceis de influenciar?" A resposta é invariável e enfática: "Os médicos!" Por um lado, essa circunstância parece adequada. Para chegar às suas elevadas posições na hierarquia da assistência médica, os médicos passam por anos de treinamento e prática, inclusive especializações na faculdade de medicina, estágios e residências que lhes dão uma variedade de informações e experiências em que basearem suas escolhas, tornando-os compreensivelmente relutantes a serem dissuadidos. Por outro lado, esse tipo de resistência pode ser problemático quando os médicos decidem não adotar recomendações de mudanças que beneficiariam seus pacientes. Tudo isso suscita uma questão maior: por que a maioria dos médicos opta por essa profissão? Será principalmente por razões egoístas ou altruístas? Será para reduzir e aliviar o sofrimento dos pacientes, ou para obter a autoridade, o respeito, o status e a renda que costumam acompanhar o papel?

Mostrando aos médicos como se livrar de um sério problema. Em 1847, no Hospital Geral de Viena, Ignaz Semmelweis provou que, se os profissionais médicos lavassem as mãos, reduziriam infecções e mortes de pacientes. Mas até hoje, muitos médicos deixam de seguir corretamente os procedimentos de higiene. *Retrato de Ignaz Semmelweis (1818-1865). Gravura de Ernst Wenck, Museu de História da Medicina, Paris*

Um estudo realizado em um hospital americano oferece um insight valioso sobre essas questões. Os pesquisadores Adam Grant e David Hofmann observaram que, embora lavar as mãos seja fortemente recomendado antes do exame de cada paciente, a maioria dos médicos faz isso menos da metade das vezes prescritas nas diretrizes. Além disso, várias intervenções visando reduzir o problema se mostraram ineficazes, mantendo o risco de infecções em médicos e pacientes. Grant e Hofmann acharam que poderiam melhorar a situação chamando a atenção dos médicos para uma de duas motivações poderosas: preocupação com eles mesmos ou preocupação com seus pacientes. Para canalizar a atenção à preocupação autocentrada, os pesquisadores colocaram um aviso sobre os dispensers de sabão líquido ou gel com a frase: "A higiene manual evita que você contraia doenças." Para canalizar a atenção à preocupação centrada no paciente, colocaram um aviso sobre um conjunto diferente de saboneteiras dizendo: "A higiene das mãos evita que os pacientes contraiam doenças." Apesar da diferença de apenas algumas palavras, o efeito dos dois tipos de avisos foi significativamente unilateral. O aviso que lembrava os médicos de se protegerem não teve efeito sobre o uso do sabão ou gel. Mas aquele lembrando-os de proteger seus pacientes aumentou seu uso em 45%.

Esses resultados nos dão informações importantes sobre duas questões relacionadas. A primeira é que, embora muitos outros tipos de intervenções não sejam capazes de reduzir o problema, o simples ato de chamar a atenção inicial dos médicos para a associação entre a lavagem das mãos e a proteção dos pacientes teve um notável sucesso. Claro que, nos casos anteriores em que os médicos *não* haviam lavado as mãos, uma preocupação profunda com o bem-estar dos pacientes estava presente neles também, bem como um vínculo reconhecido entre a lavagem das mãos e o bem-estar dos pacientes. O que explica a diferença? Nos casos anteriores, não havia nada ali a fim de dirigir a atenção dos médicos para o vínculo, levá-lo ao início da lista, acima dos outros aspectos ligados à situação: a aparência do paciente, o que a enfermeira acompanhante estava dizendo, o que a ficha clínica informava, entre outros. Bastou um único aviso visível quando os médicos entraram, lembrando-os do vínculo, para mudar seu comportamento de forma impressionante.[111]

Além disso, pelos dados do estudo, parece que temos uma resposta à questão de como a maioria dos médicos realmente é. Eles parecem (1) ser indivíduos orientados para os outros, fortemente motivados a melhorar o bem-estar de seus pacientes, e (2) não ser do tipo que precisamos temer que estejam servindo aos seus próprios interesses, em detrimento dos de seus pacientes.

Embora a primeira dessas conclusões seja correta, um estudo realizado na Universidade Carnegie Mellon lança uma dúvida sobre a segunda. A pesquisa envolveu outra prática sobre a qual os médicos têm sido alertados como prejudicial aos interesses de seus pacientes. Os médicos costumam receber presentes de empresas da indústria da saúde – mais notadamente indústrias farmacêuticas, mas também de fabricantes de equipamentos médicos – sob a forma de pizzas para os funcionários de seus consultórios, almoços e jantares para si próprios, viagens com as despesas pagas para congressos, contratos de pesquisa e consultoria e pagamentos para lecionarem ou falarem em conferências, e até para participarem de teleconferências ligadas a produtos. Há fortes indícios de que esses presentes e patrocínios influenciam os médicos a retribuir os favores, prescrevendo ou endossando produtos que promovem o bem-estar dos patrocinadores da indústria, mais do que de seus pacientes. Apesar desses indícios e das consequentes advertências, muitos médicos continuam aceitando os mimos, mesmo reconhecendo suas implicações problemáticas.

O que está acontecendo aqui? Como é possível que os médicos ajam mais a favor do interesse de seus pacientes do que de seus próprios no estudo da lavagem das mãos, mas o inverso pareça se aplicar ao caso da aceitação de presentes? Talvez porque lavar as mãos é um ato de custo relativamente baixo comparado à rejeição dos benefícios patrocinados pela indústria, e, entre essas opções de maior valor, o egoísmo saia vencendo, como poderia ocorrer em qualquer grupo de pessoas. Talvez isso seja verdade. Afinal, os médicos são pessoas. Mas a regra da reciprocidade, que afirma que aqueles que dão primeiro fazem jus a receber algo em troca, e as descobertas do estudo da Universidade Carnegie Mellon oferecem uma visão menos pessimista, com mais nuances.

Aquele estudo com 301 médicos residentes começou com uma pergunta pertinente: o que poderia levar os médicos a se tornarem mais ou menos receptivos aos presentes da indústria? A uma amostra de médicos perguntou-se em uma pesquisa on-line se, e em que grau, aceitar presentes e pagamentos de representantes da indústria era aceitável para eles. Na análise dos pesquisadores, apenas cerca de um quinto (21,7%) considerava a prática aceitável. Mas, quando se fez a mesma pergunta a uma segunda amostra, precedida de itens indagando quanto haviam sacrificado pessoal e financeiramente para se tornarem médicos, quase a metade (47,5%) achou aceitável receber presentes. Enfim, quando uma terceira amostra foi lembrada de seus sacrifícios anteriores e apresentada à pergunta se os recursos anteriormente gastos justificavam aceitar presentes, uma clara maioria (60,3%) passou a ver a prática como aceitável.

Como devemos interpretar esses resultados? Eu extraí várias conclusões, inclusive a animadora de que, apesar de uma minoria que achou aceitável receber presentes, a maioria dos médicos considera essa escolha indigna. Entretanto, concentrar a atenção dos médicos pré-suasivamente nas grandes contribuições (em forma de conhecimento) que tinham dado ao sistema de assistência médica tornou-os mais dispostos a aceitar grandes retornos dele. Esse resultado – mais o fato de que uma lógica baseada na reciprocidade levou a maioria a aceitar os presentes – implica a regra da reciprocidade, temporariamente vinda à tona, como uma grande culpada aqui. Enfim, essas descobertas me informam que a resposta à pergunta de se, como grupo, os médicos prioritariamente servem aos pacientes ou a si mesmos é... sim. Eles servem aos dois, dependendo do foco da atenção no momento. Esta é uma conclusão que se aplica a bem mais do que a categoria dos médicos, cujas preferências notadamente flexíveis servem para ilustrar como os fatores que captam nossa atenção operam em todos nós.

―――― ―

Esta também é uma conclusão que consiste em um encerramento adequado deste livro: em grande parte, quem somos em relação a qualquer escolha é onde estamos, em termos de atenção, no momento anterior à escolha. Podemos ser canalizados àquele momento privilegiado por sinais (relevantes à escolha) com que aleatoriamente deparamos em nossos ambientes diários ou, o que é mais preocupante, pelos sinais que um comunicador sagaz colocou taticamente ali, ou, com um efeito bem melhor e duradouro, pelos sinais que armazenamos naqueles locais recorrentes para nos enviarem de forma sistemática em direções desejadas. Em cada caso, o momento criado é pré-suasivo. Quer estejamos atentos ao processo subjacente, quer sejamos atraídos por seu potencial, ou ambos, é conveniente reconhecer seu considerável poder e sensato entender seu funcionamento interno.[112]

As referências bibliográficas completas podem
ser encontradas no site da Editora Sextante,
na página do livro *Pré-suasão*.

Agradecimentos

Sou grato a vários indivíduos que ajudaram a tornar este livro realidade. No topo da lista está Bobette Gorden, que o viveu comigo da primeira à última palavra, oferecendo os preciosos benefícios de sua mente privilegiada, seu ouvido infalível e seu coração amoroso. Outros – Doug Kenrick, Greg Neidert, Linda Demaine, Jennifer Jordan, Gerry Allen e Charlie Munger – leram capítulos individuais ou conjuntos de capítulos e deram excelentes sugestões. Outros ainda forneceram feedback sempre proveitoso em relação a todo o manuscrito. Nigel Wilcockson apresentou uma síntese convincente e excelentes recomendações. Andrew White mostrou-me como aspectos do texto poderiam ser beneficamente ampliados com informações de fontes da internet. Richard Cialdini e Katherine Wanslee Cialdini suportaram longas leituras de rascunhos de capítulos e ainda assim permaneceram suficientemente concentrados para responder com observações e apoio muito apreciados. Anna Ropiecka ofereceu ótimos comentários da dupla perspectiva de pensadora perspicaz e falante não nativa do inglês, levando-me a aguçar meu pensamento e otimizar minha linguagem.

Finalmente, dois profissionais da área editorial justificam uma observação especial, visto que ambos merecem não apenas meus agradecimentos como uma recomendação sem reservas a qualquer futuro escritor. Meu agente, Jim Levine, foi um presente dos céus, orientando-me por todo o processo com um profissionalismo infalível, com ética e perspicácia. Ben Loehnen, meu editor na Simon & Schuster, foi um forte defensor interno do projeto e uma fonte de conselhos primorosos para o processo de redação. O produto acabado está nitidamente melhor pelo seu envolvimento.

Sou um homem afortunado por ter tido o auxílio desse grupo de indivíduos.

Notas

Nota do autor
1. O verso de W. H. Auden apareceu em seu poema "Under Which Lyre: A Reactionary Tract for the Times". O comentário de James Boyle vem de seu livro *The Public Domain: Enclosing the Commons of the Mind*, enquanto as afirmações de Sun Tzu e Dale Carnegie são de suas obras clássicas *A arte da guerra* e *Como fazer amigos e influenciar pessoas*, respectivamente.
Uma questão interessante é por que a economia comportamental pôde desempenhar um papel credenciador para a psicologia social entre muitos tomadores de decisões. Tem a ver, acredito, com a alta estima de que a economia como disciplina tem tradicionalmente desfrutado nas empresas e governos. Quando existem indivíduos rotulados de economistas comportamentais que receberam o Prêmio Nobel da disciplina maior (George Akerlof, Daniel Kahneman, Robert Shiller, Herbert Simon, Vernon Smith) e existem outros que deveriam receber (penso sobretudo em Richard Thaler), e quando parece que a economia comportamental e a psicologia social compartilham alguns elementos centrais, a reputação do segundo campo é favorecida pelo primeiro.

PARTE 1: PRÉ-SUASÃO: A ANTECIPAÇÃO DA ATENÇÃO

Capítulo 1. Pré-suasão: Uma introdução
2. Os estudos do nome do restaurante e do número das camisetas foram realizados por Critcher e Gilovich (2007); o estudo do chocolate belga, por Ariely, Loewenstein e Prelec (2003); o estudo do desempenho no trabalho, por Switzer e Sniezek (1991); o estudo do desenho das linhas, por Oppenheimer, LeBoeuf e Brewer (2008); e o estudo da loja de vinhos, por North, Hargreaves e McKendrick (1997).
O resultado geral – o que é experimentado primeiro muda as reações ao que vem depois, muitas vezes de formas estranhas – não se limita à comunicação. Teorias recentes vêm empregando modelos de probabilidade quântica (em vez

de modelos de probabilidade clássica) para explicar os erros de julgamento humano de vários tipos (Pothos e Busemeyer, 2013). Central a essas teorias é a ideia de que tomar uma decisão altera o estado mental de uma pessoa e cria desvios do que teria sido logicamente esperado antes da decisão (Busemeyer et al., Trublood, 2011; Busemeyer e Wang, 2015; Shiffrin, 2010; e Weber e Johnson, 2009).

3. A ideia de que o sucesso é *iniciado* não tanto rompendo as barreiras mas removendo-as é representada nos descritores atribuídos ao deus hindu Ganesha: "Senhor dos princípios, removedor de obstáculos." Outros tipos de acionadores pré-suasivos, além daquele de Jim, podem remover o obstáculo da falta de confiança. Ao estabelecer semelhança com um público em primeiro lugar, mesmo um comunicador arrogante aumenta a confiança e a persuasão consequente (Packard, Gershoff e Wooten).

4. Não compartilho essa crença. Por exemplo, em sua síntese informativa das vastas pesquisas de estratégias de pensamento sensatas, Michael J. Mauboussin (2009, 16) recua e conclui que "as melhores decisões com frequência derivam da semelhança". De fato, um nível notável de semelhança em uma situação pode muitas vezes ser o aspecto mais elucidativamente "diferente" dela. Jakob Dylan disse o mesmo (com mais eloquência do que eu aqui) na letra de sua canção "The Difference": "A única diferença que vejo / É que você é exatamente a mesma que costumava ser."

5. O estudo científico coordenado da persuasão começou para valer com os programas de comunicação governamentais promovidos durante a Segunda Guerra Mundial (Hovland, Lumsdaine e Sheffield, 1949; Lewin, 1947; Stouffer et al., 1949). Quando os Estados Unidos estavam no comando, nós os chamávamos de programas de informação; quando eram nossos oponentes, nós os chamávamos de programas de propaganda.

6. A expressão física do momento flui do reconhecimento do poder operacional da alavancagem pelo primeiro grande físico e matemático do mundo, Arquimedes (287 a.C.–212 a.C.), que declarou: "Deem-me uma alavanca e um ponto de apoio, e moverei o mundo." A ideia de um período de tempo maduro (quando a ação é requerida) é ainda mais antiga, representada na palavra do grego antigo *kairós* e no conceito de "momento *kairós*", que se refere a um instante quando o tempo e as circunstâncias convergem auspiciosamente. De fato, o grande mestre nas artes da influência, Aristóteles, aconselhava os oradores sobre a importância de aproveitarem o momento certo ao apresentarem um argumento. É um ponto de interesse histórico que, por causa de erros de tradução e classificação, os estudiosos só tenham reconhecido recentemente o grande peso persuasivo que Aristóteles atribuiu a *kairós* em sua *Retórica* (Kinneavy e Eskin, 2000).

Capítulo 2. Momentos privilegiados

7. Várias investigações rigorosas das fórmulas paranormais para julgar pessoas revelaram resultados uniformes: não há indício confiável da validade desses métodos (Blackmore, 1987, 1996; Charpak e Broch, 2004; Hyman, 1989, 1996; Reichart, 2010; Shermer, 2002; 2003; Wiseman, 1997). Para uma abordagem de vídeo bem-humorada desses profissionais paranormais, veja www.youtube.com/watch?v=aSR-uefPmME; para uma abordagem mais analítica, veja www.youtube.com/watch?v=ZAI2f3vnWWU.

8. O famoso diálogo entre Holmes e o inspetor Gregory da Scotland Yard, que coletou provas consideráveis contra o estranho que detinha sob custódia, foi assim:

Gregory: Existe algum outro ponto para o qual você queira atrair minha atenção?
Holmes: Para o estranho incidente do cachorro durante a noite.
Gregory: O cachorro não fez nada durante a noite.
Holmes: Por isso que o incidente foi estranho.

A inclinação humana espontânea de dar mais atenção e sentido a eventos do que a não eventos pode ser vista em diversas formas. Levemos em conta que a suscetibilidade a essa tendência emerge mesmo nos lances intricados (e para detrimento) dos mestres do xadrez (Bilalic, McLeod e Gobet, 2010). Para outros exemplos de como essa tendência prejudica a tomada de decisões e como um indivíduo brilhante, o matemático Abraham Wald, a reconheceu e sobrepujou, ver www.dangreller.com/the-dog-that-didnt-bark-2. De fato, a abordagem adotada por Holmes e Ward caracteriza claramente o estilo de coleta de informações de outros indivíduos brilhantes. Tomemos por exemplo o fundador do Facebook, Mark Zuckerberg, sobre quem Sheryl Sandberg observou: "Quando você conversa com Mark, ele não ouve apenas o que você diz. Ele ouve o que você não diz." Poucos de nós poderíamos ser descritos assim. Talvez por isso poucos de nós reunimos uma fortuna de 30 bilhões de dólares antes dos 30 anos.

9. O estudo dos universitários canadenses foi realizado por Kunda et al. (1993). Para análises de outros experimentos que demonstram nossa confiança generalizada na estratégia do teste positivo e nossa tendência quase automática pelo teste da hipótese confirmatória, veja Klayman e Ha (1987); Lilienfeld, Ammirati e Landfield (2009); Nickerson (1998); e McKenzie (2005).
Minha recomendação de se recusar a responder a pesquisas de um só canal baseia-se em dados que indicam quão enganadoras elas podem ser. Por exemplo, um estudo clássico de Schuman e Presser (1981) perguntou a

uma amostra de americanos "Se houver uma grande escassez de combustível neste inverno, você acha que deveria haver uma lei obrigando as pessoas a reduzirem a calefação em casa?" e constatou que 38,3% apoiavam tal lei. Mas quando os pesquisadores simplesmente acrescentaram à pergunta o trecho equilibrador "ou você se opõe a tal lei", somente 29,4% de uma amostra semelhante apoiaram a ideia.

10. Quando comecei a estudar os temas da persuasão e influência social de forma sistemática, eu estava restrito a um laboratório universitário, onde realizei experimentos cuidadosos investigando por que certos tipos de mensagens eram particularmente eficazes em mudar as atitudes e ações dos receptores. Continuo valorizando esse tipo de trabalho, embora não exclusivamente, porque vim a reconhecer que a pesquisa científica não é a única fonte válida de informações sobre o processo da influência. Como afirmei no Capítulo 1, existe um vasto depósito dessas informações nas práticas de profissionais da influência – publicitários, vendedores, profissionais de marketing ou arrecadadores de recursos – cujas abordagens analisei às vezes me infiltrando em seus programas de treinamento para aprender como funcionam. Mas existe um tipo intrigante de profissional da influência, o recrutador de seita, cujas abordagens nunca tentei explorar por dentro. Embora alguns pesquisadores o tenham feito com sucesso (por exemplo, Galanti, 1993), existem muitos relatos de indivíduos que ingressaram em ambientes de seita por curiosidade e não retornaram. Assim, os indícios em que me baseio nessa área vêm na maior parte de entrevistas e relatos fornecidos por ex-membros e recrutadores de seitas que se dispuseram a discutir os dispositivos persuasivos que empregavam e que foram empregados neles (Hassan, 1990, 2000; Kent e Hall, 2000; Lalich, 2004; Singer e Lalich, 1995). Informações derivadas de tais respostas e relatos pessoais sobre táticas persuasivas preferidas pelas seitas para recrutar e reter membros podem ser encontradas em Almendros, Cialdini e Goldstein (em preparação). Para fontes de informações sistematicamente atualizadas a esse respeito, veja o site da International Cultic Studies Association (www.icsahome.com) e sua publicação acadêmica *International Journal of Cultic Studies*.

11. Um crítico poderia propor uma forma diferente de explicar os resultados de Bolkan e Andersen: talvez as cobaias concordassem em fornecer seu e-mail não devido a uma sensação momentaneamente ampliada da própria natureza aventureira, mas porque tiveram uma interação verbal com o pesquisador (através da pergunta e da resposta) e, portanto, sentiram-se mais favoráveis a ele e à sua proposta subsequente. Esta é uma explicação possível, pois há indícios de que solicitantes têm mais sucesso se iniciam um diálogo, ainda que breve, antes de fazerem um pedido (Dolinski, 2001). Entretanto,

um terceiro experimento realizado por Bolkan e Andersen indica que essa explicação não consegue esclarecer o efeito básico que encontraram. Naquele estudo final, eles entregaram folhetos a estudantes universitários que assistiam a uma aula de comunicação. Os folhetos convidavam os estudantes a anotarem um endereço de e-mail se quisessem receber informações sobre como obter uma amostra grátis de uma marca nova de refrigerante. Para alguns daqueles estudantes, não havia nenhuma pergunta no folheto sobre seu espírito aventureiro. Seu interesse resultante foi, previsivelmente, baixo, com apenas 30% fornecendo um endereço. Para outros na turma, a pergunta de um só canal "Você se considera uma pessoa aventureira que gosta de provar coisas novas?" estava impressa no alto de seus folhetos e fez a diferença: 55% daqueles estudantes forneceram seu contato, sem a influência de nenhum diálogo imediatamente anterior. Veja Bolkan e Andersen (2009) para uma descrição completa dos três estudos.

Uma investigação do comparecimento de eleitores descobriu um fator sutil que maximiza o impacto de tais perguntas de um só canal: elas devem indagar sobre a pessoa visada, não o ato visado. Na véspera de duas eleições diferentes nos Estados Unidos, pesquisadores ligaram para eleitores registrados e perguntaram sobre suas intenções de voto, quer com perguntas sobre a identidade deles como eleitores (por exemplo: "Qual a importância para você de ser um *eleitor* na próxima eleição?") ou sobre o ato de votar ("Quão importante é para você *votar* na próxima eleição?). Embora ambos os acionadores pré-suasivos aumentassem a votação real no dia seguinte, aquele que pôs as pessoas em contato com sua identidade preferida como eleitor foi o mais eficaz em cada eleição (Bryan et al., 2011).

12. Como um exemplo do rápido crescimento do problema, em sua edição de junho de 2010, a revista *Consumer Reports* recomendou aos leitores uma vigilância sem trégua após detalhar os resultados de uma pesquisa mostrando que 1 milhão de usuários americanos são enganados anualmente por e-mails de vigaristas. Três anos depois, a estimativa havia saltado para 16 milhões usuários (Kirchheimer, 2013). Infelizmente, o crescimento das fraudes não parou por aí. Um relatório do Pew Research Center descobriu que o número de adultos americanos on-line que informaram terem tido suas informações pessoais roubadas cresceu para 63% entre julho de 2013 e abril de 2014 (Madden, 2014). Veja em Sagarin e Mitnick (2011), bem como em Muscanell, Guadagno e Murphy (2014), relatos angustiantes das diferentes formas de agir dos hackers. Uma tática ligada ao procedimento de Bolkan e Andersen é obter um endereço de e-mail sob um pretexto e depois enviar ao dono da conta uma mensagem compatível com aquele pretexto que inclui um anexo ou link com um vírus ou *malware* (Acohido, 2013; Anderson, 2013).

13. A descoberta geral de que tornar um conceito proeminente na consciência suprime a percepção de conceitos concorrentes (Coman et al., 2009; Hugenberg e Bodenhausen, 2004; Janiszewski, Kuo e Tavassoli, 2013; e Macrae, Bodenhausen e Milne, 1995) atua em uma variedade de formas específicas. Por exemplo, estimular uma meta particular em pessoas reduz (abaixo dos níveis normais) as chances de que reconhecerão a disponibilidade de metas alternativas (Shah, Friedman e Kruglanski, 2002); levar as pessoas a enfocarem uma forma específica de procurar emprego (uma entrevista de emprego, por exemplo) dificulta que elas lembrem outros meios de fazê-lo, como atualizar seus currículos ou telefonar para empregadores potenciais (McCulloch et al., 2008); pedir às pessoas que repetidamente recordem certos itens que aprenderam acelera o esquecimento de outras palavras que aprenderam ao mesmo tempo (Bauml, 2002; Murayama et al., 2014); e destacar um dos sentidos de uma palavra inibe o reconhecimento de outros – por exemplo, se as pessoas são lembradas de que a palavra *manga* se refere a uma fruta, torna-se bem menos provável que lhes ocorra que a palavra também se refere a uma parte da camisa (Johnson e Anderson, 2004).
14. A regra de uma experiência consciente de cada vez aplica-se a outros canais de informações além da visão e do som. Por exemplo, vim a perceber que, se quero saborear uma comida específica, fecho os olhos. Por outro lado, se tento comer enquanto vejo um programa de televisão, não aproveitarei a refeição. Para indícios de que estamos todos no mesmo barco quando se trata da incapacidade de registrar fluxos simultâneos de informação na consciência, veja estudos de Levy et al. (2006), Dijksterhuis (2004), Sergent e Dehaene (2004), Sheppard et al. (2002), Sunny e Von Mühlenen (2013) e Van der Wal e Van Dillen (2013). De fato, já em 1890, William James, talvez o maior de todos os psicólogos pioneiros americanos, afirmou que em razão dessa deficiência cognitiva "em nenhum momento existe diante da mente uma pluralidade de ideias" (405). É importante observar que a "mente" a que William James estava se referindo é a mente consciente. Teremos mais a dizer sobre este ponto adiante.

Nossa dificuldade em nos concentrarmos em duas coisas ao mesmo tempo explica os dados assustadores acerca do ato de conversar ao celular enquanto dirigimos. Veja em Hyman et al. (2009) uma análise desses indícios, incluindo pesquisas mostrando que motoristas ao celular apresentam um desempenho pior do que motoristas comprovadamente bêbados. Veja em http://newsroom.aaa.com/2013/06/think-you-know-all-about-distracted-driving--think-again-saysaaa um estudo indicando que mensagens de texto com as mãos livres não são melhores. O motivo por que conversas com passageiros no carro não implicam os mesmos riscos é que os passageiros sabem ajustar

o momento e o conteúdo de suas observações às situações de trânsito que o motorista está enfrentando (Gaspar et al., 2014).
15. Para indícios experimentais da existência da atenção intermitente na percepção humana, veja Adamo, Cain e Mitroff (2013), Barnard et al. (2004) e Shapiro (1994), bem como uma análise de Dux e Marios (2009); para indícios de que ela requer o foco de atenção, veja Olivers e Niewenhuis (2005) e Zylberberg, Oliva e Sigman (2012); finalmente, para indícios dos mecanismos corticais envolvidos no fenômeno, veja Marti, Sigman e Dehaene (2012). A ideia de que o foco concentrado e mudanças nesse foco sinalizam a importância da entidade focal (Mason, Tatkow e Macrae, 2005) ganha respaldo de estudos do significado do olhar em crianças e adultos (Baron-Collins, 1995; Emery, 2000).
16. O episódio de Erickson vem do Dr. Jeffrey Zeig, fundador e diretor da Fundação Milton H. Erickson. A pesquisa das guloseimas foi realizada por Labroo e Nielsen (2010, experimento 1). Os indícios gerais de que as pessoas dão mais valor às coisas das quais se aproximam podem ser encontrados em estudos de Cacioppo et al. (1993), Finkel e Eastwick (2009), Neumann e Strack (2000), Priester et al. (1996) e Slepian et al.. (2012). O mesmo efeito parece se aplicar às coisas que as pessoas retêm. Em um estudo, participantes escreveram pensamentos positivos e negativos sobre um tipo de dieta (a mediterrânea) em uma folha de papel e foram instruídos a guardar o papel no bolso ou na carteira, ou jogar fora. Embora não relessem o que haviam escrito, as reações subsequentes dos participantes à dieta foram mais orientadas por seus pensamentos se tivessem guardado o papel no bolso ou na carteira (Brinol et al., 2013).

Capítulo 3. A importância da atenção... é a importância
17. A corretora E. F. Hutton, que acabou se fundindo com o Citigroup, não existe mais, porém alguns dos comerciais "Quando E. F. Hutton fala" ainda podem ser encontrados no YouTube. Veja, por exemplo, www.youtube.com/watch?v=SX7ZEotoFh0.
18. Vale a pena notar que o trabalho sobre a ilusão de foco não é a contribuição científica que valeu a Kahneman o Prêmio Nobel. (Existe um amplo reconhecimento de que é o desenvolvimento da teoria prospectiva, que diz respeito ao valor diferencial que as pessoas atribuem a perdas prospectivas em comparação com ganhos prospectivos.) Tampouco a ilusão de foco é um tema a que Kahneman dedicou muito estudo concentrado. Assim sua escolha dessa ilusão como o conceito científico mais valioso não resulta claramente do efeito da ilusão de foco sobre o próprio Kahneman. Respaldo à afirmação de Kahneman na área do consumo pode ser visto em um estudo investigando por que itens colocados no centro de uma sucessão de mar-

cas em prateleiras de lojas costumam ser comprados com mais frequência. Acontece que aquele no centro obtém mais atenção visual do que aqueles à esquerda ou à direita. Além disso, é essa maior atenção, particularmente no momento que antecede aquele em que uma opção é feita, que prevê a decisão de compra (Atalay, Bodur e Rasolofoarison, 2012).

O site de discussões on-line para o qual Kahneman (entre outros) forneceu sua resposta encontra-se em www.edge.org. Você pode ler seu ensaio completo em www.edge.org/q2011/q11_17.html#kahneman. Para descrições de pesquisas relacionadas, veja Gilbert (2006), Krizan e Suls (2008), Schkade e Kahneman (1998), Wilson et al. (2000) e Wilson e Gilbert (2008). Para aqueles interessados na teoria prospectiva, o artigo seminal é Kahneman e Tversky (1979).

19. Dados reveladores respaldando a teoria do agendamento foram fornecidos pela primeira vez por Maxwell McCombs e Donald Shaw (1972) em um estudo de eleitores indecisos antes da eleição presidencial americana que levou Richard Nixon ao poder em 1968. McCombs e Shaw constataram que as avaliações dos eleitores da importância das diferentes questões políticas correspondiam quase perfeitamente (uma correlação de 0,97) à quantidade de atenção que aquelas questões haviam recebido na mídia. Qualquer um treinado nas ciências sociais consegue reconhecer a razão pela qual aquela descoberta foi uma sensação nos círculos acadêmicos: uma correlação que chegue a 0,97 em um tal estudo é surpreendente. O mesmo impacto acadêmico tiveram indícios de que o relacionamento entre a cobertura da mídia e a importância percebida de um tema ocorre ao menos em parte porque a cobertura causa a importância percebida, e não o contrário. Por exemplo, em um estudo, voluntários foram aleatoriamente designados para assistir a noticiários cujos conteúdos diferiam. Após assistirem aos programas, haviam elevado significativamente as avaliações da importância dos temas mais mostrados (Iyengar, Peters e Kinder, 1982).

A citação de Cohen aparece na página 13 de seu clássico livro *The Press and Foreign Policy* (A imprensa e a política externa), publicado em 1963 pela Princeton University Press. A fonte da ilustração alemã do agendamento da mídia é Media Tenor. Os dados do atentado de 11 de setembro foram relatados por Corning e Schuman (2013). Por sinal, a suposta importância de temas que receberam atenção recente da mídia não se restringe a questões políticas. Opções de investimento financeiro que recebem uma cobertura da mídia de curto prazo saltam de preço imediatamente, mas depois seu valor declina com a redução gradual da atenção da mídia (Engelberg, Sasseville e Williams, 2011). Claro que o tema do foco da mídia afeta nossas percepções de importância também. Por exemplo, a atenção da mídia a movimentos sociais parece particularmente poderosa em aumentar a importância percebida das questões envolvidas (Smidt, 2012), provavelmente porque as pessoas estão inclinadas a acreditar que, se muitos outros indivíduos pensam que algo é importante, deve ser mesmo. Teremos mais a dizer sobre a força primitiva subjacente a esse tipo de aprovação social no Capítulo 10. Para um tratamento muito bem informado dos fatores que põem matérias e questões específicas na agenda da mídia, veja Boydstun (2013).

20. A atenção que "astros" de colônias de macacos atraem foi registrada por Deaner, Khera e Platt (2005).
As celebridades são parte intrigante da vida moderna. Em seu livro *The Image* (A imagem), o historiador Daniel J. Boorstin descreveu-as como figuras públicas "conhecidas por serem bem conhecidas" e as distinguiu de figuras públicas do passado conhecidas por suas realizações. Nessa forma nova, a maior *realização* da figura é ser conhecida. Astros de *reality shows* da TV – donas de casa vingativas, jovens cheios de energia sexual e cabeças de vento presunçosos sem nenhum talento discernível exceto ganhar notoriedade – parecem validar a análise de Boorstin, enquanto sua consequente posição de "astro" validou a de Kahneman. Para um tratamento do papel mutável das celebridades em nossa cultura, veja Inglis (2010).
Quanto ao fundamento geral da ilusão de foco e suas consequências, é fácil encontrar indícios de que o importante ganha nossa atenção e aquilo em que prestamos atenção ganha importância. Por exemplo, no domínio das atitudes, pesquisadores mostraram que somos cognitivamente organizados de modo que as atitudes que conseguimos acessar (em que somos capazes de nos concentrar) de imediato são as mais importantes para nós (Bizer e Krosnick, 2001). Da mesma forma, qualquer atitude que possamos acessar de imediato passa a ser vista como mais importante (Roese e Oleson, 1994). Existem até indícios de que a atenção visual concentrada em um bem de consumo aumenta seu valor julgado ao influenciar setores do cérebro que governam o valor percebido (Lim et al., 2011; Krajbich et al., 2009).

21. A citação para a pesquisa do papel de parede é de Mandel e Johnson (2002). Para os estudos dos anúncios de banner, veja Fang, Singh e Ahluwalia (2007). Indícios de como funcionam os efeitos do desgaste da publicidade podem ser vistos em Reinhard et al. (2014), no qual fica claro que nem toda atenção é consciente. De fato, existem várias formas de atenção, algumas não atingindo o nível da consciência (Marchetti, 2012; Norman, Heywood e Kentridge, 2013); veja algumas provas bem-humoradas em www.facebook.com/photo.php?v=10200513223453109.
Os efeitos do ruído do trem elevado sobre os alunos de Nova York foram relatados em artigos de Bronzaft e McCarthy (1974) e Bronzaft (1981). O

estudo do aeroporto de Munique foi realizado por Hygge, Evans e Bullinger (2002). Para uma síntese dessa pesquisa e de outras afins, inclusive algumas demonstrando as consequências negativas para a saúde do ruído de fundo, veja Clark e Sörqvist (2012), Steward (2011) e Szalma e Hancock (2011). A pesquisa das paredes de salas de aula foi realizada por Fisher, Godwin e Seltman (2014).

22. Para indícios de que uma atenção maior a uma ideia ruim ou malvista não melhora seu prestígio, com frequência acontecendo o inverso, veja Armel, Beaumel e Rangel (2008), Houghton e Kardes (1998), Laran e Wilcox (2011), Millar e Tesser (1986), Posavac et al. (2002) e Tesser (1978).

23. Os dados que confirmam os grandes benefícios para marcas que fazem com que os consumidores avaliem um de seus produtos fortes, sozinho, dentro de um campo de concorrentes meritórios vêm de Dhar e Simonson (1992), Dhar et al. (1999), Kardes et al. (2002), Posavac et al. (2002, 2004, 2005) e Sanbonmatsu et al. (1998). Os dados que mostram efeitos semelhantes para opções gerenciais singularmente avaliadas, incluindo dados de gerentes de um dos 10 maiores bancos do mundo, vêm de Posavac et al. (2010). Para indícios de que, na maioria das decisões de consumidores, soluções satisfatórias são a norma e de que essa tendência se torna ainda mais pronunciada quando o tempo, o interesse e a energia são escassos, veja Kardes (2013) e Wang e Wyer (2002). Finalmente, dados que demonstram o poder equilibrador da tática de avaliar o oposto (bem como certas variantes dela) podem ser encontrados em Anderson (1982), Anderson e Sechler (1986), Herzog e Hertwig (2009), Hirt e Markman (1995), Hoch (1985), Koriat et al. (1980) e Lord et al. (1984).

Um informe do estudo sobre o impacto das estratégias para equilibrar as decisões sobre o retorno do investimento foi produzido por Lovallo e Sibony (2010). Kahneman, Lovallo e Sibony (2011) prosseguiram com um artigo instrutivo descrevendo as distorções de decisão mais comuns e formas de combatê-las.

24. As descobertas da análise da mídia são respaldadas por pesquisas indicando que, à medida que indivíduos se aproximam psicologicamente de uma questão ou ambiente, ficam mais concentrados nas questões de "como" do que nas questões de "por quê" (Liberman e Trope, 1998; Trope e Liberman, 2010). Descrições de como o programa de repórteres incorporados se desenvolveu e como as matérias produzidas tanto pela mídia impressa como televisiva foram afetadas podem ser achadas em Aday et al. (2005), Cortell et al. (2009), Lindner (2008, 2009) e Pfau et al. (2004, 2005, 2006). Indícios de que oficiais do Pentágono faziam a triagem dos repórteres e às vezes lhes negavam acesso ao programa com base em reportagens anteriores insuficientemente favoráveis vêm de investigações de Reed (2009) e Reed et al. (2009).

Consigo agora refletir sobre as consequências para mim do programa de repórteres incorporados enquanto ele se desenrolava. Apesar de profundas dúvidas sobre a justificativa da invasão, eu não consegui me livrar da sensação emocional de que criticar a guerra era, em certo sentido, vergonhoso. Os estudos surgidos desde então me ajudam a entender a base daquele sentimento. Se o foco predominante da mídia fez com que a guerra parecesse envolver principalmente as ações dos combatentes no local, e não daqueles que a engendraram de longe, então – que se danem as distinções intelectuais – minha oposição *foi* injusta.

Capítulo 4. O que é focal é causal

25. O estudo da fila de espera foi publicado por Oberholzer-Gee (2006). Para indícios da obrigação de ajudar, da culpa por não ajudar e da frequência da ajuda associada a um outro vulnerável ou necessitado, veja Berkowitz (1972), De Waal (2008), Dijker (2010), Schroeder et al. (1995) e Stijnen e Dijker (2011).
26. Uma síntese de grande parte da pesquisa de Taylor sobre o tema está publicada em Taylor e Fiske (1978). Pesquisas subsequentes estenderam o efeito "o que é focal é causal" para novos contextos, demonstrando que os observadores dão maior importância causal a indivíduos que falam mais alto em uma conversa (Robinson e Zebrowitz-McArthur, 1982) ou que estejam usando roupas mais chamativas – por exemplo, uma camisa listrada – em uma interação (Zebrowitz-McArthur e Ginsberg, 1981). Chegou-se até a mostrar que juízes atribuem mais causalidade a atletas usando uniformes distintamente coloridos em partidas esportivas (Hagemann, Strauss e Leissing, 2008; Rowe, Harris e Roberts, 2005).
27. Embora provas da incidência de falsas confissões persuadidas estejam disponíveis em diferentes fontes especializadas (Davis, 2010; Kassin, 2008; Lassiter e Meissner, 2010; e Leo, 2008), os leitores que quiserem achar em um só local detalhes de muitas confissões falsas podem fazê-lo em Drizin e Leo (2004), onde 125 casos estão documentados. Para um relato angustiante das consequências humanas de uma confissão desse tipo – tanto para o persuasor como para o persuadido – vá a www.thisamericanlife.org/radio-archives/episode/507/confessions?act=1#play.
28. O meu desejo de evitar trazer um advogado ao caso não deve ser minimizado, já que essa ação geralmente custa dinheiro, estende o processo e intensifica a suspeita. Após o assassinato da menina JonBenét Ramsey de seis anos em 1996, por exemplo, seus pais se recusaram a falar com a polícia de Boulder, Colorado, Estados Unidos, sem a presença do advogado quando ficou claro para eles que a polícia imediatamente os considerou suspeitos no

crime. Como resultado, muitos observadores – na polícia, na mídia e entre o público – convenceram-se de que aquele ato de recorrer ao advogado traía sua culpa. O governador do Colorado na época chegou a emitir uma declaração pedindo que "parassem de se esconder por trás de advogados". Apesar da ausência de quaisquer provas convincentes de seu envolvimento criminal, para muitos, os Ramseys permaneceram, durante duas décadas, como os principais suspeitos do assassinato nunca solucionado, até que, enfim, foram plenamente inocentados por testes de DNA. Mas, mesmo então, em uma carta ao pai de JonBenét, o promotor público do Condado de Boulder admitiu que, apesar de novas provas de DNA absolvendo os Ramseys de toda culpa, algumas pessoas continuarão optando por acreditar que eles foram culpados.

29. Para dados mostrando como cada um desses fatores aumenta a probabilidade de que um indivíduo inocente possa ser levado a confessar, veja Blagrove (1996), Kassin et al. (2010), Leding (2012), Loftus (2011); Mazzoni e Memon (2003), Perillo e Kassin (2011), Rajagopal e Montgomery (2011) e Shaw e Porter (2015).

    Os motivos por que interrogadores podem querer usar tais táticas questionáveis para obter uma confissão são diversos, incluindo um desejo legítimo de identificar criminosos. Mas um motivo mais perturbador também pode se aplicar: eles ganham crédito por obter uma confissão. Como o manual mais usado para interrogadores criminais (Inbau et al., 2001) revelou sobre as motivações do interrogador, "Cada investigador quer melhorar a avaliação de sua eficiência ou então demonstrar seu valor ao departamento ou delegacia. Além disso, a publicidade na comunidade é considerada desejável – sem falar na satisfação do próprio ego do indivíduo" (55). Os autores do manual prosseguem e observam casualmente: "Tudo isso é compreensível e nada mais que o comportamento humano normal" (55). Sim, mas mesmo assim, o papel indiferentemente mencionado desses fatores – avaliações de eficiência, publicidade, estímulo ao ego – num processo tão crítico me faz engolir em seco.

30. A citação de Daniel Webster vem de seu *Argument on the Murder of Captain White* (6 de abril de 1830). O comentário do juiz Brennan foi feito na Suprema Corte americana no caso *Colorado v. Connelly*, 1986, pág. 182. Um motivo especialmente pernicioso de falsas confissões levarem com tanta frequência a condenações é que as confissões corrompem outras fontes de provas no caso. Ou seja, depois que a confissão é registrada, mais erros compatíveis com a confissão são feitos por cientistas forenses (na análise balística, de fibras capilares, caligrafia e impressões digitais), testemunhas oculares e informantes da polícia. Aparentemente, não apenas uma confissão – mes-

mo falsa – convence o juiz e os jurados da culpa do réu, como convence as testemunhas do caso, que então alteram seus testemunhos (talvez inconscientemente) para que se coadunem com essa nova visão recém-instaurada (Kassin, Bogart e Kerner, 2012). Veja Kassin (2012, 2014) para discussões das implicações legais.

Descrições minuciosas do caso de Peter Reilly estão disponíveis nos livros de Donald Connery (1977) e Joan Barthel (1976). O livro de Barthel, que inclui a transcrição completa do interrogatório de Reilly, foi transformado em um filme para a TV chamado *A Death in Canaan*, dirigido por Tony Richardson em 1978. Meu relato do caso foi adaptado de um capítulo sobre persuasão que escrevi para um livro de psicologia social (Kenrick, Neuberg e Cialdini, 2015). A história do encontro de Arthur Miller com Nien Cheng pode ser encontrada, em suas palavras, em outro livro de Connery (1995) nas páginas 89-90.

31. Lassiter realizou vários experimentos demonstrando o poder do mero ponto de vista na avaliação da responsabilidade para confissões observadas. Boas sínteses de grande parte de suas pesquisas a respeito estão disponíveis em Lassiter (2002, 2010). Essa pesquisa gerou consequências em ao menos um país, a Nova Zelândia, que agora exige que todos os interrogatórios policiais sejam gravados de lado.

32. A superestimativa do papel causal dos líderes não se limita às organizações empresariais, embora com certeza se aplique a elas (Flynn e Staw, 2004; Mendl, Ehrlich e Dukerich, 1985; Pfeffer e Salancik, 1978; Salancik e Mendl, 1984; e Schyns, Felfe e Blank, 2007). Aplica-se também a organizações governamentais (Salancik e Pfeffer, 1977), instituições educacionais (Birnbaum, 1989) e times esportivos (Allen, Panian e Lotz, 1979).

    Os dados que comparam a remuneração dos CEOs com a dos trabalhadores vêm de uma análise de 334 empresas da lista das 500 maiores da Standard & Poor. (Veja Beck, 2011.) Mais recentemente, a discrepância não diminuiu: um estudo de 2014 do Economic Policy Institute revelou que a remuneração de um funcionário comum nas 350 maiores empresas de capital aberto era um terço de 1% do pagamento do CEO, e um estudo de 2015 mostrou que a diferença aumentara ainda mais, ficando perto de um quarto de 1% (Krantz, 2015). Existem implicações sociais preocupantes de tamanhas diferenças de salário (Stiglitz, 2012). Um estudo, usando dados de 1972 a 2008, descobriu que a infelicidade entre americanos de renda menor aumentou durante os anos de grande desigualdade de renda no país. O surpreendente foi que essa infelicidade não se deveu ao efeito da discrepância sobre suas rendas, mas do seu efeito sobre o grau de injustiça e desconfiança que eram levados a sentir. Sempre que a desigualdade entre os salários no país era alta, os cidadãos de renda menor ficavam mais perturbados porque sentiam que não podiam *confiar* que as pessoas em geral fossem justas (Oishi, Kesebir e Diener, 2011; ver Twenge, Campbell e Carter, 2014, para descobertas similares). O efeito prejudicial da desigualdade econômica sobre a confiança ramifica-se às tentativas de fraude acadêmica. Estudantes em faculdades em regiões geográficas caracterizadas por grandes desigualdades de renda estão mais habituados a visitar sites que fornecem meios de trapacear em seus deveres e teses. Além disso, essa maior tendência a trapacear parece ser causada pela baixa confiança dos estudantes nas pessoas e, supostamente, sua crença associada de que todos fazem aquilo (Neville, 2012).

Capítulo 5. Comandantes da atenção 1: Os chamarizes

33. A pesquisa francesa dos telefones celulares foi realizada por Lamy, Fischer-Lokou e Guéguen (2010). Evidências contra o uso abundante do sexo na publicidade aparecem na página 235 do excepcional livro de J. Scott Armstrong *Persuasive Advertising* (Publicidade persuasiva, 2010) e em uma análise mais recente de Lull e Bushman (2015). Os dados sobre o tempo gasto olhando fotos de membros atraentes do sexo oposto foram coletados de homens e mulheres heterossexuais por Maner et al. (2003, 2007, 2009) e se enquadram numa literatura mais ampla que afirma o papel poderoso dos objetivos atuais do indivíduo sobre a atenção em qualquer situação (Dijksterhuis e Aarts, 2010; Vogt et al., 2011, 2012). A descoberta da ligação entre nossa atenção a potenciais parceiros alternativos e as chances de fracasso do relacionamento existente foi feita por Miller (1997).
Por sinal, a alegação tão difundida de uma ampla diferença da frequência com que os homens e mulheres pensam em sexo – por exemplo, uma vez por minuto versus uma vez por dia (Brizendine, 2005) – parece não ter base na realidade. As melhores pesquisas da questão indicam que homens jovens pensam em sexo pouco mais de uma vez por hora, enquanto mulheres jovens cerca de uma vez em cada hora e meia (Fisher, Moore e Pittenger, 2012).
34. Indícios de uma sensibilidade excepcional a estímulos potencialmente ameaçadores em crianças podem ser encontrados em LoBue (2009, 2010) e Leppanen e Nelson (2012). Esses indícios alinham-se bem a pesquisas com adultos que mostram que, na maioria das coisas, o ruim é mais forte do que o bom. Tipicamente, fatos, relacionamentos, pais, ética, traços de personalidade, palavras, eventos, mudanças no mercado de capitais e experiências de consumo negativos (e, consequentemente, ameaçadores) são mais memoráveis, impactantes e mobilizadores do que seus correspondentes positivos, sobretudo porque conquistam e prendem melhor nossa atenção (Akhtar, Faff e Oliver, 2011; Barlow et al., 2012; Baumeister et al., 2001; Campbell e Warren, 2012;

Dijsterhuis e Aarts, 2003; Risen e Gilovich, 2008; Rozin e Royzman, 2001; Trudel e Cotte, 2009; e Vaish, Grossman e Woodward, 2008).

As melhores análises das consequências relacionadas ao risco catastrófico dos atentados do 11 de Setembro podem ser encontradas em Gigerenzer (2006) e Gaissmaier e Gigerenzer (2012). O único desastre de avião comercial nos Estados Unidos durante os 12 meses após o 11 de Setembro ocorreu em novembro de 2001 e pareceu não ter nenhuma relação com terrorismo. O estudo dos acidentes de bicicleta em Londres foi realizado por Ayton, Murray e Hampton (2011). E outra forma de risco catastrófico chamou a atenção de profissionais médicos: as pessoas estão abusando de gel antisséptico para as mãos a fim de reduzir o risco de contraírem resfriado. Esse comportamento leva a bactérias resistentes a medicamentos, o que representa um maior risco à saúde. (Veja www.nationofchange.org/anti-bacterial-hand-sanitizers-and-cleaners-fueling-resistant-superbugs-1334411509 e http://healthychild.com/healthy-kids-blog/antibacterial-hand-sanitizers-unnecessary-and-risky.)

35. Sínteses de muitos estudos que testaram a eficácia de apelos ao medo respaldam o impacto potente de tais mensagens sobre atitudes, intenções e comportamentos (Tannenbaum et al., 2015; Witte e Allen, 2000). Para um exemplo de como comunicações muito assustadoras podem dar errado, ver Nestler e Egloff (2010). Indícios convincentes dos efeitos persuasivos dos alertas de saúde fortes nas embalagens de tabaco podem ser achados em Hammond (2010), Huang, Chaloupka e Fong (2013) e Blanton et al. (2014). De Hoog, Stroebe e De Wit (2008) realizaram a pesquisa da hipoglicemia holandesa demonstrando a superioridade de comunicações incitadoras de medo que contenham informações de ações a tomar. Outras pesquisas documentaram um efeito similar no campo das crenças no aquecimento global. Quando alertas de mudança climática detalhavam consequências terríveis e catastróficas, a crença na mudança climática na verdade diminuiu. Mas esse declínio se reverteu quando as advertências incluíram soluções potenciais ao problema (Feinberg e Willer, 2011).

36. Após utilizarmos os anúncios do Museu da Arte Moderna de São Francisco, quisemos assegurar que os efeitos que obtivemos não eram específicos a museus. Assim realizamos o experimento duas outras vezes e chegamos aos mesmos resultados, uma vez com anúncios de um restaurante e outra com anúncios de férias em Las Vegas (Griskevicius et al., 2009). Pesquisas subsequentes, que geraram descobertas conceitualmente semelhantes, garantiram confiança adicional (Deval et al., 2013; Zhu e Argo, 2013).

37. Para ler mais sobre como Pavlov passou a compreender a natureza e força do "reflexo investigatório", que às vezes denominou reação "O que é isto?", veja

Pavlov (1927) e o capítulo intitulado "Reflexos condicionados: uma investigação da atividade fisiológica do córtex cerebral (Palestra III)". Para uma ilustração bem-humorada do condicionamento clássico, veja www.youtube.com/watch?v=nE8pFWP5QDM. Uma excelente síntese atual das pesquisas sobre a reação de orientação é fornecida por Margaret Bradley (2009). O efeito do esquecimento induzido pela porta foi descoberto por Radvansky e colegas (Radvansky e Copeland, 2006; Radvansky, Krawietz e Tramplin, 2011). Novas pesquisas mostraram que o mero ato de se imaginar passando por uma porta também produz esquecimento (Lawrence e Peterson, 2014).

38. Um tipo relacionado de erro espontâneo pode ser visto na tendência dos anunciantes de chamarem atenção aos seus apelos infundindo-os de uma abundância de estímulos vivos: personagens excêntricos, jargão pitoresco, diálogos bem-humorados e visual berrante. Com os cortes, uma tal abordagem traz mais atenção geral para um anúncio (Hanson e Wanke, 2010; Fennis, Das e Fransen, 2012; e Herr, Kardes e Kim, 1991). Mas a abordagem tem o potencial de minar a eficácia da comunicação se os elementos chamativos são aplicados aleatoriamente, em vez de reservados aos aspectos ou alegações cruciais do anúncio. Por exemplo, um estudo de mil comerciais constatou que aqueles com vários personagens de fundo absorvedores da atenção eram menos entendidos, menos lembrados e menos persuasivos (Stewart e Furse, 1986). Por outro lado, anúncios que seletivamente estimulam informações diretamente ligadas ao argumento principal da mensagem são bem convincentes, desde que o argumento seja forte (Fennis et al., 2011; Guadagno, Rhoads e Sagarin, 2011).
Scott Armstrong (2010, 276–77) examinou vários estudos demonstrando que, embora os anúncios de TV que contêm muitas mudanças de cenas e ângulos da câmera atraiam uma atenção total mais ampla, resultam em menos persuasão. Usar a mudança para chamar a atenção apenas para um componente atraente de um anúncio tem o efeito oposto, porém, aumentando a persuasão. Um estudo mais recente e digno de nota mostrou que, se um aspecto único e atraente de um produto muda de *local* dentro de um anúncio sempre que este é apresentado, os observadores automaticamente prestam mais atenção àquele aspecto (atraente) e consequentemente se tornam mais passíveis de escolher o produto, preterindo as marcas concorrentes quando tiverem a chance – embora não tenham a menor consciência de que as mudanças de localização afetaram sua atenção e preferência pelo produto (Shapiro e Nielson, 2013).

39. Contactei os pesquisadores da Northwestern University sobre seu estudo (Hamilton, Hong e Chernev, 2007) e eles me contaram que nunca viram suas implicações postas em prática por qualquer entidade comercial, o que parece típico.

A pesquisa da Northwestern não é a única a demonstrar que um aspecto diferenciador de um produto, serviço ou ideia possa ganhar popularidade em virtude da atenção concentrada que atrai. (Ver Boland, Brucks e Nielsen, 2012; Chambers, 2011; Kim, Novemsky e Dhar, 2013; e Yang et al., 2014). Às vezes a diferenciação pode trazer enorme sucesso comercial. Youngme Moon detalha diversos desses casos em seu criterioso e provocador livro *Diferente: Quando a exceção dita a regra* (2011). Em termos mais gerais, indícios duradouros do efeito fundamental da novidade sobre a atenção, conforme revelado pela reação de orientação, podem ser achados em Yantis (1993) e Bradley (2009).

40. Fatores culturais também podem afetar o que naturalmente atrai a atenção de um observador. Para membros das sociedades ocidentais, a atenção é atraída para o que é frontal e central em uma cena, enquanto para membros de sociedades orientais aspectos de fundo têm um poder de atração relativamente maior (Masuda e Nisbett, 2001; Masuda et al., 2008; e Nisbett, 2003). Portanto, comunicadores buscando convencer públicos ocidentais devem pôr seus argumentos mais fortes em primeiro plano na apresentação. Comunicadores dirigindo-se a públicos orientais, porém, podem seguramente apresentar seus argumentos mais fortes dentro do contexto maior que cerca a questão.

Capítulo 6: Comandantes da atenção 2: Os magnetizadores

41. De maneira semelhante, existe uma informação altamente referente à pessoa que comunicadores de saúde poderiam usar para aumentar as chances de tornar um receptor propenso a adotar um estilo de vida mais saudável: a data de aniversário do receptor. Por alguns meses após um aniversário, as pessoas se mostram mais dispostas a se envolver em comportamentos saudáveis, como exercícios físicos, comparado a outras épocas do ano. Portanto, uma mensagem de "Feliz Aniversário" personalizada enviada ao indivíduo, recomendando que fixe metas de aptidão física para o ano vindouro, viria no momento certo. Por sinal, ao incitar tal fixação de meta, o comunicador deveria recomendar que o destinatário fixasse uma meta dentro de um intervalo (por exemplo, perder de 1,5 a 3 quilos) em vez de uma meta específica (perder 2 quilos). Isso porque a meta dentro de um intervalo incorpora perfeitamente dois pontos de referência distintos que as pessoas usam ao decidir se continuarão agindo em uma interação: uma que é viável e outra que é desafiadora (Scott e Nowlis, 2013). A pesquisa do aniversário foi realizada por Dai, Milkman e Riis (2014, 2015), que vê os aniversários como apenas um caso de uma variedade de pontos de ruptura especificáveis no tempo (incluindo o começo de uma semana, mês ou ano), quando as pessoas se sentem prontas para recomeçar e, portanto, estão particularmente inclinadas a agir de formas idealizadas.

Os indícios (fortes) dos efeitos de sinais referentes à pessoa em textos publicitários vêm de um famoso experimento de Burnkrant e Unnava (1989) e de uma análise subsequente de 92 anúncios existentes (Armstrong, 2010, pp. 193-94). Confirmação da ideia de que as pessoas são geralmente egocêntricas em suas atenções podem ser vistos em uma ampla variedade de investigações (Burrus e Mattern, 2010; Humphreys e Sui, 2016; Kruger e Savitsky, 2009; Moore e Small, 2007; e Ross e Sicoly, 1979). Para análises dos efeitos positivos de mensagens sob medida sobre a ação ligada à saúde, veja Martin, Haskard-Zolnierek e DiMatteo (2010), Noar, Benac e Harris (2007), e Rimer e Kreuter (2006). Ao mesmo tempo, tentativas canhestras de personalização – em que o prenome do destinatário é inserido na cópia de uma mensagem sem qualquer outro fragmento de referência pessoal – dificilmente funcionarão. Veja, por exemplo, http://targetx.com/when-personalization-backfires.

42. Na verdade, não foi apenas o espetáculo de Villella que perdi. Você pode me interrogar quantas vezes quiser que eu não conseguirei dar um relato exato da palestra *após* a minha. Embora muitos anos depois e numa simples nota, gostaria de expressar minha gratidão a dois importantes organizadores daquela conferência, Gerry e Ilse Allen, que, em sua bondade, se apiedaram dos meus apuros e me convidaram para retornar no ano seguinte em um horário de palestra distante de qualquer "intervalo artístico".

Estudos do efeito do próximo da fila não apenas revelaram uma profunda lacuna de memória tanto imediatamente antes quanto imediatamente depois de pronunciamentos públicos preparados (veja Brenner, 1973 para a primeira demonstração do efeito), mas confirmaram que as deficiências ocorrem porque as pessoas não processam de forma apropriada as informações apresentadas nas duas pontas de seus próprios pronunciamentos (Bond, 1985).

43. Ouvi outras versões um tanto divergentes de onde e como o efeito Zeigarnik foi observado pela primeira vez. Por exemplo, que o local foi um café em Viena. Mas estou bem confiante da exatidão do relato que ofereci porque me foi contado por um dos meus professores da pós-graduação, John Thibaut, que foi aluno de Kurt Lewin e diz tê-lo ouvido diretamente daquele grande homem.

Embora a primeira publicação do efeito Zeigarnik aparecesse quase 100 anos atrás (Zeigarnik, 1927), manifestações de apoio aos seus postulados básicos continuaram desde pouco depois até os dias atuais em uma corrente razoavelmente constante (por exemplo, Ovsiankina, 1928; Lewin, 1935, 1946; McGraw e Fiala, 1982; Kruglanski e Webster, 1996; Marsh, Hicks e Bink, 1998; Shah, Friedman e Kruglanski, 2002; Forster, Liberman e Higgins, 2005; Fiedler e Bluemke, 2009; Leroy, 2009; Walton, Cohen, Cwir e Spencer, 2012; Carlson, Meloy e Miller, 2013; Kupor, Reich e Shiv, 2015). Ao mesmo tempo, alguns estudos não confirmaram o efeito (Van Bergen,

1968). Essas falhas podem ser explicadas em grande parte em termos de um aspecto fundamental do fenômeno: este se aplica sobretudo a tarefas, atividades ou metas que os indivíduos se sentem empenhados em realizar. Por exemplo, Zeigarnik (1927) mostrou que seus efeitos eram mais fortes quanto mais a pessoa havia avançado na tarefa (por exemplo, Jhang e Lynch, 2015); e Johnson, Mehrabian e Weiner (1968) demonstraram que a maior memorabilidade de tarefas incompletas era especialmente forte entre indivíduos com uma forte necessidade de realizar aquilo que tentavam. O estudo das reações das mulheres aos homens que julgaram seus perfis do Facebook foi realizado por Whitchurch, Wilson e Gilbert (2011), cujas descobertas concordam com pesquisas anteriores mostrando que beneficiários de uma gentileza ficam *felizes* por mais tempo se não souberem ao certo quem a proporcionou e por quê (Wilson et al., 2005). Os estudos documentando melhor memória com comerciais de TV incompletos apareceram em um artigo de Heimbach e Jacoby (1972), que foi quase completamente esquecido. Fica a dúvida se os autores teriam tido mais sorte se tivessem seguido o conselho de seus dados e deixado de fora a última parte da seção de conclusões do artigo.

44. Dorothy Parker costuma ser citada como exprimindo o mesmo sentimento em palavras quase idênticas: "Detesto escrever. Adoro ter escrito." Outros escritores notáveis caracterizaram as dificuldades de seu ofício ainda mais vivamente. Kurt Vonnegut, por exemplo, declarou: "Quando escrevo, sinto-me como um homem sem braços e sem pernas com um lápis de cor na boca." E Ernest Hemingway queixou-se: "Não há nada de mais em escrever. Tudo que você faz é sentar-se diante de uma máquina de escrever e sangrar."

45. Eu não me excluo da maioria dos professores universitários cuja aparência não é nada "descolada". Por exemplo, certa vez, ao retornar de um ano como professor visitante em outra universidade, descobri que meu cabeleireiro perto do campus havia aparentemente mudado seu estilo para atender à vanguarda. Chamei a gerente (uma mulher que eu conhecia dos anos anteriores) para ver se ela conseguia atenuar meu medo de que o local já não fosse apropriado para mim. A apreensão cresceu quando, enquanto aguardava, comecei a folhear revistas com modelos exibindo roupas e cortes de cabelo absurdos. Além disso, as clientes mulheres do salão pareciam tingir os cabelos em tons inexistentes na natureza, enquanto os homens optavam por cortes que davam a impressão que tinham acabado de acordar. Quando a gerente chegou, exprimi meus temores, que ilustrei abrindo uma revista e enfaticamente afirmando: "Não quero parecer com ninguém, *ninguém* desta cena" (eu estava apontando para um anúncio da Prada). Ela conseguiu acalmar meus temores de uma forma que corrobora meu argumento atual sobre as preferências de moda típicas de professores universitários: "Tudo bem,

vou mandá-lo para meu cabeleireiro que corta o cabelo de todos os membros do corpo docente. Não se preocupe, ele é de Indiana."
46. No mundo atual em que é fácil mudar de canal via controle remoto, produtores de TV e autores de roteiros astutos contam com o poder de permanência da necessidade de fechamento para assegurar que os espectadores não mudarão de canal na hora do comercial. Eles fazem uma pergunta provocadora antes da pausa do comercial e só respondem depois (Child, 2012).
Não faltam dados atestando o ato de explicar como gerador da compreensão. Veja Koehler (1991) para uma síntese pioneira e Moore (2012) para indícios e citações mais recentes.
47. Essa sequência não deve ser oferecida a um público como um conjunto de pronunciamentos proferidos de um púlpito. Em vez disso, em intervalos apropriados, membros do público devem ser convidados ao processo de descoberta. O ideal é que recebam a oportunidade de oferecer as próprias especulações e explicações. Deve-se pedir que examinem como essas explicações poderiam esclarecer todos os indícios revelados até aquele ponto e os indícios novos à medida que você os revela. Ao final da sequência, deve-se perguntar se conseguiriam desenvolver uma explicação alternativa que enquadre todos os indícios. Não é uma aplicação que mereça tratamento especial aqui. É apenas uma boa prática pedagógica, especialmente com adultos. E uma boa prática pedagógica – obter participação, estimular o pensamento crítico – aplica-se ao uso de histórias de mistério também.
Para exemplos de como histórias de mistério têm sido usadas eficazmente nos campos do entretenimento e branding, veja www.ted.com/talks/j_j_abrams_mystery_box.html, www.ign.com/articles/2008/01/15/cloverfield-a-viral-guide e www.innovationexcellence.com/blog/2012/11/12/the-power-of-mystery-in-branding.
Os indícios empíricos são amplos sobre o papel de contra-argumentos disponíveis em tentativas bem-sucedidas de enfraquecer os argumentos persuasivos de um oponente (Blankenship, Wegener e Murray, 2012; Eagly et al., 2000; Killeya e Johnson, 1998; Maaravi, Ganzach e Pazy, 2011; Petty e Brinol, 2010; Romero, Agnew e Insko, 1996; e Wood e Quinn, 2001). Esse papel é notável sobretudo quando um contra-argumento refuta diretamente uma afirmação oposta (McGuire, 1961; Pfau e Burgoon, 1988; Petrova e Cialdini, 2011; e Szybillo e Heslin, 1973) e mina a confiabilidade do oponente, pois uma vez que um estratagema é reconhecido ou revelado em um apelo persuasivo, os indivíduos resistem à influência associada a ele e seu perpetrador (Eagly, Wood e Chaiken, 1978; Sagarin et al., 2002). Por exemplo, apontar uma intenção manipuladora indevida de um persuasor num ambiente de tribunal tende a tornar ineficaz a mensagem do persuasor (em geral con-

vincente) (Fein, McCloskey e Tomlinson, 1997). Similarmente, pesquisadores descobriram que, em um contexto de marketing, o impacto persuasivo é fortemente solapado se o agente da influência é percebido usando trapaça (Campbell, 1995; Darke, Ashworth e Ritchie, 2008; Darke e Ritchie, 2007; Ellen, Mohr e Webb, 2000; e MacKenzie e Lutz, 1989).

48. Existe documentação para o notável conjunto de eventos que começou em meados da década de 1960 quando a Comissão Federal de Comunicações aplicou sua "doutrina da justeza" à questão da propaganda do tabaco – decretando que, para cada três anúncios de tabaco que aparecessem no rádio ou na TV, tempo de transmissão gratuito tinha de ser concedido a um anúncio defendendo visões opostas – o que permitiu à Sociedade Americana de Câncer exibir uma série de contra-anúncios que satirizavam e parodiavam aqueles das grandes fábricas de tabaco. Desde a sua primeira aparição em 1967, esses contra-anúncios começaram a reduzir as vendas do tabaco. Após uma ascensão de um quarto de século, o consumo *per capita* caiu precipitadamente naquele ano inicial e continuou despencando durante os três anos em que os anúncios antitabaco foram transmitidos. A maior parte do declínio tem sido desde então atribuída ao impacto dos contra-anúncios. De forma compatível, quando os anúncios terminaram, o declínio do consumo de tabaco também cessou por um tempo (Fritschler, 1975; McAlister, Ramirez, Galavotti e Gallion, 1989; Simonich, 1991; e Warner, 1981).

Além do autorreferente e do inacabado, existem outros aspectos de uma ideia que fazem com que ela perdure na atenção e consciência, como um histórico sistemático de estar associada a uma recompensa (Anderson, Laurent e Yantis, 2013). Em seu livro altamente informativo, merecidamente um best-seller, *Made to Stick: Why Some Ideas Survive and Others Die* (Feito para ficar: por que algumas ideias sobrevivem e outras morrem, 2007), Chip e Dan Heath explicam muitos outros: o simples, o inesperado, o concreto, o convincente, o emocional e o baseado numa história. Para uma abordagem dessa questão baseada em pesquisas de memória, veja o instrutivo livro de Carmen Simon *Impossible to Ignore: Creating Memorable Content to Influence Decisions* (Impossível de ignorar: criando conteúdo memorável para influenciar decisões, 2016).

PARTE 2: PROCESSOS: O PAPEL DA ASSOCIAÇÃO

Capítulo 7: A primazia das associações: Associo, logo raciocino

49. Em apoio a essa ideia, pesquisadores descobriram que processos associativos (às vezes denominados conexionistas) estão no núcleo de todos os tipos de operações mentais, em todos os animais, seres humanos incluídos (Tyron, 2012). Entre essas operações mentais baseadas nas associações documenta-

das em infra-humanos estão condicionamento, categorização, coordenação, formação de conceitos e reconhecimento de objetos (Donahoe e Vegas, 2004; Soto e Wasserman, 2010; Stocco, Lebiere e Anderson, 2010; e Wasserman, DeVolder e Coppage, 1992); nos seres humanos, são escolha, aprendizado, memória, inferência, generalização, criatividade, compreensão de leitura, preparação e mudança de atitude (Bhatia, 2013; Helie e Sun, 2010; Hummel e Holyoak, 2003; McClelland et al., 2010; Monroe e Read, 2008; Schroder e Thagard, 2013; Seidenberg, 2005; e Yermolayeva e Rakison, 2014). De fato, existem agora indícios confiáveis de que nosso senso de sentido pessoal (de propósito e rumo na vida) deriva da experiência de associações confiáveis entre coisas (Heintzelman e King, 2014).

50. Uma conceitualização prematura da reformulação da linguagem de Semin como tendo um propósito sobretudo estratégico (em vez de descritivo) pode ser encontrada em Semin e Fiedler (1988). Uma síntese mais recente da teorização e indícios relevantes está disponível em Semin (2012). Para apoio relacionado, veja Cavicchio, Melcher e Poesio (2014). Outras pesquisas indicam que não são apenas os elementos da linguagem que podem criar mudança através das associações que ativam. O *tipo* de linguagem empregada é capaz de fazer o mesmo. Quando árabes israelenses bilíngues indicaram suas avaliações de árabes e judeus, quer em árabe ou em hebraico, as associações inerentes diferenciadoras em cada língua fizeram com que favorecessem os árabes ao responderem em árabe e os judeus ao responderem em hebraico (Danziger e Ward, 2010).

As raízes da política da linguagem não violenta da SSM podem ser remontadas às fundadoras do sistema: a congregação católica das Irmãs de Santa Maria (daí as iniciais SSM: Sisters of St. Mary) que se transferiram da Alemanha para os Estados Unidos em 1872 para cumprirem uma missão de cura. Constituída hoje como as Irmãs Franciscanas de Maria, a congregação continua exercendo uma forte influência na operação da SSM Health, incluindo uma oposição permanente à glorificação da violência em todas as suas formas.

51. A pesquisa demonstrando que a exposição a palavras hostis aumentava a intensidade do choque foi realizada por Carver et al. (1983). Esse mesmo relacionamento geral foi mostrado em outros estudos também, inclusive um em que palavras hostis foram apresentadas subliminarmente, de modo que as cobaias não percebessem que depararam com linguagem violenta. No entanto, como resultado, tornaram-se bem mais agressivas (Subra et al., 2010). Além dos estudos descritos mostrando o impacto comportamental de estímulos como palavras relacionadas à realização (Bargh et al., 2001) e imagens (Shantz e Latham, 2009, 2011), experimentos desenvolvidos de

forma semelhante documentaram padrões similares depois que os voluntários foram expostos a estímulos associados à solicitude (Macrae e Johnston, 1998), rudeza (Bargh, Chen e Burrows, 1996), cooperação (Bargh et al., 2001), lealdade (Fishbach, Ratner e Zhang, 2011; Hertel e Kerr, 2001), solicitude (Slepian et al., 2010), sinceridade (Grecco et al., 2013) ou justeza (Ganegoda, Latham e Folger, no prelo). Os voluntários expostos tornaram-se mais prestativos, rudes, cooperativos, leais, perspicazes, sinceros e justos, respectivamente. Usar palavras individuais como acionadores para estimular a ação relacionada parece funcionar melhor quando as palavras ativam metas altamente valorizadas, como realização (Weingarten et al., 2016). Uma questão importante, mas sem resposta, envolve se tais estímulos (por exemplo, quando incorporados a cartazes) têm um impacto duradouro ou se seus efeitos se dissipam depois que os observadores se acostumam tanto a vê-los que já não os "veem" de forma funcional. Alguns indícios de um efeito prolongado vêm de um estudo complementar da central de atendimento, que constatou que a exposição permanente a uma foto ligada à realização produzia mais sucesso entre os operadores em cada um dos quatro dias consecutivos em que foram expostos à foto (Latham e Piccolo, 2012). Trabalhos adicionais instrutivos mostram que, em uma tarefa exigindo uma avaliação ponderada de abordagens de resolução de problemas, a exposição a *O pensador*, de Rodin, produziu um aumento de 48% nas decisões corretas (Chen e Latham, 2014).

A citação autorreveladora de Joseph Conrad sobre a superioridade persuasiva da palavra certa sobre o argumento certo pode ser atribuída a diversos fatores. Ele era um escritor, um participante de uma profissão cujos membros estão em busca constante da palavra certa. Além disso, embora seus primeiros idiomas fossem o polonês e depois o francês, ele escrevia profissionalmente em outro (inglês), o que deve ter intensificado sua sensibilidade às sutilezas – e recompensas – de localizar uma palavra sutilmente correta visando à comunicação ótima. Afinal, ele não era um filósofo focado no raciocínio nem um cientista, mas um romancista, acostumado a defender seu argumento (narrativo) por meio de uma linguagem ilustrativa, evocativa, em vez da argumentação.

52. Outros indícios de que o toque é suficiente para lançar uma metáfora influente estão disponíveis em descobertas de uma equipe internacional de pesquisadores (Yang et al., 2013), que reconheceram que o dinheiro pode ter um significado metafórico positivo ou negativo. Pode ser *sujo* (desonestamente adquirido e portanto associado à desonestidade e logro) ou *limpo* (honestamente adquirido e portanto associado à justiça e decência). Em sete estudos separados, indivíduos que manusearam primeiro uma cédula

suja ficaram mais propensos a trapacear em uma interação comercial ou social subsequente. Por exemplo, depois que fornecedores em um mercado de produtores da China meridional simplesmente manusearam uma cédula suja de barro em uma transação inicial, ficaram mais propensos a trapacear no peso de seus legumes na balança na transação seguinte. Esse ato de desonestidade não ocorria se tivessem manuseado primeiro uma cédula limpa. Faz sentido, então, levar apenas cédulas novas nas compras em feiras livres para reduzir as chances de ser enganado.

O trabalho usando as metáforas da fera *versus* vírus foi realizado por Thibodeau e Boroditsky (2011). Os indícios de que a experiência de peso físico afeta as percepções de peso intelectual, importância do tema e o dispêndio de esforço cognitivo vêm de estudos de Ackerman, Nocera e Bargh (2010), Jostman, Lakens e Schubert (2009), Schneider et al. (2015) e Zhang e Li (2012). No caso da transferência de significado do calor físico para o calor humano, os indícios estão disponíveis em Ijzerman e Semin (2009, 2010), Inagaki e Eisenberger, (2013), Kang et al. (2011) e Williams e Bargh (2008).

Vistas conjuntamente, descobertas recentes e análises da literatura científica sobre a persuasão metafórica permitem duas conclusões gerais. A primeira: comunicações empregando metáforas fortes e bem colocadas são persuasivamente irresistíveis; a segunda: este efeito resulta de um processo surpreendentemente básico e automático em que as associações tipificando um conceito simplesmente fluem para outro conceito (Chernev e Blair, 2015; Gu, Botti e Faro, 2013; Kim, Zauberman e Bettman, 2012; Landau, Meier e Keefer, 2010; Landau, Robinson e Meier, 2014; Lee e Schwartz, 2012; Morris et al., 2007; Ottati e Renstrom, 2010; Sopory e Dillard, 2002; Zhang e Li, 2012; e Zhong e DeVoe, 2010).

53. Existe certa controvérsia em torno da validade de algumas das descobertas da literatura científica preferidas pela mídia sobre o egoísmo implícito – por exemplo, que mais pessoas chamadas Dennis se tornam dentistas e mais pessoas chamadas Louis se mudam para a Louisiana (Pelham e Carvallo, 2011; Simonsohn, 2011). Entretanto, os resultados que listei – que datas de nascimento, locais de nascimento, nomes ou iniciais compartilhados aumentam a afinidade, cooperação, aquiescência, prestatividade e proteção, quer encontrados on-line (Galak, Small e Stephen, 2011; Martin, Jacob e Guéguen, 2013), quer não (Burger et al., 2004; Brendl et al., 2005; Finch e Cialdini, 1989; Jiang et al., 2009; Jones et al., 2002; 2004; e Miller, Downs e Prentice, 1998) – são aceitos sem discussão. Como seria de esperar de uma perspectiva de transferência de associações, os efeitos do egoísmo implícito são menos pronunciados em indivíduos de baixa autoestima, que não valorizam muito o próprio eu (Perkins e Forehand, 2012; Prestwich et al., 2010).

Não deve surpreender que, à medida que as conexões entre o eu e outras entidades mudam de pequenas para significativas, sua força aumente proporcionalmente. Vínculos importantes com o eu – baseados em sinais de parentesco, nível educacional ou valores em comum – produzem influências impressionantes sobre o comportamento. Na primeira dessas dimensões, estudantes universitários franceses aos quais se pediu que preenchessem e devolvessem um questionário on-line de 40 itens incrivelmente fizeram-no 96% das vezes quando o solicitante compartilhava seus sobrenomes (Guéguen, Pichot e Le Dreff, 2005). Na segunda dimensão, um nível educacional semelhante ao do entrevistador reduziu pela metade as recusas em participar de pesquisas cara a cara (Durrant et al., 2010). Na dimensão dos valores, uma vendedora de produtos de limpeza que se descreveu compartilhando os gostos musicais dos clientes triplicou suas vendas (Woodside e Davenport, 1974). Por qual processo? As pessoas acham que preferências musicais semelhantes refletem valores semelhantes (Boer et al., 2011).

54. Dados comprovando o conceito individualista versus comunitário do eu em culturas ocidentais versus não ocidentais são abundantes (Cialdini et al., 1999; Cohen e Gunz, 2002; Hoshino-Browne et al., 2005; Markus e Kitayama, 1991; Morling e Lamoreaux, 2008; e Sedikides, Gaertner e Vevea, 2005). A pesquisa de anúncios em revistas coreanas e americanas foi publicada por Han e Shavitt em 1994. A elevação no mundo oriental dos interesses comunitários sobre aqueles do indivíduo não se limita à Coreia. Em julho de 2013, a China promulgou uma lei permitindo que pais processem os filhos adultos que não os visitam com frequência.

    Pode parecer irônico, mas é coerente com o argumento maior aqui, que Kim Man-bok fosse fortemente criticado em seu país após a bem-sucedida libertação dos reféns. A desaprovação resultou de sua disposição em falar sobre o incidente de forma que parecia querer promover sua reputação e ambições *individuais* em vez daquelas de sua coletividade social, a nação da Coreia do Sul.

55. Para uma análise da teoria e pesquisas de poética cognitiva, veja Obermeier et al. (2013). O estudo da rima como verdade foi realizado por McGlone e Tofighbakhsh (2000) e é ilustrado em um vídeo instrutivo e divertido de autoria de Daniel Pink (http://vimeo.com/69775579).

    Os indícios de que rostos ou nomes fáceis de processar levam a uma atração maior e que tal fluência no processamento afeta os músculos do sorriso (zigomático maior) das pessoas podem ser encontrados em Winkielman et al. (2006), Laham, Koval e Alter (2012) e Winkielman e Cacioppo (2001). Os estudos mostrando os efeitos negativos da *disfluência* vêm de: sobre as promoções em escritórios de advocacia, Laham, Koval e Alter, 2012; sobre descrições de comidas e suplementos alimentícios, Petrova e Cialdini (2005) e Song e Schwarz (2009); sobre afirmações em geral, Greifeneder et al. (2010) e Reber e Schwarz (1999); e sobre o desempenho do mercado de ações, Alter e Oppenheimer (2006).

Os efeitos da disfluência nem sempre são ruins. Desde que as pessoas estejam dispostas a dedicar tempo a pensar profundamente sobre a sua mensagem, se você enviá-la em uma fonte ou formulário difícil de processar é mais provável que as induza a isso, o que pode levar a uma maior compreensão e retenção do material difícil (Alter, 2013; Alter et al., 2007; e Diemand-Yaurman, Oppenheimer e Vaughan, 2011). Esta pode ser uma razão por que os editores de revistas de poesia preferem versos sem rimas. Eles presumem que os leitores tenderão a reservar os encontros com o material para quando dispuserem do tempo e recursos mentais para plena reflexão. Para análises gerais dos efeitos da fluência e disfluência sobre o julgamento e influência social, veja Alter e Oppenheimer (2009), Lick e Johnson (2015), e Petrova, Schwarz e Song (2012).

Capítulo 8: Geografias persuasivas: Todos os lugares certos, todos os traços certos

56. Certo esclarecimento pode ser necessário a esta altura. Não estou insinuando que, ao desenvolverem material para o grande público, os autores devam abandonar as provas geradas por estudo acadêmico. É apenas na transmissão ampla de tais provas que as normas desenvolvidas no mundo acadêmico se tornam inadequadas (aquelas governando a sintaxe e estrutura dos artigos de revistas e apresentações em conferências, por exemplo). Existe um truque que aplico em mim mesmo para ajudar a assegurar que não estarei desapontando nenhum dos dois grupos ao escrever para um público fora da comunidade acadêmica. Imagino dois indivíduos sobre meus ombros enquanto escrevo: um, uma respeitada autoridade acadêmica na questão em pauta, e o outro, um vizinho que acredito estar interessado no assunto. Eu não me permito avançar além de um parágrafo sem pensar se satisfiz às duas partes. Um ombro é algo terrível de desperdiçar, e eu tenho dois, afinal.

57. Em geral, reluto em confiar muito em indícios com base em uma ou duas histórias. É o caso da conclusão de que fotos de fundo de indivíduos relacionados ao trabalho podem mudar o pensamento daqueles buscando servir tais indivíduos de formas produtivas. Felizmente, as pesquisas respaldam a conclusão. Por exemplo, mostrar a radiologistas uma fotografia de um paciente junto com sua radiografia aumentou a extensão de seus relatórios e o grau em que diligentemente detectaram e registraram todos os aspectos

clinicamente significativos do exame (Turner e Hadas-Halpern, 2008; Wendling, 2009).
58. Indícios científicos do caráter contagioso da tosse vêm de um conjunto excepcional de estudos de James Pennebaker (1980), que também demonstrou que membros do público que estão totalmente absortos em um espetáculo costumam tossir bem menos em reação à tosse de outro membro do público, porque voltaram toda a sua atenção à apresentação. A descoberta dá aos artistas mais um motivo para odiarem o som de tossidas percorrendo o público: uma tosse contagiosa indica que não estão cumprindo bem suas funções; informa que a atenção do público está divagando.

A citação perspicaz de Ardrey vem de seu livro memorável *African Genesis* (Gênese africana). A citação igualmente perspicaz (mas diferentemente) de Walton vem de seu livro quase esquecido *Why Worry?* (Por que se preocupar?). A documentação seguinte aplica-se às outras menções neste segmento do capítulo: o jantar dos articulistas de jornal ("Coughing Fits Overcome 200", 1993); mordidas de aranhas austríacas ("Eight-Legged Invasion", 2006); vazamento de gás no Tennessee (Jones et al., 2000); o medo do câncer canadense (Guidotti e Jacobs, 1993); aula alemã sobre doenças de pele (Niemeier, Kupfer e Gieler, 2000); e a frequência da síndrome dos estudantes de medicina (Howes, 2004). Seria um erro pressupor desses exemplos que todos os incidentes de doenças coletivas, ou mesmo a maioria, têm uma causa psicológica. Os dados mais recentes indicam que cerca de um em cada seis desses incidentes são de natureza psíquica (Page et al., 2010). Mesmo assim, é interessante questionar se os avanços tecnológicos serviram para "democratizar" a síndrome dos estudantes de medicina, que poderia agora se aplicar a qualquer um com acesso à internet e seus vários sites descrevendo doenças específicas, distúrbios e outros problemas de saúde.
59. Estudos detalhando o impacto causal da felicidade sobre vários indicadores de saúde e riqueza podem ser encontrados em Diener e Biswas-Diener (2009), Lyubomirsky (2013), Lyubomirsky e Layous (2013), Lyubomirsky, King e Diener (2005) e Ong (2010). Claro que, como a maioria das coisas, os efeitos positivos da felicidade não são invariáveis. Por exemplo, a felicidade pode levar a maus resultados quando ocorre sob circunstâncias inapropriadas – um funeral seria um caso óbvio – ou quando não se reflete nas ações da pessoa (Gruber, Mauss e Tamir, 2011; Mauss et al., 2011).
60. Vale a pena saber que idosos felizes não negam cegamente a existência de eventos desagradáveis (Shallcross, Ford, Floerke e Mauss, 2013). Eles aceitam as coisas ruins. Apenas não se fixam nelas, optando por se concentrar nas boas. Por exemplo, no casamento, o que mais distingue sua abordagem ao conflito daquela de casais mais jovens é a tendência a desviar o foco de choques na

parceria para outros temas mais agradáveis (Holley, Haase e Levenson, 2013). Essa mesma orientação de "reconhecer o negativo mas celebrar o positivo" também permite a indivíduos de todas as idades emergirem psicologicamente saudáveis após experimentar um evento traumático (Kalisch, Müller e Tüscher, 2015; Pennebaker, Mayne e Francis, 1997).

Embora o grupo de pesquisadores que parece ter resolvido o "paradoxo da positividade no envelhecimento" tenha sido liderado pela professora Carstensen (veja Carstensen et al., 2011, e Reed e Carstensen, 2012, para sínteses de suas descobertas, e Livingstone e Isaacowitz, 2015, para confirmação externa), outros deram contribuições importantes também (Gross e Thompson, 2007; Isaacowitz, Toner e Neupert, 2009; Shiota e Levenson, 2009; e Urry e Gross, 2010). A pesquisa implicando o controle da atenção nas avaliações de felicidade elevadas dos idosos foi realizada por Isaacowitz et al. (2009), Mather e Knight (2005), e Noh et al. (2011). Idosos com bom controle da atenção não são os únicos que se beneficiam dessa característica (Cheung et al., 2014; Claessens e Dowsett, 2014; Duckworth e Steinberg, 2015; Geng, 2014; e Joorman e Vanderlind, 2014). Mesmo artistas criativos – o grupo que supostamente mais se beneficia de uma tendência à flexibilidade da atenção – parecem se beneficiar somente nos estágios iniciais de um tarefa ou projeto. Aqueles com forte persistência da atenção na tarefa são os que podem apontar para maiores realizações artísticas na vida real (Zabelina e Beeman, 2013). Com tais descobertas em mente, não é de surpreender que, de acordo com uma ampla análise acadêmica, o tipo de intervenção que teve mais sucesso em aumentar a felicidade, a curto e a longo prazo, envolveu uma "mobilização da atenção" estrategicamente eficaz (Quoidbach, Mikolajczak e Gross, 2015).

O paradoxo da positividade não costuma se estender para as derradeiras fases da vida. Isso parece ocorrer em parte em decorrência da incapacidade dos idosos de gerir suas geografias internas e/ou externas. Uma razão para a perturbação da gestão *interna* é que o autocontrole da atenção é uma capacidade mental complexa (Langner e Eickhoff, 2013; Mather e Knight, 2005) que pode ser drasticamente prejudicada pelo rápido declínio cognitivo ou por medicamentos que interferem no cérebro típicos dos estágios finais da vida. Quanto à gestão prejudicada das geografias *externas*, vejamos como idosos mais jovens costumam agir quando estão no controle. Eles "acolchoam" seus ambientes de vida a cada passo com elementos que costumam deixá-los felizes: fotografias da família (os netos nunca são esquecidos), suvenires de viagens lembradas com carinho, música de estações de rádio especializadas em sons relaxantes. Contraste esse conjunto de elementos com aqueles disponíveis aos idosos quando não mais controlam os poderes do lugar dentro dos limites escurecidos e solenes dos quartos de dormir ou das paredes brancas estéreis de hospitais. De novo, os idosos não estão sozinhos em relação a esse fenômeno. Estudantes universitários exímios em organizar suas geografias internas por meio do autocontrole fazem isso, em parte, dispondo suas geografias externas de modo a permiti-lo. Ou seja, taticamente, gastam mais tempo com pessoas e em situações sociais que costumam promover o bom autocontrole (vanDellen et al., 2015).

61. Para indícios experimentais de que mudanças da atenção podem "romper os problemas do inverno" mesmo para não idosos, considere que é possível melhorar substancialmente o humor de crianças dando-lhes uma tarefa de desenho de um tema não ligado à sua tristeza. Este meio de reorientar o foco da atenção das crianças, além de simples de implementar, mostrou-se eficaz para todos os grupos etários do estudo – de 6 a 12 anos de idade (Drake e Winner, 2013).

    Sínteses acessíveis das descobertas de Lyubomirsky estão disponíveis em dois esplêndidos livros para o grande público (Lyubomirsky 2008, 2013). Para aqueles de mentalidade mais acadêmica, um bom resumo pode ser encontrado em Lyubomirsky e Layous (2013). A pesquisa sobre o uso do aplicativo de iPhone Live Happy e sua associação com a felicidade maior foi realizada por Parks et al. (2012). O conjunto completo de todas as 12 atividades indutoras da felicidade da lista de Lyubormirsky pode ser obtido no link http://thehowofhappiness.com/about-the-book.

62. Tive que falar de Alan no passado em razão de sua morte prematura pouco depois de começada sua carreira, após lutar a vida inteira contra uma fibrose cística. Durante nossos anos de estudos juntos em Chapel Hill, Carolina do Norte, Estados Unidos, fui testemunha de sua batalha. Desenrolou-se com valentia e sem que ele reclamasse do destino. Mas minhas queixas têm sido duras e permanentes com a perda desse homem e amigo maravilhoso. Eis a última: ele não está aqui para ver a validação científica de seu conselho para mim sobre como se sair bem em testes de aptidão concentrando-se preliminarmente nos seus pontos fortes e realizações. De fato, um conjunto de estudos mostrou que – sobretudo entre pessoas que não costumam se sair bem nesses testes (por exemplo, indivíduos de baixa renda – descrever inicialmente uma experiência pessoal que fez com que se sentissem orgulhosas e bem-sucedidas levou a um desempenho bem melhor em itens de testes de inteligência (Hall, Zhao e Shafir, 2014).

63. Para boas análises dos efeitos do estereótipo da matemática e gênero sobre o desempenho das mulheres, veja Rydell, McConnell e Beilock (2009), Schmader, Johns e Forbes (2008) e Shapiro e Neuberg (2007). Para pesquisas que respaldam minhas quatro recomendações específicas, veja: para a núme-

ro um, Inzlicht e Ben-Zeev (2000) e Sekaquaptewa e Thompson, (2003); para a número dois, Marx e Roman (2002), McIntyre, Paulson e Lord (2003), Latu et al. (2013) e McCormick e Morris (2015); para a número três, Cervone (1989) e Miyake et al. (2010); e para a número quatro, Danaher e Crandall (2008), Rydell et al. (2009), e Shih, Pittinsky e Ambady (1999).

Duas outras constatações importantes apareceram nas pesquisas em torno do estereótipo da matemática e gênero. Primeira, os processos psicológicos básicos envolvidos não se limitam à ativação daquele estereótipo particular. Por exemplo, existe uma crença amplamente aceita de que atletas não são muito inteligentes. Consequentemente, quando estudantes atletas em uma universidade de elite, Princeton, foram lembrados de sua identidade de atletas, suas notas em matemática caíram substancialmente (Yopyk e Prentice, 2005). De forma análoga mas com importância social bem maior, lembrar estudantes afro-americanos de sua origem pouco antes de um exame prejudica seu desempenho (Nguyen e Ryan, 2008; Steele, Spencer e Aronson, 2002; e Walton e Spencer, 2009). Felizmente, os procedimentos que protegem alunas contra esse efeito pernicioso, como autoafirmações e exposições a modelos bem-sucedidos, também protegem os alunos afro-americanos (Cohen et al., 2006; e Taylor e Walton, 2011).

Segunda, existe pouca ou nenhuma base objetiva para a crença de que, na média, as mulheres são menos capazes que os homens em tarefas ligadas à matemática (Ceci et al., 2014). Exceto quando concentradas no gênero, elas costumam ter notas tão boas quanto os homens nas avaliações da aptidão matemática (Lindberg et al., 2010). Por que, então, estão tão sub-representadas nas carreiras de ciências, engenharia e matemática (Ceci, Williams e Barnett, 2009)? Na maior parte, parece ser uma questão de preferência (Ceci e Williams, 2010; Robertson et al., 2010; e Wang, Eccles e Kenny, 2013). Para se sair bem em campos que aprofundam a matemática como astronomia, química, ciência da computação, engenharia, matemática e física, é necessário compreender relacionamentos entre elementos de sistemas inorgânicos numéricos, mecânicos e físicos. As mulheres podem ter a mesma habilidade dos homens para isso, mas simplesmente não têm a mesma disposição. Elas estão mais interessadas no funcionamento dos sistemas sociais, compatíveis com seus objetivos "comunitários" mais fortes que envolvem interagir com outras pessoas em vez de coisas (Diekman et al., 2010; Lubinski, Benbow e Kell, 2014; Meyers-Levy e Loken, 2015; Schmidt, 2014; Su e Rounds, 2015; Su, Rounds e Armstrong, 2009; e Zell, Krizan e Teeter, 2015). De fato, esse nível maior de atenção afirma-se mesmo entre bebês do sexo feminino, que olham para rostos humanos, incluindo o de outros bebês, bem mais tempo do que os bebês do sexo masculino (Gluckman e Johnson, 2013).

Capítulo 9: A mecânica da pré-suasão: Causas, restrições e corretivos

64. Respaldo à ideia geral de que um acionador prepara conceitos associados para a influência ao mesmo tempo que inibe conceitos não associados pode ser encontrado em uma variedade de fontes (Buanomano, 2011; Bridwell e Srinivasan, 2012; Gayet, Paffin e Van der Stigchel, 2013; Higgins, 1996; Kim e Blake, 2005; Klinger, Burton e Pitts, 2000; Loersch e Payne, 2011; Maio et al., 2008; Tulving e Pearlstone, 1966; e Wentura, 1999).

    Existem indícios fortes e persistentes de que a acessibilidade de um conceito (facilidade de contato cognitivo) desempenha um papel central na atenção subsequente e resposta relevante (por exemplo, Blankenship, Wegener e Murray, 2012, 2015; Higgins e Bargh, 1987). Para a pesquisa mostrando os efeitos de video games violentos sobre o comportamento antissocial e pensamentos agressivos, veja Anderson et al. (2004), Anderson e Dill (2000), Greitemeyer e Mügge (2014) e Hasan et al. (2013). Para as descobertas de imagem espelhada demonstrando o efeito de video games pró-sociais sobre a solicitude e pensamentos pró-sociais, veja Gentile et al. (2009), Greitemeyer e Osswald (2010), e Greitemeyer e Mügge (2014); para indícios de que a maior solicitude ocorre em protagonistas através de diferentes culturas e pode durar anos, veja Prot et al. (2014). Para a pesquisa indicando que video games violentos reduzem o comportamento agressivo, desde que os participantes tenham cooperado entre si no jogo para destruir um inimigo, veja Jerabeck e Ferguson (2013). A explicação desse efeito em termos da menor acessibilidade cognitiva de pensamentos agressivos vem de Granic, Lobel e Engels (2014) e Schmierbach (2010).

65. Os autores do estudo da proximidade das crianças expressaram genuína surpresa com "a facilidade com que é possível aumentar substancialmente o comportamento pró-social em crianças" (Over e Carpenter, 2009, p. 1.192). Posso entender essa surpresa: os indivíduos que os bebês viram juntos nas fotos estavam no fundo, não em primeiro plano. Os indivíduos eram bonecas, não seres humanos. O pesquisador que as crianças ajudaram era praticamente estranho para elas, não alguém com quem tivessem passado algum tempo pouco antes da chance de ajudar. No entanto, o efeito de ver os retratos da proximidade foi realmente substancial, já que 60% daquelas crianças espontaneamente ajudaram, em comparação com apenas 20% de todas as outras no estudo. A pesquisa do efeito de sinais de proximidade sobre o desempenho dos adultos em tarefas foi realizada por Carr e Walton (2014).

    Minha pesquisa sobre o hábito de jogar lixo nas ruas foi realizada com Raymond Reno e Carl Kallgren (1991) e incluiu outro estudo que mostrou a força da desaprovação social precisamente direcionada no comportamento humano. Indivíduos que tiveram a oportunidade de jogar um folheto no chão de um estacionamento o fizeram 33% das vezes. Mas, quando viram antes um homem recolhendo o lixo de outra pessoa do chão numa situação de clara reprovação, ninguém jogou o folheto no chão, mesmo depois de o homem deixar o local. Assim, para suprimir o ato de jogar lixo na rua, uma abordagem extremamente eficaz foi identificar e depois exibir o conceito estreitamente relacionado de desaprovação social desse mau hábito.

66. Os resultados da cerveja belga vêm de Sweldens, van Osselear e Janiszewski (2010), e os resultados do enxaguante bucal vêm de Till e Priluck (2000), enquanto aqueles sobre o consumo e valor do refrigerante vieram de Winkielman, Berridge e Wilbarger (2005). Indícios mais recentes de que essas mudanças na atratividade podem ocorrer sem controle consciente sobre elas ou sem consciência delas podem ser achados em Gawronski, Balas e Creighton (2014), Hofmann et al. (2010), Hütter et al. (2012) e Hütter, Kutzner e Fiedler (2014). Uma paródia brilhante do uso por publicitários dos mecanismos envolvidos pode ser vista em www.fastcocreate.com/3028162/this--generic-brand-ad-is-the-greatestthing-about-the-absolute-worst-in-advertising?partner=newsletter.

67. Amplas análises da literatura científica sobre os efeitos se/quando-então estão disponíveis e são convincentes (Gollwitzer e Sheeran, 2006, 2009). Os estudos da adesão ao regime de medicação entre epilépticos e a produção de currículos entre dependentes de drogas foram realizados por Brandstätter, Lengfelder e Gollwitzer (2001), e Brown, Sheeran e Reuber (2009), respectivamente. A vantagem de um plano se/quando-então em relação a afirmações de intenção normais é demonstrada em um estudo visando encorajar estudantes a persistirem na tentativa de solucionar problemas de raciocínio lógico difíceis. Pediu-se a alguns estudantes que indicassem sua disposição em fazê-lo comprometendo--se da seguinte forma: "Vou solucionar corretamente o máximo de problemas possível! E direi a mim mesmo: Sou capaz." Outros estudantes tiveram que se comprometer também, mas em uma sequência se/quando-então: "Vou solucionar corretamente o máximo de problemas possível! E *se/quando* eu começar um problema novo, *então* direi a mim mesmo: Sou capaz." Apesar da aparente semelhança entre as duas afirmações, os estudantes usando a forma se/quando-então solucionaram corretamente cerca de 15% mais questões (Bayer e Gollwitzer, 2007, estudo 2; para descobertas adicionais semelhantes, veja Oettinger, Hönig e Gollwitzer, 2000; Gollwitzer e Sheeran, 2006; e Hudson e Fraley, 2015). Respaldo para o funcionamento automático de planos se/quando-então vem de Bayer et al. (2009). Como é evidente nesse conjunto de citações, o cientista comportamental Peter Gollwitzer e seus associados são responsáveis pela maioria das pesquisas e pensamentos importantes sobre planos se/quando-então.

68. Além das grandes metas (Dijksterhuis, Chartrand e Arts, 2007; Klinger, 2013), exemplos de fontes cronicamente pré-buscadas de informações incluem papéis sociais, enquadramentos culturais, autoidentidades e orientações da personalidade. Em cada caso, pesquisas confirmam que, embora existam constantemente dentro de um indivíduo, essas fontes de informações não estão o tempo todo em vigor. Em geral, algum lembrete do conceito – às vezes fornecido como parte de uma comunicação persuasiva – é necessário para levá-lo do modo "pronto e aguardando" para o modo "de pleno lançamento". Uma das primeiras descrições dessa progressão ocorreu no domínio do gênero. Uma ampla análise revelou que homens e mulheres com frequência se comportam de forma idêntica, exceto quando um sinal ligado ao gênero está presente – talvez num cenário, programa de TV ou mensagem publicitária – que então os impele a reagir dentro dos papéis de gênero masculino ou feminino predominantes (Deaux e Major, 1987). Abordamos um desses exemplos no capítulo anterior: homens e mulheres têm notas semelhantes em testes de matemática, exceto quando lembrados de seu gênero. Somente então suas notas diferem consideravelmente (Lindberg et al., 2010). Indícios semelhantes estão disponíveis no tocante ao impacto sobre o comportamento exercido pela cultura (Oyserman e Lee, 2008; Weber e Morris, 2010), a autoidentidade (Brown e McConnell, 2009; Oyserman, 2009), as metas (Van Yperen e Leander, 2014) e os traços de personalidade (Halvorson e Higgins, 2013). Cada um desses elementos orienta o comportamento, principalmente após se tornar proeminente na atenção. As pesquisas aplicando planos se/quando-então a metas de dieta podem ser achadas em Stroebe et al. (2013).

69. Naturalmente, a ideia de que uma pergunta hábil pode ser persuasivamente poderosa não é novidade. Sócrates foi denominado "o Grande Mestre das Perguntas" em reconhecimento à sua abordagem característica para causar mudanças de opinião (Johnson, 2011). Mas o fato de a ideia ter raízes antigas não deveria nos impedir de aplicá-la às escolhas dos tempos atuais. Por exemplo, no caso dos efeitos do bom humor, será que devemos decidir nunca fazer uma compra grande quando estamos felizes – assim como somos aconselhados a nunca comprar comida quando estamos com fome? Não é isso que as descobertas da pesquisa dão a entender. Pelo contrário, deveríamos nos indagar por que estamos nos sentindo eufóricos. Se o motivo não tiver relação com os méritos da compra – talvez porque o tempo esteja esplêndido ou o vendedor nos contou uma piada engraçada ou nos elogiou –, a resposta provavelmente bastará para nos levar a corrigir a tendenciosidade (DeSteno et al., 2000). O mesmo vale se somos torcedores de futebol e nosso time venceu um jogo importante recentemente. Tais vitórias aumentam o

apoio (e votos) aos representantes do governo atual. Mas, se os torcedores forem indagados sobre o resultado do jogo primeiro, e assim lembrados de que o motivo de seu bom humor nada tem a ver com o desempenho dos políticos, esse maior apoio às autoridades cai para zero (Healy, Malhotra e Mo, 2010). Facilmente a conceitualização mais abrangente e bem respaldada de como e quando corrigimos nossos julgamentos vem do Modelo da Correção Flexível dos psicólogos da Universidade do Estado de Ohio Duane Wegener e Richard Petty (Chien et al., 2014; Wegener e Petty, 1997), em que argumentam que a correção tende a ocorrer quando as pessoas reconhecem que são suscetíveis a uma tendenciosidade indesejada e têm a motivação e capacidade para agir a fim de detê-la. Como uma lição geral, seria correto dizer que processos associativos primitivos nos predispõem para certa conduta, mas, desde que percebamos os processos e tenhamos o desejo e a capacidade de corrigi-los, eles não predeterminam a nossa conduta (Baumeister, Masicampo e Vohs, 2011; Cameron, Brown-Iannuzzi e Payne, 2012; Dasgupta, 2004; Davis e Herr, 2014; Fiske, 2004; Pocheptsova e Novemsky, 2009; Strack, Werth e Deutsch, 2006; Thompson et al., 1994; e Trampe et al., 2010).

Pesquisas documentando o efeito do estado de espírito sobre a avaliação de seus bens foram relatadas por Isen et al. (1978), sobre o efeito do clima na disposição de mulheres de fornecer o número de seu telefone por Guéguen (2013) e sobre o efeito de dias ensolarados sobre a avaliação da satisfação com a vida por Schwarz e Strack (1991). Esse impacto do bom humor sobre reações positivas às vezes indevidas é ilustrado em uma história contada pelo humorista Calvin Trillin sobre um amigo que saiu de um café sentindo-se bem e deparou com uma velhinha de pé lá fora segurando um copo descartável, no qual o amigo de Trillin depositou alguns trocados. A resposta da mulher? "Que diabo você fez com meu chá?"

70. A pesquisa sobre merchandising foi realizada por Law e Braun (2000). Indícios do crescimento vertiginoso do merchandising nos últimos anos foram fornecidos por Patricia Homer (2009), que obteve os resultados de seus anunciantes que exageraram nesse domínio. As atitudes de membros do público em relação a marcas expostas em merchandising explícito em filmes e programas de TV caíram fortemente quando uma segunda forma de proeminência foi acrescentada – ou seja, quando o merchandising óbvio ocorreu repetidamente (três vezes) dentro do programa. No entanto, nenhuma queda ocorreu para marcas com merchandising sutil. Elas não foram percebidas como fontes de potencial tendenciosidade mesmo quando mostradas repetidas vezes. De fato, observadores dos programas tornaram-se até mais favoráveis a determinada marca quanto mais a viam, desde que a exposição fosse sutil. Essa descoberta lembra

os resultados da pesquisa (descrita no Capítulo 3) sobre a eficácia de anúncios em banners on-line que ficam sob nosso radar ao aparecerem brevemente nas periferias do site que estamos lendo. Sob tais circunstâncias, quanto mais os leitores depararam com o anúncio, mais gostaram dele mais tarde, embora nunca lembrassem que o viram (Fang, Singh e Ahluwalia, 2007). Veja nestes links exemplos – e uma breve história – de merchandising em filmes (www.youtube.com/watch?v=wACBAu9coUU) e TV (www.ebaumsworld.com/video/watch/83572701/). Claro que mesmo merchandisings explícitos podem funcionar, desde que estejam sutilmente integrados à trama. Você pode achar diversos desses sucessos aqui: http://mentalfloss.com/article/18383/stories--behind-10-famous-product-placements.

71. Além de meros lembretes e sinais da intenção persuasiva furtiva, dois outros tipos de sinais podem nos levar a reconhecer que poderíamos estar vulneráveis a fatores capazes de desencaminhar nosso pensamento e, portanto, levar a uma tentativa de neutralizar essas influências. O primeiro desses sinais envolve o simples caráter extremo de um estímulo (Glazer e Banaji, 1999; Herr, Sherman e Fazio, 1983; Nelson e Norton, 2005; e Shu e Carlson, 2014). Por exemplo, um advogado pode impelir os jurados na direção de uma indenização alta para um cliente mencionando cifras monetárias cada vez maiores, até a quantia ser registrada pelos jurados como extrema – ponto em que ajustam seus julgamentos para deter a influência dos números altos (Marti e Wissler, 2000). Além de sinais de fatores extremos, nossas correções podem ser desencadeadas por sinais de uma meta forte que se oponha ao rumo em que o fator de influência está nos conduzindo (Macrae e Johnston, 1998; McCaslin, Petty e Wegener, 2010; Monteith et al., 2002; e Thompson et al., 1994). Em um estudo, voluntários brancos foram expostos a fotos de indivíduos negros que estimularam reações estereotipadas em relação aos negros. Aqueles voluntários com uma forte meta de controlar seu preconceito reagiram a esses estereótipos corrigindo suas atitudes devidamente (Olsen e Fazio, 2004).

72. Argumentos a favor da existência de mecanismos de correção no processamento de informações humano (por exemplo, Hayes, 2011; Klein et al., 2002) têm recebido o respaldo de estudos de imagiologia do cérebro que parecem ter identificado setores do cérebro implicados no reconhecimento de informações enganosas (Asp et al., 2012) e ajustes corretivos (Cunningham et al., 2004; Klucharev et al., 2011). Muitos estudiosos concluíram que um desses mecanismos de correção é um sistema de raciocínio cuja operação se diferencia daquela dos sistemas mais primitivos em termos de racional versus emocional, analítico versus experimental, deliberativo versus espontâneo, ponderado versus impulsivo e controlado versus automático. Uma cobertura ampla de minha parte seria desnecessária, já

que existem excelentes análises abrangentes no livro magistral de Daniel Kahneman sobre o tema, *Rápido e devagar: suas formas de passar* (2011), e em um volume organizado por Sherman, Gawronski e Trope (2014).

O papel da fadiga às altas horas da noite na promoção das causas dos produtores dos infocomerciais é coberto em um envolvente livro de Remy Stern (2009), que cita um dos precursores dessa indústria, Al Eicoff, ao explicar: "As pessoas são menos resistentes nessa hora. Se estão cansadas, seu inconsciente aceitará sem que seu consciente resista." Existem duas fontes da pesquisa sobre os efeitos de períodos sem sono na incapacidade de soldados de artilharia de resistirem a ordens claramente questionáveis, um popular (Schulte, 1998) e um acadêmico (Banderet et al., 1981). Drizin e Leo (2004) forneceram os dados sobre a duração média dos interrogatórios que geram falsas confissões. O estudo dos efeitos do tempo curto de avaliação sobre as preferências de câmeras foi realizado por Alba e Marmorstein (1987, experimento 2); para resultados conceitualmente semelhantes em um estudo mais recente, veja Parker e Lehmann (2015, experimento 3). Sabemos há muito tempo que, comparado com o texto escrito, o material transmitido pela TV, por exemplo, leva os espectadores a prestar mais atenção às qualidades do comunicador (por exemplo, simpatia e atratividade) do que às qualidades da própria comunicação (Chaiken e Eagly, 1983).

PARTE 3: MELHORES PRÁTICAS: A OTIMIZAÇÃO DA PRÉ-SUASÃO

Capítulo 10: Seis caminhos principais para a mudança: Amplas avenidas como atalhos inteligentes

73. Claro que um comunicador que use um acionador pré-suasivo para chamar a atenção para o conceito de autoridade antes de transmitir uma mensagem deveria dispor de fortes indícios de autoridade para apresentar naquela mensagem. Como mostraram várias pesquisas, chamar mais a atenção para qualquer forma de evidência – incluindo a expertise – é uma prática inteligente somente quando essa evidência é convincente. Uma tática que foca a atenção em formas fracas de evidência não terá sucesso e poderá até ter efeito contrário (Armstrong, 2010, pp. 193–94; Burnkrant e Unnava, 1989; Houghton e Kardes, 1998; Hsee e LeClerc, 1998; Laran e Wilcox, 2011; Petty e Cacioppo, 1984; Petty e Brinol, 2012; e Posavac et al., 2002). Uma manifestação desse padrão pode ser vista em um estudo que avalia a tendência a responder a um dos princípios da influência diferente dos seis principais: o princípio da coerência, que afirma que em geral as pessoas são motivadas a serem coerentes com o que já disseram ou fizeram. O estudo mostrou primeiro, e previsivelmente, que indivíduos que sentiam que tinham bons indícios pessoais de que a coerência

era uma tendência inteligente para elas foram mais coerentes do que pessoas que sentiam que tinham poucos desses indícios. Porém o mais interessante é que o estudo também mostrou que, se um acionador pré-suasivo foi usado para lembrá-los do conceito da coerência, aqueles indivíduos que preferiam fortemente a coerência tornaram-se ainda mais coerentes em suas reações, enquanto aqueles que não preferiam a coerência tornaram-se menos coerentes (Bator e Cialdini, 2006).

74. A pesquisa sobre o comportamento relacionado à reciprocidade de crianças pequenas foi conduzida por Dunfield e Kuhlmeier (2010), ao passo que o estudo da loja de doces foi realizado por Lammers (1991). Os dados de amostras grátis da Costco podem ser vistos em um artigo da *Atlantic,* que se encontra em www.theatlantic.com/business/archive/2014/10/the-psychology-behind-costcos-free-samples/380969. Parte do grande impacto das amostras grátis pode sem dúvida ser atribuído à chance que os consumidores têm de testar algo e então concluir que gostam. Mas um estudo aponta para o papel importante de fatores interpessoais ao demonstrar que as pessoas mais passíveis de comprar um produto com amostra grátis foram as mais sensíveis aos aspectos sociais da situação, não aos seus aspectos informativos ou recreativos (Heilman, Lakishyk e Radas, 2011). Além disso, os gastos gerais no supermercado aumentam fortemente durante a visita, mesmo que o consumidor não tenha a chance de provar um artigo na loja, mas receba apenas um cupom-surpresa de desconto (Heilman, Nakamoto e Rao, 2002). Para uma ilustração bem-humorada das obrigações associadas ao recebimento, veja www.youtube.com/watch?v=H7xw-oDjwXQ. Para exemplos de como as obrigações são usadas no marketing, veja www.referralcandy.com/blog/10-examples-reciprocity-marketing.

O trabalho sobre contribuições para campanhas e alíquotas de impostos foi realizado por Brown, Drake e Wellman (2015). Descobertas como essa levaram comentaristas a duvidar da imparcialidade de juízes eleitos que recebem contribuições de campanha ao julgarem causas envolvendo seus apoiadores, independentemente de suas crenças (Susman, 2011, e American Constitution Society, em www.acslaw.org/ACS percent20Justice percent20at percent20Risk percent20 percent28FINAL percent29 percent206_10_13.pdf). Embora tomadores de decisões, como legisladores e juízes, afirmem serem lúcidos ou moralmente corretos demais para serem desencaminhados por um presente, fariam bem em prestar atenção a uma prescrição bíblica que solapa os motivos de suas alegações: "Também suborno não tomarás; porque o suborno cega os que têm vista, e perverte as palavras dos justos." (Êxodo 23:8)

75. O estudo sobre participação em pesquisas, que concorda com os resultados de muitas outras pesquisas (ver Mercer et al., 2015), foi publicado por Sche-

renzeel e Toepoel (2012). O experimento do hotel americano apareceu em um artigo de Goldstein, Griskevicius e Cialdini (2011), que, junto com outras pesquisas (por exemplo, Belmi e Pfeffer, 2015; Pillutia, Malhotra e Murnighan, 2003), documentaram a razão por que dar primeiro pode funcionar tão bem: produz uma sensação de obrigação de retribuir por parte do receptor. Mesmo assim, vale a pena observar que, na família dos fatores relacionados à reciprocidade, a obrigação tem uma irmã igualmente ativa, porém mais doce – a gratidão –, que opera para estimular retornos não tanto por uma sensação de dívida pelos beneficiários de favores, mas por uma sensação de reconhecimento. Embora ambas as sensações incitem confiavelmente a reciprocidade positiva, a gratidão parece estar relacionada à intensificação dos relacionamentos, e não apenas à incitação ou à manutenção deles.

Evidência convincente a esse respeito está disponível na pesquisa de Sara Algoe e seus colegas (Algoe, 2012; Algoe, Gable e Maisel, 2010). Em nenhum lugar os benefícios de dar primeiro nos negócios (e na vida) são apresentados e explicados de maneira tão convincente como no livro de Adam Grant *Dar e receber: Uma abordagem revolucionária sobre sucesso, generosidade e influência*, que muito recomendo.

76. O estudo das gorjetas no restaurante de Nova Jersey foi realizado por Strohmetz et al. (2002), enquanto a pesquisa da quantia despendida no restaurante fast-food foi realizada por Friedman e Rahman (2011). Para se divertir, um episódio antigo da série *Seinfeld* ilustra o efeito de dar (e não dar) um presente significativo, inesperado e personalizado sobre a gratidão consequente: www.youtube.com/watch?v=aQlhrrqTQmU. O caso do chefe tribal afegão grato vem de uma reportagem do jornalista Joby Warrick, vencedor do Prêmio Pulitzer (Warrick, 2008). O relato de como Abu Jandal foi "conquistado" por biscoitos sem açúcar é fornecido por Bobby Ghosh (2009) em um artigo detalhando por que métodos psicologicamente "brandos", como favores indutores da reciprocidade, podem funcionar melhor do que os coercitivos em interrogatórios. Pesquisas (Goodman-Delahunty, Martschuk e Dhami, 2014) fornecem indícios científicos a esse respeito; para links com evidência adicional, veja www.psychologicalscience.org/index.php/news/were-only--human/the-science-of-interrogation-rapport-not-torture.html.

A força infalível da reciprocidade pode ser vitalícia e salvadora de vidas. Quando menino, em 1938, Arthur George Weidenfeld chegou à Inglaterra num trem da operação Kindertransport, que salvou crianças judias da perseguição nazista na Europa continental. Aquela viagem de trem, e os cuidados a Arthur depois da chegada, foram organizados por uma coalizão de sociedades humanitárias cristãs que salvaram milhares de crianças judias dessa forma. Arthur veio a ser diretor de uma grande editora do Reino Unido, bem como um lorde inglês. Em 2015, aos 94 anos, Lorde Arthur Weidenfeld achou um meio de retribuir à altura. Ele organizou e financiou a operação Refúgios Seguros, que tira famílias *cristãs* sírias e iraquianas de territórios onde suas vidas estejam ameaçadas por militantes do Estado Islâmico. Quando criticado por não incluir na operação outros grupos religiosos (drusos, alauitas, yazidis e muçulmanos xiitas), igualmente ameaçados, ele explicou em termos que revelam o poder priorizador da regra da reciprocidade: "Não posso salvar o mundo, mas [...] do lado judaico e cristão [...] eu tinha uma dívida a saldar." Um relato mais detalhado da história de Lorde Weidenfeld e da operação Refúgios Seguros pode ser encontrado em Coghlan (2015).

77. Andrew Meltzoff (2007) coletou os dados sobre bebês sorridentes. As descobertas dos efeitos de estilos de linguagem semelhantes têm várias fontes: os indícios sobre atração romântica e estabilidade dos relacionamentos vêm de Ireland et al. (2011); os indícios sobre negociações de libertação de reféns, gorjetas de garçonetes, resultados de negociações e e-commerce, venda por internet, podem ser encontrados em Taylor e Thomas (2008), Van Baaren et al. (2003), Maddux, Mullen e Galinsky (2008), e Jacob et al. (2011), respectivamente. O aumento da ajuda em emergências motivado pela semelhança foi documentado por Kogut e Ritov (2007) e Levine et al. (2005), ao passo que o aumento da eficácia de programas de aconselhamento foi mostrado por DuBois et al. (2011).

78. Embora Twain reconhecesse o sustento que elogios podem proporcionar, Jonathan Swift alertou 150 anos antes que as calorias podem ser vazias: "Eis uma velha máxima nas escolas/A adulação é o alimento dos tolos." No tocante ao impacto da persuasão, porém, o símbolo sexual Mae West parece ter feito a observação mais arguta: "A adulação", ela assegurou aos seus pretendentes, "levará vocês aonde quiserem." John Seiter foi o principal pesquisador no estudo do salão de cabeleireiro (Seiter e Dutson, 2007), que ele repetiu em um restaurante mostrando que garçonetes que elogiavam as escolhas dos fregueses ganhavam gorjetas maiores (Seiter, 2007). Indícios de que elogios podem ter um grande efeito na afinidade, assim como na disposição em ajudar, estão disponíveis em Gordon (1996) e Grant, Fabrigar e Lim (2010). Os efeitos da adulação não verdadeira vêm de estudos de Chan e Sengupta (2010) e Fogg e Nass (1997).

79. Não é difícil entender por que pensaríamos que alguém que nos elogia gosta de nós. Menos óbvio é por que pensaríamos que alguém que se revela semelhante a nós iria gostar de nós. Mas os indícios são claros de que é precisamente isto que acontece. De fato, é a crença de que outras pessoas semelhantes gostarão de nós que explica por que passamos a gostar tanto delas (Condon e Crano, 1988; Singh et al., 2007). A ideia de que esperamos que aqueles que gostam de

nós, tais como os amigos, tentem nos aconselhar corretamente é respaldada por Bukowski, Hoza e Bolvin (1994) e Davis e Todd (1985).

80. Os experimentos que mostram o efeito de informações da aprovação social sobre estimativas de moralidade foram realizados por Aramovich, Lytle e Skitka (2012), Duguid e Thomas-Hunt (2015) e Eriksson, Strimling e Coultas (2015). Existe uma qualidade internacional animadora nas evidências do papel da aprovação social em consagrar a validade: China para o experimento do menu do restaurante (Cai, Chen e Fang, 2009), Holanda para o estudo do consumo de frutas (Stok et al., 2014) e Indonésia (García, Sterner e Afsah, 2007) bem como Índia (Powers et al., 2011) para o estudo da redução da poluição. Como um comentário à parte, o impacto da aprovação social sobre a validade percebida dá aos vendedores em um leilão on-line (como no eBay) uma resposta clara à pergunta se deveriam oferecer preços iniciais altos ou baixos. Análises indicam que preços iniciais menores geram preços de compra maiores. Um motivo: preços iniciais baixos atraem mais licitantes que observam todo o interesse e inferem, erroneamente, que se deve ao valor intrínseco do item, não ao seu preço inicial atraente (Ku, Galinsky e Murningham, 2006). Essencialmente, aplicam a lógica da aprovação social e pensam: "Uau, se há tantos licitantes para este objeto, deve ser bom."

81. A pesquisa da economia de energia (Nolan et al., 2008) foi realizada em bairros de classe média de San Marcos, Califórnia, Estados Unidos, onde nossos auxiliares de pesquisa enfrentaram os perigos de cães de guarda e sistemas de irrigação de gramados para registrar o consumo de energia real lendo os medidores de consumo externos das casas. Embora aquele estudo examinasse como a aprovação social opera no domínio do comportamento ambiental, os mesmos processos aplicam-se a outras áreas nas quais a viabilidade é um fator (Lockwood e Kunda, 1997; Mandel, Petrova e Cialdini, 2006; e Schmiege, Klein e Bryan, 2010). Por exemplo, um dos maiores determinantes da possibilidade de as pessoas realizarem ações saudáveis é o grau em que parecem administráveis (Armitage e Connor, 2001), e comparações sociais ajudam a descobrir quão administrável a ação parece a qualquer indivíduo. (Veja página 27 de Martin, Haskard-Zolnierek e DiMatteo, 2010, para uma análise das provas.)

82. A afirmação de Marshall McLuhan de que o meio é a mensagem vem de seu livro de 1967 com (quase) o mesmo título: *O meio é a massagem*. De acordo com seu filho, Dr. Eric McLuhan, a palavra *massagem* foi resultado de um erro tipográfico, mas, quando o autor o percebeu e reconheceu que combinava com o argumento de que o meio manipula a experiência do receptor, disse: "Deixem! Está ótimo, e direto no alvo!"

O estudo que examinou a atividade cerebral após conselhos financeiros do especialista teve como autor Engelman et al. (2009). Talvez não surpreenda que um rótulo de autoridade possa ser uma arma de influência útil, mas é impressionante a frequência com que essa ferramenta deixa de ser usada quando poderia ser aplicada convenientemente. Por exemplo, programas visando impedir crianças de começarem a fumar tornam-se bem mais eficazes se um médico os recomenda às crianças – algo que eles costumam não fazer (Moyer, 2013). Em outro caso, como parte de uma consultoria a uma imobiliária, meu colega Steve J. Martin recomendou que, após receber uma chamada de um cliente potencial, a recepcionista dissesse honestamente: "Vou colocá-lo em contato com nosso agente *especializado* em sua área de interesse." O número de pessoas que se tornaram clientes aumentou 16%. É interessante que no passado a recepcionista já os pusesse regularmente em contato com agentes especialistas. Ela apenas não havia rotulado tais agentes como especialistas no assunto primeiro.

83. Para a confirmação de que tanto a expertise como a confiabilidade levam à credibilidade percebida e aumentam drasticamente a influência, veja Smith, De Houwer e Nosek (2013). Evidências da preferência generalizada pela confiabilidade em muitos tipos de relacionamentos vêm de Cottrell, Neuberg e Li (2007), Goodwin (2015) e Wood (2015). A eficácia em contextos legais da tática de ser aquele que revela a fraqueza foi demonstrada repetidamente (por exemplo, Dolnik, Case e Williams, 2003; Stanchi, 2008; e Williams, Bourgeois e Croyle, 1993); a mesma tática mostrou-se eficaz para grandes empresas que revelaram informações negativas sobre si mesmas (Fennis e Stroebe, 2014). A informação de que políticos podem aumentar sua confiabilidade, bem como seu cacife eleitoral, ao aparentemente argumentarem contra os próprios interesses foi fornecida por Combs e Keller (2010). A agência publicitária Doyle Dane Bernbach (agora DDB) foi a primeira a produzir anúncios de grande sucesso admitindo uma fraqueza que era depois compensada por uma força, como os anúncios "A feiura é apenas superficial" e "É feio mas leva você aonde você quer" para o antigo Fusca da Volkswagen, bem como a campanha revolucionária "Somos a número dois. Nos esforçamos mais" para a locadora de carros Avis. Desde então, promoções com enunciados semelhantes para produtos como o xarope contra tosse Buckley no Canadá ("O Sabor é Horrível. E Funciona") e a Domino's Pizza nos Estados Unidos foram altamente eficazes. De fato, após a campanha "brutalmente honesta" da Domino's de 2009 admitindo a má qualidade no passado, as vendas dispararam – bem como o preço das ações da empresa. A ideia de que uma informação positiva depois de uma negativa será mais eficaz se atenuar especificamente a negatividade (em vez de apenas anulá-la com alguma forma de positividade sem nenhuma ligação) encontra forte respaldo em Mann e Ferguson (2015) e Petrova e Cialdini (2011).

84. A intenção de uma pessoa de lucrar com o desejo das outras de evitarem perdas, neste caso perdas futuras, é proposta neste clipe: www.usatoday.com/story/tech/gaming/2014/02/10/flappy-bird-auction/5358289. Além da aversão à perda (Boyce et al., 2013; Kahneman e Tversky, 1979), existem outros motivos para a escassez de um item fazer com que o queiramos mais. Por exemplo, as pessoas automaticamente pensam que itens raros têm um valor econômico maior (Dai, Wertenbroch e Brendel, 2008). Além disso, ninguém gosta de ver sua liberdade de possuir um artigo restringida pela escassez, de modo que o escolherá para restaurar essa liberdade (Burgoon et al., 2002). Os dados da prática da indústria automobilística de limitar a produção de certos modelos foram analisados por Balachander, Liu e Stock (2009), enquanto os da promoção do supermercado foram analisados por Inman, Peter e Raghubir (1997). Para uma notícia de um incidente mais ou menos semelhante ao que eu testemunhei envolvendo o iPhone, veja www.live5news.com/story/23483193/iphone-5-releasedraws-crowd-on-king-street.
85. A pesquisa demonstrando que orações reduzem o número relatado de infidelidades sexuais foi realizada por Fincham, Lambert e Beach (2010), que também mostraram que a forma mais eficaz de oração pedia pelo bem-estar do parceiro. A simples oração diária de forma indefinida não teve o mesmo efeito, nem apenas cultivar pensamentos positivos diários sobre o parceiro. Portanto, se envolver num ato espiritual maior ou desejar o bem do parceiro não foi a causa. Pelo contrário, foi um compromisso específico, ativo com o bem-estar do parceiro que dificultou minar esse mesmo bem-estar. Os dados sobre os efeitos geradores de coerência das promessas de honestidade, antes da ação de votar, recomendações de produtos e ratificações de intenções foram coletados, respectivamente, por Shu et al. (2012), Gerber, Green e Shachar (2003), Kuester e Benkenstein (2014) e Lipsitz et al. (1989).
86. Em seu livro *Forcing the Spring: Inside the Fight for Marriage Equality* (Forçando a mola: por dentro da luta para a igualdade matrimonial, 2014), a jornalista Jo Becker, vencedora do Prêmio Pulitzer, forneceu um relato meticulosamente pesquisado das personalidades, atividades e eventos que cercaram as duas decisões da Suprema Corte americana de 2013 favoráveis ao casamento entre parceiros do mesmo sexo. Grande parte dos indícios que forneço vem desse relato, que recomendo veementemente àqueles interessados na fascinante história dos bastidores. Ainda assim, os resultados daquela história em termos dos motivos das decisões do juiz Kennedy – por melhor que seja o jornalismo associado – não têm base científica. Felizmente, testes científicos confirmaram que o simples fato de lembrar indivíduos de seus compromissos anteriores é suficiente para incitar reações futuras coerentes. Por exemplo, pedir a participantes de pesquisas on-line que reflitam sobre suas ações de ajuda no passado

tornou-os 3,5 vezes mais propensos a contribuir com um fundo para *novas* vítimas de terremoto (Grant e Dutton, 2012).

Vale a pena observar que às vezes, após realizarem uma ação moral, como ajudar, ou refletirem sobre ela, as pessoas sentem que adquiriram o direito de serem egoístas da próxima vez que tiverem uma chance. Ou seja, após contribuírem para o bem comum, sentem-se no direito de algum "tempo para si" em troca. Esse fenômeno, chamado de *licença moral* (Monin e Miller, 2001), vai contra o efeito do compromisso/coerência normal. Até agora, os melhores indícios mostram que a moralidade encenada leva à moralidade contínua quando respalda nossa identidade como pessoa moral – ou seja, quando mostra um histórico de ação moral (Conway e Peetz, 2012), envolve uma atividade importante para a autodefinição moral (Miller e Effron, 2010) ou requer um alto custo para ser realizada (Gneezy et al., 2012). Inversamente, a licença moral é mais provável quando um incidente de comportamento "bom" não implica um compromisso permanente com a moralidade, não é central à identidade moral ou não custa muito para realizar.

Capítulo 11: União 1: Estar juntos

87. Evidências dos efeitos positivos e multifacetados do favoritismo no grupo vêm de: para a anuência, Guadagno e Cialdini (2007) e Stallen, Smidts e Sanfey (2013); para a confiança, Foddy, Platow e Yamagishi (2009) e Yuki et al. (2005); para a ajuda e afinidade, Cialdini et al., (1997), De Dreu, Dussel e Ten Velden (2015), e Greenwald e Pettigrew (2014); para a cooperação, Balliet, Wu e De Dreu (2014) e Buchan et al. (2011); para o apoio emocional, Westmaas e Silver (2006); para o perdão, Karremans e Aarts (2007) e Noor et al. (2008); para a criatividade julgada, Adarves-Yorno, Haslam e Postmes (2008); para a moralidade julgada, Gino e Galinsky (2012) e Leach, Ellemers e Barreto (2007); e para o humanismo julgado, Brant e Reyna (2011) e Haslam (2006). Esse favoritismo parece não apenas poderoso em seu impacto sobre a ação humana, mas também primordial, já que aparece em outros primatas e espontaneamente em crianças desde a fase de bebê (Buttleman e Bohm, 2014; Mahajan et al., 2011). As demonstrações de como a regra da reciprocidade opera em trocas de cartões de fim de ano podem ser encontradas em Kunz (2000) e Kunz e Wolcott (1976).

88. A confusão cognitiva que surge entre as identidades de membros do grupo pode ser vista em suas tendências (1) a projetar seus próprios traços naqueles membros do grupo (Cadinu e Rothbart, 1996; DiDonato, Ulrich e Krueger, 2011); (2) a não lembrar se haviam anteriormente avaliado traços pertencentes a si mesmos ou a colegas do grupo (Mashek, Aron e Boncimino, 2003); e (3) a levar mais tempo para identificar traços diferenciadores entre eles pró-

prios e membros do grupo (Aron et al., 1991; Otten e Epstude, 2006; e Smith, Coats e Walling, 1999). As evidências neurocientíficas para a indistinção entre o eu e outras representações próximas localizam seus setores e circuitos cerebrais em comum no córtex pré-frontal (Ames et al., 2008; Kang, Hirsh e Chasteen, 2010; Mitchell, Banaji e Macrae, 2005; Pfaff, 2007, 2015; e Volz, Kessler e von Cramon, 2009). Outros tipos de confusões cognitivas parecem se dever ao uso pelo cérebro das mesmas estruturas e mecanismos para atividades distintas (Anderson, 2014). Por exemplo, a tendência dos indivíduos que repetidamente imaginam fazer algo e depois passam a acreditar que de fato fizeram pode ser explicada parcialmente por pesquisas mostrando que realizar uma ação e imaginar sua realização envolvem os mesmos componentes do cérebro (Jabbi, Bastiaansen e Keysers, 2008; Oosterhof, Tipper e Downing, 2012). Em outro exemplo, a dor da rejeição social é sentida nas mesmas regiões do cérebro da dor física, o que permite que um analgésico reduza o desconforto de ambas (DeWall et al., 2010).

89. O conceito de aptidão inclusiva foi especificado inicialmente por W. D. Hamilton em 1964 e desde então permanece uma base do pensamento evolucionário. Indícios da enorme força do parentesco nas situações de vida ou morte estão disponíveis em Borgida, Conneer e Mamteuful (1992); Burnstein, Crandall e Kitayama (1994) e Chagnon e Bugos (1979). Pesquisas adicionais demonstraram que árabes e israelenses podem se tornar menos hostis e punitivos entre si quando informados do grau de semelhança genética entre os dois grupos (Kimel et al., 2016). A descoberta de que adolescentes experimentam recompensas no sistema cerebral após ajudarem a família foi de Telzer et al. (2010). Análises da impressionante pesquisa das "famílias fictícias" podem ser achadas em Swann e Buhrmester (2015) e Fredman et al. (2015). Pesquisas adicionais oferecem uma explicação para esses efeitos promotores do grupo – tornar a identidade de grupo proeminente na consciência leva os indivíduos a voltarem a atenção fortemente para informações que combinem com essa identidade (Coleman e Williams, 2015), o que faz com que, por sua vez, vejam essas informações como mais importantes e causais (como documentado em nossos Capítulos 3 e 4). Um estudo de Elliot e Thrash (2004) mostrou que o grau quase total de apoio dos pais aos filhos em minha turma não foi por acaso. Esses pesquisadores ofereceram um ponto de crédito extra em uma aula de psicologia a alunos cujos pais respondessem a um questionário de 47 itens, e 96% desses questionários preenchidos foram devolvidos. Preston (2013) fornece uma análise detalhada dos cuidados com a prole como base de formas bem mais amplas de ajuda.

Embora biólogos, economistas, antropólogos, sociólogos e psicólogos saibam disso baseados em seus estudos, não é preciso ser um cientista para reconhecer a força enorme que a prole tem sobre os pais. Por exemplo, romancistas frequentemente descrevem essa força emocional poderosa. Conta-se uma história de uma aposta feita por um dos maiores romancistas de nossos tempos, Ernest Hemingway, famoso pelo poder emocional que sua prosa, apesar de despojada, conseguia criar. Enquanto bebia num bar com um de seus editores, Hemingway apostou que em apenas seis palavras conseguia escrever toda uma história dramática que qualquer um entenderia completamente e experimentaria de modo profundo. Se, após ler a história, o editor concordasse, pagaria drinques para o grupo. Se não, Hemingway pagaria. Fixadas as condições, Hemingway escreveu as seis palavras em um guardanapo e mostrou ao homem, que então se levantou calado, foi ao bar e pagou uma rodada de drinques para todos os presentes. A tradução do que ele escreveu é: "Vendem-se: sapatinhos de bebê. Nunca usados."

90. Uma cópia da carta do 50º aniversário de Buffett encontra-se disponível on-line em www.berkshirehathaway.com/letters/2014ltr.pdf como parte do relatório anual da Berkshire Hathaway de 2014, divulgado em fevereiro de 2015. Dentro e fora das fronteiras da família, as pessoas usam semelhanças para julgar a sobreposição genética e favorecer aquelas altas nessa dimensão (DeBruine, 2002, 2004; Heijkoop, Dubas e van Aken, 2009; Kaminski et al., 2010; e Leek e Smith, 1989, 1991). Os indícios de que a semelhança manipulada influencia votos foram coletados por Bailenson et al. (2008). Além da comparabilidade física e da personalidade, as pessoas usam semelhanças de atitudes como base para avaliar o parentesco genético e, assim, formar grupos e decidir a quem ajudar (Gray et al., 2014; Park e Schaller, 2005). Mas nem todas as atitudes são equivalentes nesse aspecto: atitudes religiosas e políticas fundamentais em relação a questões como conduta sexual e ideologia liberal/conservadora parecem funcionar mais fortemente para determinar identidades de grupo. Podemos ver uma razão instrutiva para isso: estes são os tipos de atitudes mais passíveis de serem transmitidas pela hereditariedade e, portanto, de refletirem o "nós" genético (Bouchard et al., 2003; Chambers, Schlenker e Collisson, 2014; Hatemi e McDermott, 2012; Kandler, Bleidorn e Riemann, 2012; e Lewis e Bates, 2010). Tais tipos de atitudes altamente transmissíveis por herança são também altamente resistentes à mudança (Bourgeois, 2002; Tesser, 1993), talvez porque as pessoas estejam menos dispostas a mudar posições pelas quais se sentem definidas.

91. Uma boa análise dos sinais que os seres humanos (e não humanos) usam para identificar o parentesco foi realizada por Park, Schaller e Van Vugt (2008). Fortes indícios do impacto da corresidência e cuidados observados dos pais sobre o altruísmo subsequente dos filhos podem ser achados em Lieberman, Tooby e Cosmides (2007). Quanto a Chiune Sugihara (cujo primeiro nome

é às vezes citado como Sempo), claro que é sempre arriscado tentar generalizar de um caso isolado para uma conclusão mais ampla. Nesse caso, porém, sabemos que ele não foi o único salvador notável daquela época cuja vida familiar inicial incorporou a diversidade humana. Oliner e Oliner (1988) encontraram história semelhante em uma amostra considerável de gentios europeus que protegeram judeus dos nazistas. E como seria de esperar, enquanto cresciam, os salvadores na amostra de Oliner e Oliner tiveram uma sensação de compartilhamento com um grupo mais variado de pessoas do que uma amostra semelhante de não salvadores na época. Não apenas aquela sensação expandida do nós esteve ligada às suas decisões subsequentes de ajudar pessoas diferentes delas próprias durante o Holocausto, mas, quando entrevistados meio século depois, os salvadores continuavam ajudando uma variedade maior de pessoas e causas (Midlarsky e Nemeroff, 1995; Oliner e Oliner, 1988).

Mais recentemente, pesquisadores desenvolveram uma escala de personalidade que avalia o grau em que um indivíduo se identifica espontaneamente com toda a humanidade. Essa escala importante, que inclui medições da frequência do pronome *nós*, a concepção dos outros como *família* e o grau da *sobreposição eu-outro* em relação às pessoas em geral, prevê a disposição em ajudar os necessitados em outros países contribuindo com campanhas de ajuda humanitária internacionais (McFarland, Webb e Brown, 2012; McFarland, 2017). Além disso, uma reação compassiva para com o sofrimento dos imigrantes dos outros países parece causada pela sobreposição eu-outros percebida com eles (Sinclair et al., 2016). Informações sobre os fatores situacionais e pessoais que levaram à ação de ajuda de Sugihara no ambiente pré-Segunda Guerra Mundial vêm de histórias das circunstâncias no Japão e Europa naquele tempo (Kranzler, 1976; Levine, 1997; e Tokayer e Swartz, 1979) e de entrevistas com Sugihara (Craig, 1985; Watanabe, 1994).

A descrição de Cohen (1972) do incidente no campo de concentração veio de uma conversa com um ex-guarda nazista ali que, em uma estranha associação, foi colega de quarto de Cohen na época em que ele retransmitiu a história. Estima-se que a população de Le Chambon-sur-Lignon, liderada por André Trocmé e sua mulher, Magda, salvou a vida de 3.500 pessoas. Quanto à questão de por que ele decidiu ajudar o primeiro daqueles indivíduos – uma mulher judia que estava congelando diante de sua casa em dezembro de 1940 – é difícil responder com certeza. Mas quando, depois de preso próximo ao fim da guerra, as autoridades de Vichy solicitaram os nomes dos judeus que ele e seus colegas moradores da cidade haviam auxiliado, sua resposta poderia ter facilmente vindo da boca (porém, mais fundamentalmente, do coração e da visão de mundo) de Chiune Sugihara: "Nós não sabemos o que é um judeu. Só conhecemos seres humanos." (Trocmé, 2007, 1971). Quanto à questão de quem se mostrou mais disposto a atender aos pedidos de Trocmé, se seus parentes ou vizinhos, indícios de outras fontes mostram que teriam sido os parentes: indivíduos para os quais a certeza de parentesco seria mais forte. Por exemplo, quando, durante o genocídio de Ruanda em meados da década de 1990, os ataques dos hutus contra os tutsis incluíram os vizinhos, os que conclamaram aos ataques fizeram-no com base na afiliação tribal. "Poder Hutu" foi um brado de guerra e uma justificativa para o massacre.

92. A descoberta de que as pessoas são altamente suscetíveis a vozes locais foi denominada "o efeito do domínio local" (Zell e Alike, 2010) que, quando traduzido para a política eleitoral, significa que os cidadãos costumam atender mais a pedidos de "não deixe de votar" de membros de suas próprias comunidades (Middleton e Green, 2008; Rogers, Fox e Gerber, 2012; e Sinclair, McConnell e Michelson, 2013). Notadamente, os pedidos de porta em porta de voluntários de diretórios locais têm um impacto considerável no comparecimento dos eleitores, bem mais que esforços de massa baseados na mídia (Enos e Fowler, 2016). Assim sendo, em suas campanhas presidenciais bem-sucedidas, a equipe organizadora de Obama desenvolveu roteiros persuasivos que enfatizavam o status local dos voluntários (Enos e Hersh, 2015). Para uma síntese de como os estrategistas de Obama empregaram outras descobertas da ciência comportamental no decorrer da campanha, veja Issenberg (2012).

93. Os indícios da disposição em responder a uma pesquisa, oposição à guerra do Afeganistão e a tendência a desertar da unidade militar vêm de Edwards, Dillman e Smyth (2014), Kriner e Shen (2012), e Costa e Kahn (2008), respectivamente. De acordo com Levine (1997), os vistos de Sugihara salvaram a vida de até 10 mil judeus, a maioria dos quais conseguiu asilo em território japonês. Os eventos que levaram à decisão japonesa de abrigá-los foram descritos por vários historiadores (por exemplo, Kranzler, 1976, e Ross, 1994); mas o relato mais detalhado é fornecido por Marvin Tokayer, o ex-rabino-mor de Tóquio (Tokayer e Swarz, 1979). Meu próprio relato foi adaptado de uma versão mais acadêmica que apareceu num livro de que fui um dos autores (Kenrick, Neuberg e Cialdini, 2015).

Leitores atentos podem ter observado que, ao descrever as políticas assassinas do Holocausto, chamei-as de nazistas, não alemãs. Isso devido à minha visão de que não é exato ou justo equiparar o regime nazista na Alemanha com a cultura ou o povo desse país, como às vezes se faz. Afinal, não equiparamos a cultura e o povo de Camboja, Rússia, China, Península Ibérica ou Estados Unidos com os programas brutais do Khmer Vermelho sob Pol

Pot, Stalin após a Segunda Guerra Mundial, a Gangue dos Quatro durante a Revolução Cultural, os conquistadores após Cristóvão Colombo ou os executores do Destino Manifesto da América adolescente (a lista poderia prosseguir). Os regimes governamentais, que muitas vezes surgem de circunstâncias situacionais temporárias e poderosas, não caracterizam com justiça um povo. Daí, não junto os dois ao discutir a época da ascendência nazista na Alemanha.

Capítulo 12: União 2: Agir juntos

94. Para uma análise dos diferentes tipos de dados da ciência comportamental respaldando o papel da sincronia de respostas nas sensações de unificação, veja Wheatley et al. (2012). Uma sustentação adicional vem da descoberta de que observadores de movimentos sincrônicos entre outros indivíduos usam a informação para inferir o grau em que estes são, de fato, uma unidade social (Lakens, 2010). A defesa dos mecanismos sociais que visam promover a solidariedade coletiva é feita de forma particularmente convincente por Kesebir (2012) e Paez et al. (2015). Able e Stasser (2008) realizaram a pesquisa sobre os efeitos de escolhas iguais sobre a comparabilidade percebida, enquanto Paladino et al. (2010) fizeram o experimento do impacto de experiências sensoriais sincrônicas sobre a semelhança percebida e a confusão de identidade eu-outro. Coerente com a ideia de que aspirantes a influenciadores poderiam ser capazes de se beneficiar muito do efeito unificador da sincronia, veja a afirmação sintética e abrangente do renomado historiador William H. McNeill (1995, 152): "Mover-se ritmicamente enquanto cantam juntos é a forma mais segura, rápida e eficaz de criar e sustentar comunidades [significativas] com que já deparou nossa espécie."

95. Estudos dos efeitos homogeneizantes de movimentos coordenados via batuque com os dedos, sorrisos e movimentos do corpo foram realizados por Howe e Risen (2009), Cappella (1997) e Bernieri (1988), respectivamente. O experimento do gole d'água foi realizado por Inzlict, Gutsell e Legault (2012), que também incluíram um terceiro procedimento no estudo, em que voluntários foram solicitados a imitar as ações de atores membros do grupo (brancos) bebendo água. O procedimento gerou preconceito exacerbado contra os negros.

O interessante é que existe uma forma de atividade sincrônica que tem um benefício adicional: ao voltarem a atenção para uma informação específica, as pessoas o fazem com mais intensidade (ou seja, destinam mais recursos cognitivos) se veem que outra pessoa faz o mesmo. Entretanto, isso só ocorrerá se tiverem um relacionamento "nós" com a outra pessoa. Parece que o ato de prestar atenção a algo junto com outra pessoa próxima é um sinal de que a coisa merece atenção especial (Shteynberg, 2015).

96. Minha afirmação de que o padrão ouro da influência social é a "conduta solidária" não pretende rejeitar a importância de alterar os sentimentos (ou crenças, percepções, atitudes) do outro dentro do processo de influência. Ao mesmo tempo, não me parece que esforços por criar mudança nesses fatores sejam quase sempre realizados a fim de criar mudança na conduta solidária. O estudo do batuque na mesa foi realizado por Valdesolo e DeSteno (2011), enquanto a pesquisa da marcha foi feita por Wiltermuth e Heath (2009). Marchar em sincronia é uma prática interessante por ser ainda empregada no treinamento militar, embora seu valor como tática no campo de batalha tenha desaparecido tempos atrás. Em dois experimentos, Wiltermuth fornece um motivo convincente. Após marcharem juntos, soldados ficaram mais dispostos a atender ao pedido de um colega de prejudicar membros de um grupo externo, e isso ocorreu não apenas quando o solicitante foi uma figura de autoridade (Wiltermuth, 2012a) mas também um colega (Wiltermuth, 2012b).

97. À medida que aumenta o número de indícios para a ideia, existe uma aceitação crescente do conceito de música como um mecanismo socialmente unificador que cria solidariedade de grupo e acontece via fusão eu-outro (Ball, 2010; Bannan, 2012; Dunbar, 2012; Huron, 2001; Loersch e Arbuckle, 2013; Molnar-Szakacs e Overy, 2006; e Tarr, Launay e Dunbar, 2014). Os acadêmicos não são os únicos a reconhecer a função unificadora da música, às vezes em graus cômicos: www.youtube.com/watch?v=etEQz7NYSLg. O estudo da ajuda entre crianças de quatro anos foi realizado por Kirschner e Tomasello (2010). Resultados conceitualmente similares foram obtidos entre crianças bem mais novas, bebês de 14 meses, por Cirelli et al. (2013).

98. O livro de Kahneman *Rápido e devagar: Duas formas de pensar* (2016) é a fonte da mais completa exposição do pensamento dos Sistemas 1 e 2. Evidência da validade da distinção entre os dois sistemas estão disponíveis ali, mas também de forma menos plenamente apresentada em Epstein e coautores (1992, 1999). A sabedoria de ter uma boa compatibilidade entre a base emocional versus racional de um argumento persuasivo pode ser vista em Clarkson, Tormala e Rucker (2011), Drolet e Aaker (2002), Mayer e Tormala (2010) e Sinaceur, Heath e Cole (2005).

99. Bonneville-Roussy et al. (2013) analisam e fornecem dados mostrando que mulheres jovens veem a música como mais importante para elas do que roupas, filmes, livros, revistas, jogos de computador, TV e esportes – mas não o amor. Existem sólidos indícios científicos de que música e ritmo operam independentemente dos processos racionais (por exemplo, De la Rosa et al.,

2012; Gold et al., 2013). Porém, talvez seja mais instrutivo examinar o que os próprios músicos disseram sobre o tema. Tomemos, por exemplo, a frase de Elvis Costello sobre a dificuldade de descrever corretamente a música dentro da estrutura da escrita: "Escrever sobre música é como dançar sobre arquitetura." Ou, para um respaldo da incompatibilidade entre cognição e emoção no amor, tomemos um verso da canção de Bill Withers de 1971, "Ain't No Sunshine", sobre um homem sofrendo porque uma mulher mais jovem o abandonou outra vez: "E eu sei, eu sei, eu sei [repetido 23 outras vezes] / Ei, eu deveria deixar essa jovem para lá / Mas o sol não brilha com ela longe." Withers conta sua história na mais pura forma de poesia que acredito já ter ouvido numa letra de canção popular: em meio ao amor romântico, o que se pode reconhecer cognitivamente (26 vezes!) não corrige o que se sente emocionalmente. A citação de Costello vem de um artigo interessante de Elizabeth Hellmuth Margulis (2010), que acrescentou sua própria evidência à mescla, mostrando que dar a membros do público informações estruturais antecipadas sobre peças musicais (trechos de quartetos de cordas de Beethoven) reduziu o prazer de ouvi-los.

O estudo do conteúdo das canções populares num intervalo recente de 40 anos descobriu que 80% citavam temas românticos e/ou sexuais (Madanika e Bartholomew, 2014). O experimento francês da caixa de violão (Guéguen, Meineri e Fischer-Lokou, 2014) registrou as seguintes porcentagens de pedidos de telefone bem-sucedidos: caixa de violão, 31%; bolsa esportiva, 9%; nada, 14%. A descrição de Armstrong dos efeitos da música sobre o sucesso publicitário é apresentada nas páginas 271-72 de seu livro de 2010.

100. O artigo de Mandy Len Catron no *The New York Times* pode ser acessado em www.nytimes.com/2015/01/11/fashion/modern-love-to-fall-in-love-with-anyone-do-this.html, com um link para as 36 perguntas. A entrevista com Elaine Aron está disponível em www.huffingtonpost.com/elaine-aron-phd/36-questions-for-intimacy_b_6472282.html. O artigo científico que serviu de base para o texto de Catron é Aron et al. (1997). Evidências da importância funcional do aspecto recíproco e alternado do procedimento das 36 perguntas são fornecidos por Sprecher et al. (2013). O procedimento foi usado de forma um tanto modificada para reduzir o preconceito entre grupos étnicos, mesmo entre indivíduos com atitudes iniciais altamente preconceituosas (Page-Gould, Mendoza-Denton e Tropp, 2008).

101. O manifesto *Sand County Almanac* de Aldo Leopold, publicado pela primeira vez em 1949 e que se tornou uma leitura obrigatória para muitos grupos defensores da natureza selvagem desde então, é a fonte de meu tratamento de suas reflexões bétula versus pinheiro (veja páginas 68-70 da edição de 1989). Sua crença forte de que a gestão da natureza selvagem realiza-se

melhor por uma abordagem centrada na ecologia, e não no ser humano, é ilustrada em seu argumento contra políticas governamentais de controle de predadores em ambientes naturais. Indícios espantosos respaldam sua posição no caso dos lobos predadores.

102. A pesquisa do efeito Ikea foi realizada por Norton, Mochon e Ariely (2012). O estudo das avaliações dos colegas de trabalho e produtos conjuntamente criados foi realizado em colaboração com Jeffrey Pfeffer (Pfeffer e Cialdini, 1998) – uma das mentes acadêmicas mais impressionantes que já conheci, sobretudo em sua capacidade notável de pensar simultaneamente em vários níveis de análise de um problema.

Os efeitos da colaboração sobre o compartilhamento entre crianças de três anos foram demonstrados por Warneken et al. (2011). Os resultados positivos das técnicas de aprendizado cooperativo foram sintetizados em Paluck e Green (2009) e em Roseth, Johnson e Johnson (2008); educadores querendo informações sobre como implementar uma dessas abordagens (a "Sala de Aula Quebra-Cabeça" desenvolvida por Elliot Aronson e seus colegas) podem achar essas informações em www.jigsaw.org. A pesquisa de diferentes tipos de feedback de consumidores sobre o envolvimento subsequente dos consumidores foi publicada por Liu e Gal (2011), que fizeram a descoberta instrutiva de que pagar aos consumidores uma quantia inesperadamente alta por seus conselhos eliminava qualquer favoritismo maior em relação à marca. Embora os pesquisadores não tenham investigado por que isso ocorria, especularam que o pagamento inesperado desviou o participante do aspecto comunitário de dar seu conselho para seu aspecto individualizador – nesse caso, seus próprios resultados econômicos associados a uma troca financeira evidente. Para alguns exemplos de como diferentes marcas estão empregando práticas de cocriação para aumentar o envolvimento dos clientes, veja www.visioncritical.com/5-examples-how--brands-are-using-co-creation, e dois outros links ali presentes: www.visioncritical.com/cocreation-101 e www.greenbookblog.org/2013/10/01/co-creation-3-0.

103. A importância de evitar soluções simplistas para problemas de vulto não é algo risível. Vem a calhar uma observação do biólogo premiado Steve Jones sobre cientistas de, digamos, idade avançada. Ele notou que, nessa fase, eles se metem a falar sobre as "Grandes Questões", agindo como se seus conhecimentos adquiridos em uma esfera especializada lhes permitissem falar com segurança sobre temas amplos bem além daquelas fronteiras. A advertência de Jones pareceu aplicável à minha situação no final do capítulo – porque, primeiro, eu havia adentrado a categoria de idade que ele estava descrevendo e, segundo, para avançar mais eu teria que tirar conclusões referentes à di-

plomacia internacional, conflitos religiosos/étnicos e hostilidade racial, sem ter conhecimentos especializados em nenhuma dessas áreas.

Capítulo 13: Uso ético: Uma consideração pré-pré-suasiva

104. Os dados mostrando que as perdas financeiras resultantes de danos à reputação podem ser substanciais vêm de Bomey (2015), Karpoff, Lee e Martin (2008), Karpoff, Lott e Wehrly (2005), Lewis (2003) e Trudel e Cotte (2009). Estudos de Rothbart e Park (1986), Herbig et al. (1994) e Nguyen e Leblanc (2001) demonstraram a dificuldade de restaurar a confiança depois da desonestidade observada. Grande parte dos indícios desses estudos científicos estão sintetizados em uma advertência à comunidade financeira de Edson Spencer, ex-presidente da Honeywell Inc.: "O homem de negócios que ultrapassa o limite tênue entre o que está certo e o que é vantajoso deveria lembrar que adquirir uma boa reputação comercial leva anos, mas um movimento em falso pode destruir essa reputação da noite para o dia." A consultoria Ernst & Young (2013, 2014) realizou as pesquisas globais documentando que muitos altos líderes empresariais conhecem os vultosos custos à reputação da conduta antiética reconhecida, mas estão dispostos a realizar ou permitir tal conduta quando ela eleva os resultados fiscais da empresa. Sinais de que o número das infrações permanece desagradavelmente alto podem ser vistos na Ethics & Compliance Initiative (ECI) National Business Ethics Survey (2012), Ernst & Young Global Fraud Surveys (2013, 2014) e nas pesquisas do setor de serviços financeiros da Labaton Sucharow (2013, 2015). Uma olhada nas páginas de negócios de seu jornal local quase todos os dias oferece confirmações atualizadoras constantes.
O argumento de que certos aspectos de nosso sistema econômico impelirão muitos protagonistas à desonestidade é defendido mais plenamente em um livro muito bem fundamentado e que vale a pena ler, *Pescando tolos: A economia da manipulação e fraude*, dos vencedores do Prêmio Nobel George Akerlof e Robert Schiller (2015). Estudos mostrando que as chances de detecção são um dissuasor importante do comportamento punível podem ser achados em Becker (1968), Higgins et al. (2005), Kagan (1989), Lab (2013), Nagin e Pogarsky (2001) e Paternoster (2010).
105. A análise das despesas de assistência médica associadas ao estresse no local de trabalho foi realizada por Goh, Pfeffer e Zenios (2016), que também descobriram que os efeitos deletérios do estresse no local de trabalho sobre a saúde são comparáveis aos do consumo passivo de tabaco. Consequentemente, eles argumentaram que, da mesma maneira que muitas organizações tomaram medidas para reduzir a exposição dos funcionários ao fumo passivo, deveriam tomar medidas para reduzir a exposição dos funcionários

a práticas da gerência que criam um estresse ocupacional excessivo. Para um resumo acessível de sua posição, vá para http://fortune.com/2015/04/13/is-your-employer-killing-you. Bischoff et al. (1999) realizaram o estudo do impacto do estresse moral sobre a fadiga e esgotamento entre o pessoal de atendimento a clientes em serviços financeiros. Vale a pena saber que os tipos de atividades que mais levaram a sentimentos de estresse moral foram aqueles que requeriam que os funcionários fossem desonestos com os clientes para realizar suas tarefas ligadas ao trabalho. Nossa pesquisa da estrutura de triplo tumor da desonestidade organizacional é relatada em Cialdini, Li e Samper (em preparação).

106. Estimativas dos tipos e magnitudes dos custos relacionados à rotatividade podem ser achados em Borysenko (2015), Boushey e Glynn (2012) e Harter et al. (2010). Análises de Ambrose et al. (2008), Burks e Krupka (2012), De Tienne et al. (2012), Herman et al. (2007) e Ulrich et al. (2007) demonstram que a falta de compatibilidade entre os valores éticos de uma organização e os de seus funcionários aumenta a insatisfação com o emprego e a intenção de se demitir.

107. Relatos dos altos custos das transgressões dos funcionários são fornecidos no *Report to the Nations on Occupational Fraud and Abuse* (2014), da Association of Certified Fraud Examiners (ACFE), Deyle (2015) e *Global Economic Crime Survey* (2014), da PricewaterhouseCoopers (PWC). A forte relação entre uma abordagem antiética da liderança e a ocorrência dessas condutas fraudulentas foi mostrada por Gino, Norton e Ariely (2010) e Peterson (2002). Amplo respaldo à ideia de que o clima ético ou antiético de uma organização é fixado no topo por figuras de autoridade na alta gerência vem de um estudo de 160 organizações de tecnologia, seguros, varejo, financeiras, serviços alimentícios, manufatura, produtos médicos e governamentais (Mayer et al., 2009), que constataram que a liderança ética flui de um nível da organização para o próximo abaixo.

Figuras de autoridade em organizações encontradas antes na vida, como escolas e famílias – que podem de fato fomentar a conduta honesta em pessoas jovens sob sua supervisão (Pulfrey e Butera, 2013) – talvez queiram seguir o conselho da pesquisa indicando que valores éticos prognosticam uma maior satisfação com a vida (James, 2011) e a conduta honesta prognostica uma melhor saúde física e psicológica (Kelly e Wang, 2012). Um conjunto desses pesquisadores, Anita Kelly e Lijuan Wang, encerraram a apresentação de suas descobertas com uma recomendação esperançosa pela criação de uma forte cultura da honestidade nas famílias:

"Nosso experimento de 10 semanas mostrou não apenas que os participantes puderam, de forma substancial e resoluta, reduzir suas mentiras, mas também que essa redução esteve associada a uma significativa melhora na saúde. Talvez um dia os pais contem aos filhos que para ter boa saúde eles devem:

· comer frutas e verduras;
· exercitar-se; e
· mentir o menos possível."

Capítulo 14: Pós-suasão: Efeitos posteriores
108. O estudo das faltas às consultas médicas na Grã-Bretanha foi realizado por Martin, Bassi e Dunbar-Rees (2012). Os efeitos da bandeira americana durante a eleição presidencial de 2008 foram relatados por Carter, Ferguson e Hassin (2011) e replicados em grande parte para a eleição presidencial de 2012 por Kalmoe e Gross (no prelo). No entanto, ambos os grupos de autores advertem contra a conclusão de que a exposição à bandeira nacional automaticamente leva os cidadãos a se inclinarem por posições conservadoras. Em outros países onde a bandeira não está fortemente associada à posição de um partido conservador, deparar com a bandeira não produz tais mudanças para a direita (Hassin et al., 2007). De fato, mesmo nos Estados Unidos, quaisquer mudanças no grau em que a bandeira pode ser associada ao Partido Republicano afetaria o fato de levar os observadores na direção daquele partido.

Pocheptsova e Novemsky (2010) realizaram a pesquisa mostrando que o humor positivo só tinha um impacto duradouro nas avaliações de arte quando os avaliadores "internalizavam" suas avaliações registrando-as ativamente.

109. O impacto de compromissos ativos, difíceis/custosos e voluntários sobre a autoimagem e, consequentemente, sobre a mudança duradoura pode ser visto em uma resenha literária de minha autoria (Cialdini, 2009, capítulo 3), bem como em pesquisas mais recentes mostrando que tais compromissos são mais eficazes quando implicam a autoidentidade (Chugani et al., no prelo; Gneezy et al., 2012; Kettle e Haubel, 2011; Sharot, 2010; e Schrift e Parker, 2014). Além disso, podem condicionar as reações subsequentes anos depois (Sharot et al., 2012). Naquela resenha, incluí um quarto fator, a publicidade, na lista de características que podem criar efeitos duráveis. Existem bons sinais de que compromissos públicos iniciais (mais do que privados) a uma causa podem se estender bem longe no futuro para incitar uma conduta semelhante (Dallande e Nyer, 2007). Contudo, novos indícios mostram que isso ocorre sobretudo quando os indivíduos já sentem uma ligação pessoal forte com a causa. Se essa ligação pessoal não estiver presente, um compromisso privado torna-se o veículo superior para causar a mudança duradoura (Kristofferson et al., 2014).

110. Sei muito bem que o que recomendei nesta seção possui um elemento contraditório. Afirmei que, em nossa campanha pela mudança duradoura, temos que mobilizar nossos mecanismos automáticos de forma planejada. Embora a contradição não me passasse despercebida, não me impediu de fazer a recomendação, posto que ela está de acordo com muitas pesquisas (Marteau, Hollands e Fletcher, 2012 e Wood e Neal, 2007) e com um tema importante deste livro: de que, para ser bem-sucedido, o trabalho preliminar de pré-suasão deve ser realizado de forma programada. Os planos resultantes deveriam mais que justificar o tempo e o esforço residuais requeridos, desde que sejam feitos com conhecimento de como funciona o sistema de reação automática. Se quase pareço estar afirmando "Somos capazes, somos capazes, somos capazes, somos capazes... desde que usemos o sistema", estou disposto a confessar minha culpa. Mas em minha defesa, também estou disposto a jurar que não existe nenhum esquema de pirâmide envolvido.

111. Os resultados do estudo de Grant and Hofmann (2011) mostrando que os médicos passaram a lavar mais as mãos na presença de um aviso sobre a vulnerabilidade de seus pacientes às infecções poderiam ser interpretados de forma diferente. Alguém poderia argumentar que aquele aumento não revelou uma preocupação dos médicos com seus pacientes, mas uma preocupação egoísta com um possível processo por pacientes que poderiam contrair uma infecção devido à higiene negligente durante o exame. Embora possível, essa explicação parece improvável. Primeiro, quase não há um histórico legal de médicos sendo processados por esse motivo. Segundo, Grant e Hofmann (2011) relataram um estudo subsequente onde constataram que as enfermeiras, assim como os médicos, também passaram a lavar mais as mãos com o aviso sobre as consequências da má higiene para os pacientes, embora raramente sejam processadas por quaisquer tipos de erros médicos e nunca por deixarem de lavar as mãos. (Agradeço a Gary Fadell por essa informação legal.) Assim, parece que médicos e enfermeiras, que assumem grandes compromissos com o bem-estar de seus pacientes ao ingressarem no campo médico, foram favoravelmente afetados por um vínculo simples com esse compromisso anos depois, dessa vez ao entrarem na sala de exames.

112. O estudo da Universidade Carnegie Mellon do recebimento de presentes foi relatado por Sah e Loewenstein (2010) em um artigo que também fornece numerosas citações de pesquisas documentando a predominância dessa atividade entre médicos e sua influência problemática sobre decisões médicas subsequentes que favoreçam os fornecedores de presentes da indústria da saúde. Um informe mais recente pode ser encontrado em http://n.pr/1MmIZGk. Veja, também, um artigo anterior de Dana e Loewenstein (2003) que fornece

citações adicionais e situa os efeitos dentro de um contexto maior de indícios sobre os efeitos distorcedores do conflito de interesses em outras formas de julgamento e ação humanos. Indícios mais recentes mostram que o presente, ainda que de uma refeição, está relacionado às taxas de prescrição, por um médico, de um remédio da empresa farmacêutica que banca a refeição. De forma reveladora, as taxas de prescrições aumentam ainda mais se a refeição custa mais de 20 dólares (DeJong et al., 2016).

Minha conclusão final não deve ser interpretada como uma sugestão de que tendências, preferências e traços pessoais estáveis não influenciam o comportamento humano sistematicamente em vários ambientes e pontos no tempo, pois não acredito nisso. Porém, de acordo com indícios de longa data (por exemplo, Bargh, Lombardi e Higgins, 1988; Sedikides e Skowronski, 1990), acredito que tais influências constantes, baseadas na personalidade, ocorrem pelo mesmo processo das influências momentâneas, baseadas na situação: a ação de sinais ligados à reação altamente acessíveis na consciência. A diferença é que, no caso das influências basedas na personalidade, esses sinais foram postos na consciência por elementos permanentes, como fatores genéticos ou históricos de vida, que tornaram os sinais cronicamente mais acessíveis. No caso das influências baseadas na situação, os sinais ligados à reação são postos na consciência por imagens, interações e acontecimentos com os quais o indivíduo teve um contato recente, tornando os sinais temporariamente mais acessíveis.

CONHEÇA OUTRO TÍTULO DO AUTOR

AS ARMAS DA PERSUASÃO

Nossa capacidade de processar informações não dá mais conta da abundância de mudanças, escolhas e desafios típica da vida moderna. Isso nos obriga a abrir mão de uma análise cuidadosa de todos os prós e contras envolvidos numa tomada de decisão, recorrendo a uma generalização – uma abordagem de atalho com base em um único dado.

Essa informação isolada nos permite agir quase sempre de maneira apropriada, fazendo uso de uma quantidade limitada de reflexão e tempo. No entanto, pode ser explorada e transformada em uma arma por aqueles que sabem influenciar os outros a agir como lhes convém.

Nesse livro, Robert B. Cialdini explica como funciona o mecanismo da persuasão, quais fatores psicológicos influenciam nosso comportamento e o que podemos fazer para nos defender dos profissionais que se especializaram em se aproveitar de nossas reações impensadas.

Em cada capítulo, as seis armas de influência que governam nossa conduta – reciprocidade, compromisso e coerência, aprovação social, afeição, autoridade e escassez – são analisadas de forma minuciosa e clara. Por meio de exemplos reais e esclarecedores, o autor explica quais são as circunstâncias em que ficamos mais vulneráveis aos aproveitadores, como podemos reconhecer que estamos sendo persuadidos a agir contra nossos interesses e como decidir por conta própria.

CONHEÇA OUTRO TÍTULO DA EDITORA SEXTANTE

COMO CONVENCER AS PESSOAS A FAZER O QUE VOCÊ QUER

Susan M. Weinschenk

Estamos sempre tentando convencer alguém a fazer o que queremos – seja persuadir um cliente a comprar algo, um funcionário a ter mais iniciativa, o chefe a nos conceder um aumento ou o filho a ir para a cama. Algumas vezes dá certo, outras, não. E se entendêssemos a ciência que está por trás daquilo que motiva as pessoas?

Neste livro, a doutora em psicologia Susan Weinschenk explica, por meio de 140 estratégias, como você pode usar o poder da psicologia e da neurociência para mudar suas táticas e, assim, ser bem-sucedido na hora de convencer as pessoas.

Com base nos estudos científicos mais recentes, ela analisa os sete impulsos que motivam os outros a agir e mostra o que você pode fazer para ativá-los e também para se defender dos manipuladores. Conheça algumas das estratégias:

- Recompense o comportamento desejado e ignore o indesejado. Punições são menos eficientes do que recompensas.
- Quando quiser que os outros se lembrem de algo específico, citado numa reunião, num livro ou numa conferência, certifique-se de mencioná-lo no início ou no fim.
- Quando as pessoas se comprometem publicamente, é mais fácil fazer com que mantenham a promessa.

CONHEÇA ALGUNS DESTAQUES DE NOSSO CATÁLOGO

- Augusto Cury: Você é insubstituível (2,8 milhões de livros vendidos), Nunca desista de seus sonhos (2,7 milhões de livros vendidos) e O médico da emoção
- Dale Carnegie: Como fazer amigos e influenciar pessoas (16 milhões de livros vendidos) e Como evitar preocupações e começar a viver
- Brené Brown: A coragem de ser imperfeito – Como aceitar a própria vulnerabilidade e vencer a vergonha (600 mil livros vendidos)
- T. Harv Eker: Os segredos da mente milionária (2 milhões de livros vendidos)
- Gustavo Cerbasi: Casais inteligentes enriquecem juntos (1,2 milhão de livros vendidos) e Como organizar sua vida financeira
- Greg McKeown: Essencialismo – A disciplinada busca por menos (400 mil livros vendidos) e Sem esforço – Torne mais fácil o que é mais importante
- Haemin Sunim: As coisas que você só vê quando desacelera (450 mil livros vendidos) e Amor pelas coisas imperfeitas
- Ana Claudia Quintana Arantes: A morte é um dia que vale a pena viver (400 mil livros vendidos) e Pra vida toda valer a pena viver
- Ichiro Kishimi e Fumitake Koga: A coragem de não agradar – Como se libertar da opinião dos outros (200 mil livros vendidos)
- Simon Sinek: Comece pelo porquê (200 mil livros vendidos) e O jogo infinito
- Robert B. Cialdini: As armas da persuasão (350 mil livros vendidos)
- Eckhart Tolle: O poder do agora (1,2 milhão de livros vendidos)
- Edith Eva Eger: A bailarina de Auschwitz (600 mil livros vendidos)
- Cristina Núñez Pereira e Rafael R. Valcárcel: Emocionário – Um guia lúdico para lidar com as emoções (800 mil livros vendidos)
- Nizan Guanaes e Arthur Guerra: Você aguenta ser feliz? – Como cuidar da saúde mental e física para ter qualidade de vida
- Suhas Kshirsagar: Mude seus horários, mude sua vida – Como usar o relógio biológico para perder peso, reduzir o estresse e ter mais saúde e energia

sextante.com.br